北京开放大学首都终身教育研究基地资助

中国缺陷汽车产品
召回制度变迁

陈 炜◎著

知识产权出版社
全国百佳图书出版单位
—北京—

图书在版编目（CIP）数据

中国缺陷汽车产品召回制度变迁／陈炜著．—北京：知识产权出版社，2023.6
ISBN 978-7-5130-8786-5

Ⅰ.①中… Ⅱ.①陈… Ⅲ.①汽车-产品质量-监管制度-研究-中国 Ⅳ.①F426.471

中国国家版本馆 CIP 数据核字（2023）第 101720 号

内容提要

本书以制度变迁的视角考察中国缺陷汽车产品召回制度的形成与发展过程，主要通过制度背景的分析、具体法规制定过程的考察、制度实施过程中的案例研究，总结缺陷汽车产品召回模式、召回制度所处阶段及变迁等特征，并在此基础上提出进一步完善的对策。

本书可供汽车相关行业主管部门、企业管理者等参考。

责任编辑：安耀东　　　　　　　　　　责任印制：孙婷婷

中国缺陷汽车产品召回制度变迁
ZHONGGUO QUEXIAN QICHE CHANPIN ZHAOHUI ZHIDU BIANQIAN

陈炜　著

出版发行：知识产权出版社有限责任公司		网　　址：http://www.ipph.cn	
电　　话：010-82004826		http://www.laichushu.com	
社　　址：北京市海淀区气象路 50 号院		邮　　编：100081	
责编电话：010-82000860 转 8534		责编邮箱：laichushu@cnipr.com	
发行电话：010-82000860 转 8101		发行传真：010-82000893	
印　　刷：北京中献拓方科技发展有限公司		经　　销：新华书店、各大网上书店及相关专业书店	
开　　本：720mm×1000mm　1/16		印　　张：13.5	
版　　次：2023 年 6 月第 1 版		印　　次：2023 年 6 月第 1 次印刷	
字　　数：214 千字		定　　价：88.00 元	
ISBN 978-7-5130-8786-5			

出版权专有　侵权必究

如有印装质量问题，本社负责调换。

前　言

中国共产党十九届五中全会审议通过的《中共中央关于制定国民经济和社会发展第十四个五年规划和二〇三五年远景目标的建议》明确指出，"坚持把发展经济着力点放在实体经济上，坚定不移建设制造强国、质量强国"[1]。汽车工业作为我国最大的实体经济和制造业的重要支柱，既要抓住发展机遇，更要重视质量提升，这就要求国产汽车必须有质量保证，汽车产品质量的监管制度不可或缺，尤其是缺陷汽车产品召回制度。加入世贸组织之时，中国汽车行业主管部门已意识到亟须建立与国际市场接轨的监管制度，而缺陷产品召回制度就是对产品质量实施监管的一项非常重要的制度规则。国际上缺陷产品召回制度最早应用于对汽车产品的安全监管，中国便以汽车产品为试点开始了缺陷产品召回制度的实践探索。如今，中国已在汽车、食品、药品、医疗器械、消费品等领域的产品安全监管中引入了召回制度。本书选取实施召回制度最久、收效最好的汽车产品作为研究对象，对中国缺陷汽车产品召回制度的变迁轨迹进行考察，以期为其他产品领域推广缺陷产品召回制度提供一条业经验证的成熟思路，并为中国引入其他国际市场监管制度提供可资借鉴的经验。

本书主要从三方面对中国缺陷汽车产品召回制度展开研究：第一，从制度形成过程的整体来看，中国缺陷汽车产品召回制度的形成与发展是一个制度变迁的过程，因此运用制度变迁的视角对其进行系统考察；第二，从制度变迁过程中的各个阶段来看，在每一阶段中，正式规则的形成实际上都是一个政策法规的制定过程，因此应用政策过程的视角对其进行动态

---

[1] 中国共产党第十九届中央委员会. 中共中央关于制定国民经济和社会发展第十四个五年规划和二〇三五年远景目标的建议 [M]. 北京：人民出版社，2020：20.

分析；第三，从制度的参与者角度来看，这一制度牵扯多个利益相关主体，为了使各方利益协同一致，让中国缺陷汽车产品召回制度更好地发挥效用，引入多中心治理的视角对其进行研究。

本书对中国缺陷汽车产品召回制度变迁轨迹的考察是一项实证研究，主要通过制度背景的分析、相关法规制定过程的考察、制度实施中的案例研究展开，在分析制度实施情况的基础上提出进一步完善的对策。首先，阐述中国缺陷汽车产品召回制度建立的背景，即以制度背景分析为研究重点，对中国产品质量监管发展历程及国际上缺陷汽车产品召回制度的历史变迁进行梳理和总结。其次，考察中国引入缺陷汽车产品召回制度，并以部门规章形式确立下来的过程。在对《缺陷汽车产品召回管理规定》的制定过程进行深入考察后，发现这项制度在引入我国的初期并未完全被企业接受和适应，制度推行过程中遭到了中外企业一定程度的抵触，因此经过了较长时间的试探与磨合。再次，考察中国缺陷汽车产品召回制度以国务院行政法规的形式得以巩固的过程。国家通过提升缺陷汽车产品召回制度的法律层级，增强了制度的权威性，扩大了制度的影响范围。对这一阶段的考察，主要以分析新出台的行政法规及其实施情况为研究重点，通过对典型召回事件的实证研究，发现中外企业普遍由起初的抵触新制度向顺应制度发展的趋势转变。最后，基于对《缺陷汽车产品召回管理条例》实施情况的分析，指出制度仍然存在的问题，并提出采用多元治理的模式、构筑法律制度体系、加强非正式约束、强化制度实施机制等完善中国缺陷汽车产品召回制度的对策建议。

本书整体上是以制度变迁的视角考察中国缺陷汽车产品召回制度形成与发展的过程，因此，本书的结构是以历史发展的脉络进行纵向设计。制度变迁的过程从一般事物发展的角度可以划分为起点阶段、发展阶段、完成阶段。❶ 也有学者把制度变迁的周期分为僵滞阶段、创新阶段、均衡阶段。❷ 本书依照诺思（North）等人的制度变迁理论，认为中国缺陷汽车产

---

❶ 范炜烽. 制度变迁视角下政府职能的系统分析 [J]. 江汉论坛, 2008 (11)：83-86.
❷ 程虹. 制度变迁的周期：一个一般理论及其对中国改革的研究 [M]. 北京：人民出版社, 2000：209-217.

品召回制度的形成过程分为制度初创阶段、制度深化阶段、制度均衡阶段。本书以制度背景分析作为研究的逻辑起点，核心部分（第三章、第四章、第五章）之间以制度考察的阶段划分为标准，总体将中国缺陷汽车产品召回制度的变迁分三个阶段来讨论；在第三章、第四章内采取由考察制度规则的制定过程到制度实施中的具体案例分析来布局；第五章则是对中国缺陷汽车产品召回制度最终阶段的展望，主要内容体现在完善中国缺陷汽车产品召回制度的具体对策之中。

第一章，绪论。第一章作为本书的导入部分，首先，阐述选题的缘由及理论意义和实践意义；其次，对本研究中的核心概念进行界定；再次，对国内外相关研究文献按照范围逐渐缩小的次序进行综述，具体是从产品质量安全监管、缺陷产品监管、缺陷汽车产品召回三个方面展开综述；最后，对本书的研究思路以及研究方法进行说明。

第二章，制度背景：中国缺陷汽车产品召回制度的路径依赖。本章主要分析制度建立的国内外背景情况。国内背景方面，梳理中国产品质量监管的发展历程，重点分析中国实施缺陷产品监管的历史经验。在改革开放后尤其是在中国加入世贸组织后，迫切需要建立起本国的缺陷产品召回制度与国际市场相接轨，进一步完善中国的市场监管制度体系。国外背景方面，由于缺陷汽车产品召回制度源于西方国家，所以本章回顾了国外的缺陷汽车产品召回制度是如何产生和演变的，探讨美国、日本、澳大利亚以及欧盟的缺陷汽车产品召回制度的发展情况，尤其是进入 21 世纪后缺陷汽车产品召回制度的创新。

第三章，制度初创：中国缺陷汽车产品召回制度的确立。本章对《缺陷汽车产品召回管理规定》的出台过程进行深入考察，介绍了中国汽车行业主管部门在制定这项制度法规时进行的一系列实践探索；总结国内缺陷汽车产品召回制度缺失的教训，吸收、借鉴国外缺陷汽车产品召回制度的成熟经验，结合中国国情及已有的相关法律制定这项制度法规。由于一项新制度在推行实施初期需要进行不断的试错与调整，市场行为主体也需要时间来接受和适应，因此中国缺陷汽车产品召回制度的成效并未立即显现。外国汽车企业此时表现出强势的应对态度，凭借其在国际市场实施召回制度多年的经验优势，利用中国市场的规则漏洞实施"中外有别式"的召回。与此同时，中国自主品牌汽车企业刚刚接触汽车召回制度，对国内新制定的制度法规仍未适应，而在应对国外成熟的缺陷汽车产品召回制度规则时，则更显得被动。

第四章，制度深化：中国缺陷汽车产品召回制度的更新。本章首先对缺陷汽车产品召回制度确立初期的实施情况进行分析，发现其中存在的问题；针对这些问题中国汽车行业主管部门着手在《缺陷汽车产品召回管理规定》的基础上制定了《缺陷汽车产品召回管理条例》，笔者对这项国务院行政法规的制定过程进行了考察，通过比较从"草稿"到"征求意见稿"再到最终出台的条例之间的区别，做出内容解读及评价。当中国缺陷汽车产品召回制度以国务院行政法规的形式出台后，制度的法律层级得到了提升，适用范围也有所扩大。政府监管部门由原先的弱势被动逐渐转变为主动强势，而汽车企业对制度新规的反馈也随之发生了巨大转变：大众DSG（Direct Shift Gearbox，直接换挡变速器）召回事件就集中体现了外国品牌汽车企业开始顺从中国市场监管制度规则，主动配合实施缺陷汽车的召回；江淮汽车召回事件则反映出中国自主品牌汽车企业虽然在新的制度规则下略显被动，但也开始逐步适应和顺从这项新的制度法规。

第五章，制度均衡：中国缺陷汽车产品召回制度的完善思路。《缺陷汽车产品召回管理条例》的实施虽已取得一定成效，但依然存在监管职能分工不明、缺少配套政策、制度强制实施不到位等问题。本章针对这些问题提出完善中国缺陷汽车产品召回制度的具体对策：第一，从多中心治理的角度分析缺陷汽车产品召回制度需要政府、市场、社会的共同参与，多方合作才能更好地发挥制度效力；第二，从构筑中国缺陷产品召回制度法律体系的角度提出建议，应从制度法律的纵向、横向及与制度外部法律的结合这三个维度展开制度法律法规建设；第三，从非正式约束的角度提升全社会对缺陷产品召回制度的认识，包括提升全社会对缺陷和召回概念的认识、培养全社会的缺陷产品召回意识、将信用管理引入缺陷汽车产品召回监管当中；第四，从强化制度实施机制入手，中国缺陷汽车产品召回制度仍需完善产品伤害监测风险预警机制、健全缺陷产品调查确认机制、建立快速召回程序和展开缺陷产品召回效果评估等工作。

第六章，结语。在对中国缺陷汽车产品召回制度变迁轨迹进行考察后，总结这项新制度在中国的召回模式、所处阶段及变迁特征等重要内容。

目 录
CONTENTS

第一章 绪 论 ………………………………………………… 001
 第一节 研究问题的提出 ……………………………………… 001
  一、问题的缘起 …………………………………………… 001
  二、理论意义 ……………………………………………… 002
  三、实践意义 ……………………………………………… 003
 第二节 核心概念界定 ………………………………………… 004
  一、缺陷的概念 …………………………………………… 004
  二、召回的概念 …………………………………………… 005
 第三节 国内外相关研究综述 ………………………………… 006
  一、产品质量安全监管的相关研究 ……………………… 007
  二、缺陷产品监管的相关研究 …………………………… 011
  三、缺陷汽车产品召回的相关研究 ……………………… 015
 第四节 研究思路与方法 ……………………………………… 021
  一、研究思路 ……………………………………………… 021
  二、研究方法 ……………………………………………… 023

第二章 制度背景：中国缺陷汽车产品召回制度的路径依赖 … 027
 第一节 国内背景：由计划经济向市场经济的转变 ………… 027
  一、计划经济下的中国产品质量监管 …………………… 028
  二、改革开放后的中国产品质量监管 …………………… 031

第二节　国际背景：缺陷汽车产品召回制度的出现与演变……… 035
　　一、缺陷汽车产品召回制度的诞生……………………………… 035
　　二、缺陷汽车产品召回制度的扩展……………………………… 037
　　三、缺陷汽车产品召回制度的创新……………………………… 045
第三节　探索构建中国缺陷产品召回制度的前期准备……………… 047
　　一、国际规则下的中国汽车产品市场监管……………………… 048
　　二、中国缺陷产品召回制度出台前的相关立法………………… 052
　　三、中国缺陷产品监管制度的安排设计………………………… 054

第三章　制度初创：中国缺陷汽车产品召回制度的确立 ……… 061

第一节　中国缺陷汽车产品召回制度出台…………………………… 061
　　一、构建中国缺陷汽车产品召回制度的基本思路……………… 061
　　二、《缺陷汽车产品召回管理规定》的制定过程 ……………… 068
　　三、对《缺陷汽车产品召回管理规定》的解读与评价 ………… 077
第二节　外国企业对中国缺陷汽车产品召回制度的反应
　　　　——以丰田汽车"召回门"事件为例 ………………………… 083
　　一、还原丰田汽车"召回门"事件 ………………………………… 084
　　二、丰田汽车"召回门"事件的特征 ……………………………… 087
　　三、对丰田汽车"召回门"事件的评价 …………………………… 090
第三节　中国企业对国外缺陷汽车产品召回制度的反应
　　　　——以澳大利亚"石棉门"事件为例 …………………………… 094
　　一、还原澳大利亚"石棉门"事件 ………………………………… 095
　　二、澳大利亚"石棉门"事件的特征 ……………………………… 096
　　三、对澳大利亚"石棉门"事件的评价 …………………………… 099

第四章　制度深化：中国缺陷汽车产品召回制度的更新 ……… 104

第一节　中国缺陷汽车产品召回制度升级…………………………… 104
　　一、中国缺陷汽车产品召回制度的实施情况…………………… 104
　　二、《缺陷汽车产品召回管理条例》的制定过程 ……………… 115

三、对《缺陷汽车产品召回管理条例》的解读与评价 ……… 119
　第二节　外国品牌汽车对新规的反馈
　　　　　——以大众 DSG 召回事件为例…………………………… 128
　　　一、还原大众 DSG 召回事件 ……………………………………… 128
　　　二、大众 DSG 召回事件的特征 …………………………………… 131
　　　三、对大众 DSG 召回事件的评价 ………………………………… 133
　第三节　中国自主品牌汽车对新规的反馈
　　　　　——以江淮汽车"生锈门"事件为例 ……………………… 138
　　　一、还原江淮汽车"生锈门"事件 ……………………………… 138
　　　二、江淮汽车"生锈门"事件的特征 …………………………… 139
　　　三、对江淮汽车"生锈门"事件的评价 ………………………… 141

第五章　制度均衡：中国缺陷汽车产品召回制度的完善思路 … 145
　第一节　多元治理的缺陷汽车产品监管模式……………………………… 145
　　　一、政府监管的核心地位………………………………………… 146
　　　二、企业监管的责任义务………………………………………… 148
　　　三、社会监管的权利保障………………………………………… 149
　第二节　加快构筑中国缺陷产品召回制度法律体系……………………… 151
　　　一、纵向提升法律层级…………………………………………… 151
　　　二、横向拓宽立法范围…………………………………………… 153
　　　三、协调内外部的关系…………………………………………… 155
　第三节　加强对缺陷汽车产品监管的非正式约束………………………… 158
　　　一、对缺陷的重新认识…………………………………………… 158
　　　二、培养全社会的缺陷产品召回意识…………………………… 160
　　　三、在缺陷汽车产品召回制度实施中引入信用管理…………… 163
　第四节　强化中国缺陷汽车产品召回制度的实施机制…………………… 169
　　　一、完善产品伤害监测风险预警机制…………………………… 169
　　　二、健全缺陷产品的调查确认机制……………………………… 170
　　　三、建立缺陷产品的快速召回程序……………………………… 172

四、开展缺陷产品召回的效果评估 ································ 173

第六章 结 语 ································ 177

参考文献 ································ 183

附 录 ································ 194

附录1 2009—2012年丰田汽车在中国召回情况 ············ 194

附录2 丰田汽车在中美召回对比 ························ 196

附录3 江淮汽车召回公告 ······························ 198

附录4 汽车产品生产企业实施缺陷汽车产品召回信誉考核记分标准 ································ 199

后 记 ································ 201

第一章

绪 论

第一节 研究问题的提出

一、问题的缘起

中国作为全球汽车市场第一大国，正在向世界汽车强国迈进，中国汽车年产销量从 2009 年至今已经连续 14 年保持世界第一，但离世界汽车强国仍有一定差距，缘何如此？原因主要在于除个别品牌外，我国汽车产品的整体质量仍不能完全与美、日等汽车强国媲美。若要提升汽车产品质量必须得有制度保障，如何实现政府对汽车产品质量的有效监管？缺陷产品召回制度作为政府对产品安全进行事后干预的有效管理手段，已经成为国际通行的汽车产品监管制度，其实早在 2001 年中国加入世贸组织时，国内便开始了对这项制度的积极探索。

进入 21 世纪后，中国依照世贸组织的基本规则，转变政府管理经济社会的方式，不断完善政府对市场的监管职能，并按照国际市场的统一规则修改和健全国内法律法规，其中就包括引入缺陷产品召回制度这项国际市场的通行制度。此时，政府与市场、社会的关系也发生了巨大转变：政府从全能政府向有限政府转变，将部分经济职能让位于市场调节机制；政府对经济社会的直接管理向间接管理和监督服务转变；政府组织结构从直接的纵向条块管理向扁平化的政府治理结构转变，而与政府治理结构相对应的组织模式向多中心治理模式转变，即政府、市场、社会多元主体共同治理的组织模式；政府监管的侧重，从对市场主体的审批和准入转向全面规范市场秩序和依法监管市场主体行为。为了合理规范企业行为，政府对市场行为主体实施法制监管，逐步建立起规范化的市场监管法制体系。

  本书就是从转变政府与市场关系的思路出发，从政府如何建立和完善市场监管制度体系入手，以建立由政府、市场、社会多中心监管的缺陷产品召回制度为目标，考察中国缺陷汽车产品召回制度变迁的轨迹，探寻政府对产品质量安全实施市场监管制度的有效路径。缺陷产品召回制度作为政府对产品质量安全实施市场后监管的一项重要制度，早已成为国际惯例，因此中国加入世贸组织后便开始着手进行相应的制度安排。目前，中国已出台了汽车、食品、药品、医疗器械、消费品等产品领域的缺陷产品召回制度法规。本书选取汽车产品作为研究对象来考察缺陷产品召回制度，不仅因为汽车产品的缺陷问题极易引发致命伤害，直接危及人的生命、财产安全，更因为汽车产品是世界上最早应用召回制度的产品领域。鉴于汽车产品在缺陷产品召回制度中的特殊地位，本书选取中国缺陷汽车产品召回制度的变迁轨迹来进行考察，以期为完善中国市场监管制度体系总结经验、开拓思路。

二、理论意义

  国外在政府监管方面已形成了较成熟的理论体系，尤其是对市场监管领域早已开展了较深入的研究。中国引入了国外关于政府监管理论和实践的大量成果，但对经济转型期的市场后监管制度，国内学者的研究仍处于探索阶段。因而，研究中国特色社会主义市场经济体制中的新监管制度，对于形成中国的政府监管理论体系，规范政府监管职能和市场监管秩序，具有一定的理论意义。尤其是在中国加入世贸组织后，国内市场与国际市场充分接轨，引入了许多国际通行的市场规则，而其中一项非常重要的市场监管制度就是缺陷产品召回制度。本书通过考察中国缺陷汽车产品召回制度的变迁轨迹，试图反映如何完善中国市场监管制度的具体思路，因此具有一定的学术价值。

政府对市场的监管包括市场准入监管、价格监管、产品质量监管、环境监管等，本书研究的缺陷汽车产品召回制度属于产品质量监管范畴。本书认为不能仅以一种理论思维去看待中国经济转型期市场监管的问题，而要从不同角度运用多种理论进行综合分析，如基于公共利益理论、规制俘虏理论、激励规制理论等政府监管理论，针对缺陷汽车产品召回制度的实施情况展开研究：从公共利益理论的角度出发，笔者认为政府为了维护社会公共利益对产品质量实施监管是必然的。与此同时，通过考察发现，中国汽车产品市场监管在一定程度上存在被利益集团干扰的情况；解决这一问题就要实施有选择性的激励，即应用激励规制理论解决政府监管效率低下的问题。因此，本书也是结合中国市场监管制度的实际情况应用国外政府监管理论的一次验证性研究。

三、实践意义

在中国经济体制转型过程中，政府逐步减少对市场的直接干预，即放松市场准入的规制、创造市场公平竞争的机会、保护市场行为主体的合法权益。与此同时，政府要规范市场监管秩序，建立市场监管法制体系，强化市场监管尤其是要强化微观规制下的产品质量安全监管。在产品质量安全监管这个涵盖法律、政策、标准等诸多制度规则的系统工程中，强化政府的市场监管并不意味着任由政府独揽监管职权，而是要转变政府职能和调整政府管理经济社会的方式，从全能政府向有限政府转变。因此，要克服"盲目监管"和"政府监管失灵"现象，必须对政府的监管权力、监管责任进行必要的限定。本书通过划分政府、市场、社会在缺陷产品监管中的各自职责，确立政府的监管核心地位和监管权限，以期为建立权力有限、责任明确的监管型政府，形成多元监管主体的多中心治理模式服务。研究中国缺陷汽车产品召回制度对有效转变政府的监管职能、发挥政府对缺陷产品的监管效力、切实维护消费者权益能够起到积极作用，因此具有一定的实践意义。

在经济全球化的背景下，产品质量安全体现着一个国家产品的市场竞争力，以及这个国家的国际竞争力。国外实践经验表明缺陷产品召回制度作为国家对产品安全问题实施的一项市场监管措施，的确有助于规范市场秩序、带动整个市场监管制度体系建设的发展。中国缺陷汽车产品召回制度的变迁过程是一项国际规则的引入和在中国进行自我完善的过程，对此进行研究有助于在构建其他产品类型的召回制度时借鉴经验，更能够为中国引入其他市场监管制度提供一条业经验证的成熟思路。本书在总结中国缺陷汽车产品召回制度实施情况的基础上，提出了进一步完善这项制度的具体建议，期冀为缺陷汽车产品召回工作的有效开展起到实际的指导作用。故此，对中国缺陷汽车产品召回制度变迁轨迹的考察具有一定的实际应用价值。

第二节　核心概念界定

概念界定有益于划清学术研究的范围，以免超越学科领域的边界和进行无法穷尽的思维延伸。本书主要探讨的是中国缺陷汽车产品召回制度，因此有必要对"缺陷"和"召回"这两个核心概念加以界定和明确。

一、缺陷的概念

缺陷是产品责任法中的一个基础概念，在所有理论之下，获得赔偿的核心是产品缺陷的界定。[1] 从严格意义上讲，产品责任是缺陷产品造成消费者人身伤害、财产损害而应当承担的民事责任，因而可以说，没有缺陷产品，也就无所谓产品责任。[2] 各国法律及国际公约对产品缺陷的定义也主要集中在产品责任法领域，美国法律界定产品缺陷的概念是指产品具有不合理的危险性；日本法律规定的缺陷主要是指产品欠缺通常应有的安全性；未提供消费者有权期待的安全性是《欧盟产品责任指令》中缺陷概念的重要内容；《中华人民共和国产品质量法》（以下简称《产品质量法》）对缺陷的概念界定主要体现为产品的不合理危险。虽然各国对产品缺陷概念的表述不同，但主要都将缺陷的定义集中在产品缺乏期待的"安全性"基础

---

[1] EPSTEIN R. Modern products liability law[M]. Westport：Greenwood Press，1980：68-69.
[2] 张云. 我国缺陷产品立法研究 [M]. 北京：经济管理出版社，2007：1-3.

上或是具有不合理的"危险性"上。

缺陷是产品被召回的基础，本书是基于缺陷汽车产品召回制度的实证研究，因此还需要考虑缺陷在召回制度中的具体定义。缺陷产品召回制度中的缺陷和产品责任法中的缺陷定义基本相同，但略有不同的是，缺陷产品召回制度针对的是系统性缺陷，而不是偶然性缺陷。偶然性缺陷是指由于某种偶发因素所造成的缺陷，仅存在于个别的产品之中，而系统性缺陷则是同一批次或型号的产品中普遍存在的相同或相似缺陷。个别产品的偶然性缺陷可以通过消费警示等方式对消费者进行救济来解决，不需要生产者为此付出召回成本。依据各国产品责任法中的定义并结合缺陷产品召回制度，本书认为缺陷主要是指批量生产的同类产品中欠缺人们有权期待的安全性，或产品存在社会普遍公认不应具有的危险性。产品缺陷既可能是由于制造、设计方面的错误，也可能是产品原材料、产品包装、说明、警示等方面的错误，甚至有可能是无法预见的消费者对产品的误用、新科学理论的发展对产品原材料有害性的发现等。理论上可以把产品缺陷分为设计缺陷、制造缺陷、指示缺陷和发展缺陷，但是法律上往往将产品的发展缺陷作为制造者承担产品责任的免责理由。❶

二、召回的概念

国内学者早期对召回的认识比较简单，召回意指收回产品进行修理等。❷ 针对缺陷产品实施的召回是指产品生产者采取修理、更换、退货或者补充标识等措施，有效预防、控制和消除产品缺陷的活动。依据召回主体实施召回的意愿可将召回分为主动召回和强制召回。主动召回（也称"自愿召回"），指生产者发现产品缺陷后，立即停止该缺陷产品的生产，并及时通知销售者停止销售该缺陷产品，并向社会公布产品缺陷信息，主动采取产品召回措施的行为；强制召回（也称"指令召回"或"责令召回"），指政府监管部门经过缺陷调查后，发现并且认定产品存在安全隐患，生产

---

❶ 徐士英. 产品召回制度：中国消费者的福音 [M]. 北京：北京大学出版社，2008：16.

❷ 张云，等. 缺陷产品召回制度解析 [J]. 中国质量技术监督，2004（8）：30-32.

者应当召回产品而未主动召回的,主管部门向该产品生产者发布强制指令,要求其实施召回的过程。

在中国缺陷汽车产品召回实践中还出现了两个容易与强制召回混淆的概念:受影响召回和被动召回。受影响召回并不等同于强制召回,但也不是完全意义上的主动召回,而是指在政府监管部门缺陷调查下,制造商被动实施的召回。[1] 而被动召回通常是指生产制造商在发现或知晓其产品存在一定缺陷后并未积极采取召回措施,而是在政府监管部门的缺陷调查下或社会舆论的影响下,才被迫实施召回的过程。被动召回的概念相对较为宽泛,强制召回和受影响召回均属于被动召回的范畴。需要注意的是,本书中所说的被动召回与主动召回并不是完全对立的概念。

除了上述召回形式外,本书还谈到了两种特殊的召回情况:拒不召回和隐匿召回。拒不召回相对好理解,即生产制造商明知产品存在缺陷而拒绝采取任何召回行动,或者故意隐瞒产品缺陷,在被监管部门发现后仍拒绝实施召回的行为。这种情况在中国缺陷汽车产品召回实践中极为少见,有些汽车企业虽然在发现缺陷之初有过拒不召回的念头,但在一段时间后往往迫于政府和舆论的压力都会以被动召回的形式告终。隐匿召回的概念相对较难理解,指生产制造商在获知产品存在缺陷后并未公开采取召回行动,而是故意隐瞒产品缺陷,通过不让外界知晓的方式处理产品缺陷的行为。在中国汽车市场,不论外国品牌汽车还是中国自主品牌汽车都曾出现过隐匿召回的行为。

第三节　国内外相关研究综述

缺陷汽车产品召回制度是对汽车产品质量安全实施市场后监管的一项制度安排,本书主要从产品质量安全监管、缺陷产品监管以及缺陷汽车产品召回这三个层面对国内外相关文献展开综述。

---

[1] 王琰,等. 汽车召回现状及缺陷模式研究 [J]. 汽车工程,2008(11): 1018-1022,1027.

一、产品质量安全监管的相关研究

对产品质量安全监管的相关研究综述主要围绕以下几个问题展开：政府是否应该参与产品质量安全监管？政府应该如何监管产品质量安全？政府对产品质量安全实施监管的重点领域在哪？

（一）政府是否应该监管产品质量安全的争议

学术界也将政府监管称为政府规制或政府管制，产品质量安全监管从根本上说就是一个政府规制问题。❶ 政府监管产品质量安全是政府依据法律法规对企业的市场进入、价格决定、产品质量和服务条件施加直接的行政干预。❷ 在经济学界对政府监管产品质量安全的研究中，存在着两种截然对立的观点。一种观点基于公共利益理论，认为政府对产品质量安全进行监管是为了维护社会公共利益，因此政府规制应当得到强化。❸ 公共利益理论有两个假设前提：一是市场自行运转会失灵；二是政府的规制行为几乎没有成本。❹ 在这两大假设前提下，政府规制是合理的。然而，第二个假设前提过于理想化，事实是政府监管同样需要成本。因此，该假设前提受到一定质疑，不过公共利益理论还是为政府监管产品质量安全的研究提供了一个基本的分析框架。另一种观点基于规制俘虏理论，认为政府监管产品质量安全并非出于维护公共利益，而是为了维护生产者的利益，所以政府应该放松规制。规制俘虏理论与公共利益理论截然相反，认为政府监管与市场失灵无关。这一理论假定规制者会被特定的利益集团（被规制对象）所俘虏，规制并不是为了提高公众的福利水平，真正提高的其实是利益集团的利润水平，所以规制成为了利益集团获得更多利润的工具。❺

---

❶ 窦志铭，等. 商品流通领域质量监管模式研究 [M]. 北京：人民出版社，2010：7.
❷ 布雷耶. 规制及其改革 [M]. 李洪雷，等，译. 北京：北京大学出版社，2008：1-10.
❸ 施蒂格勒. 产业组织和政府管制 [M]. 潘振民，译. 上海：上海三联书店，1996：211.
❹ 波斯纳. 法律的经济分析 [M]. 蒋兆康，译. 北京：中国大百科全书出版社，1997：445-449.
❺ JORDAN, WILLIAM A. Producer protection, prior market structure and the effects of government regulation[J]. Jounal of law and economics, 1972(1): 151-176.

国内经济学界支持公共利益理论观点的相对较多，认为用行政管理的手段对产品质量安全进行管理是合理和有效的途径，主张强化政府的监管职能。❶ 国内公共管理学界的研究主要侧重政府监管效率的提高，并非过多纠缠于加强或放松政府管制的问题，普遍认为政府监管有诸多裨益，但同样也可能出现监管"失灵"。政府监管有助于防止垄断，解决信息不对称、外部性等问题以及维护社会公正，但政府监管并非万能的，也存在管制失灵的现象。❷ 不论是加强管制还是放松管制都不是目的，只是手段，中国进行政府管制的最终目的是提高政府管制的效率和能力。❸ 鉴于政府是否应该监管产品质量安全的争论，笔者认为即便存在规制成本，政府规制仍是十分必要的，但应该尽量避免被规制对象俘获，要出于维护公共利益的初衷，不遗余力地对产品质量安全实施监管。

（二）政府监管产品质量安全的方式

有学者提出要重塑政府管制，认为当前政府面临的问题不是该做什么和不该做什么，而是如何做即政府监管方式的问题。❹ 政府监管的方式源于政府监管的类型，根据政府监管的领域、性质和所追求的目标，可以把政府监管分为直接监管和间接监管。❺ 直接监管又可分为经济性监管和社会性监管两类，社会性监管包括环境监管、产品安全监管、职业安全和卫生监管等；❻ 间接监管则以形成和维持正常的市场竞争秩序，进而为市场机制发挥作用创造条件为目的，不直接介入微观经济主体的活动，主要监管的对

---

❶ 赵宏春. 政府监管：产品安全管理的有效的途径［J］. 世界标准信息，2007（7）：19-27.

❷ 张成福，等. 论政府管制以及良好政府管制的原则［J］. 北京行政学院学报，2003（6）：1-7.

❸ 杜雷，等. 论政府管制改革的价值取向：有效管制［J］. 云南行政学院学报，2004（6）：16-19.

❹ 奥斯本. 改革政府：企业家精神如何改革着公共部门［M］. 周敦仁，译. 上海：上海译文出版社，2021：51.

❺ 植草益. 微观规制经济学［M］. 朱绍文，等，译. 北京：中国发展出版社，1992：1-2.

❻ 维斯库西. 反垄断与管制经济学［M］. 陈甬军，等，译. 北京：中国人民大学出版社，2010：1-10.

象是不公平竞争和垄断行为。从 20 世纪末开始，社会性监管在发达国家政府监管活动中所占的比重越来越大，并且成为政府监管研究的热点。21 世纪以来，就世界范围而言，经济性监管有放松趋势，而以健康卫生、环境保护和产品安全等为代表的社会性监管则在不断加强。政府对产品质量安全的监管就属于直接监管中的社会性监管范畴，因此需要得到重视和加强。

中国产品质量安全监管从广义上讲可以分为六个层面：①行政机关的监督管理，包括工商、质监、卫生、农业等政府机关的监督管理，具有权威性和强制性；②行业协会、社会群体的监督管理，具有社会性和广泛性；③企业自身的监督管理，具有义务性和自律性；④群众监督；⑤舆论监督；⑥生产企业自我保护型的对市场流通中与本企业有关产品的监督。❶ 从狭义上讲，中国产品质量安全监管主要是行政机关的监管，一般可分为两种方式：一种是主动式监管，即政府在产品投放市场前采取强制的合规性措施，这种方式具有计划性好、主动性强、易于管理的优点，但是缺乏针对性，对市场突发的产品质量安全问题往往不能及时做出应对。另一种是反应式监管，即产品投放市场后，政府根据消费者投诉、媒体报道、产品伤害检测系统等多方信息渠道反馈产品质量安全问题，通过调查后采取补救性措施。这种方式针对性强、有效性好，但技术难度大，对软件（人员素质）、硬件（实验室、信息系统等）的要求高。❷ 主动式监管主要是在市场前和市场流通环节进行监管，而反应式监管则是市场后监管。❸ 有学者认为，政府对产品质量安全的监管并不等于单一的行政监管，还应该包括产品质量立法和相关司法审判功能的充分行使，只有质量立法、质量司法审判和质量行政执法的协同，才能保证政府产品质量监管的有效性。❹ 显而易见，缺陷产品召回制度是行政机关在产品投入市场后实施的一种反应式监管，为了保证政府监管的有效性，需要以制度法规的形式确立下来，并通过质量司

---

❶ 李振成. 流通领域商品质量监督管理研究 [J]. 工商行政管理，2004（3）：33-35.
❷ 王赟松，等. 缺陷产品召回管理之思考 [J]. 标准科学，2010（1）：47-49.
❸ 李大圣，等. 关于加强产品质量安全监管工作的研究与探讨 [J]. 中国公共安全（学术版），2011（3）：33-36.
❹ 程虹，等. 我国宏观质量管理体制改革的路径选择 [J]. 中国软科学，2009（12）：169-177.

法审判加以协同。

(三) 政府应监管产品安全问题而非一般产品质量问题

在政府对产品质量的监管中，由于最低质量标准是政府通过规制以保证产品质量的重要手段之一，因此政府通过设置最低质量标准，来提高产品质量，从而提高整体社会福利。❶ 在对以最低质量标准作为贸易技术性壁垒的研究中也得出了类似结论，最低质量标准将有助于提高进口国的整体产品质量。❷ 不过，也有研究认为最低质量标准对于提高产品质量和社会福利会产生负面影响：最低质量标准意味着一些质量水平不是很高（但也没有危害）的产品不能进入市场，减少了消费者尤其是低收入消费者的选择机会，言下之意最低质量标准是多余的。❸ 此外，有学者通过经验研究发现，政府监管与实际质量水平呈负相关关系。❹ 在对产品质量监管的研究中，特别强调市场机制的作用，借助于市场化配置机制或直接依赖竞争性市场，也许更能实现监管政策的目标。❺ 因此，对于产品一般质量问题，政府监管要尽量少参与，应交由市场机制来解决。

产品质量监管是来自多方面的，如政府、行业协会、企业等。然而，安全性作为产品质量中最为重要的基本特性，政府对其监管责任义不容辞。产品安全监管是对消费者生命健康的一种保护，消费者作为产品的购买者和使用者应当享有被保护的权利。依据马斯洛需求层次理论，人的安全需求和人的生理需求一样，都是人的低层级需求，也是人最基本的需求。❻ 公民依靠政府来实现维护自身安全的低层次需求，是公民享有的一种权利，

---

❶LELAND H E. Quacks, lemons, and licensing: a theory of minimum quality standards[J]. The journal of political economy,1979(6):1328-1346.

❷FALVEY R E. Trade, quality reputations and commercial policy[J]. International economic review,1989:607-622.

❸SHAPIRO C. Premiums for high quality products as returns to reputations[J]. The quarterly journal of economics,1983(4):659-680.

❹JARRELL G, PELTZMAN. The impact of product recalls on the wealth of sellers[J]. Journal of political economy,1985(93):512-536.

❺史普博. 管制与市场[M]. 余晖,等,译. 上海:格致出版社,2017:45.

❻MASLOW A H. A theory of human motivation[J]. Psychological review,1943(4):50.

也是政府应尽的责任与义务。《世贸组织技术性贸易壁垒协议》（Agreement on Technical Barriers to Trade of the World Trade Organization，WTO/TBT，以下简称《贸易技术壁垒协议》）规定，除为实现正当目标所必需的条款外，不应有额外限制贸易的条款。这里的正当目标就是指保护人身安全或健康，当前大量的国际技术法规和标准都与保护人身安全或健康有关。可见，保障公众的安全健康权是世界各国政府的责任，也是遵守国际公约、信守世界组织协议的主要内容。

国内学者近几年的研究也得出了类似结论，中国对产品质量的监管也应基于产品的安全问题。有学者认为，对产品安全性这类消费者自身难以辨别、不易选择、危险隐蔽和影响面大的产品质量问题，则需要政府行政部门加强监管。❶ 在一定程度上，我国对某些产品质量的监管较为宽泛，对产品质量监管的面虽宽但效果有待提升。因此，监管者作为公共事务的管理者和公众利益的代表者，必须有的放矢，采取更为有效的措施维护公共安全和公众利益，即建立起完善的监管产品安全制度。

总体而言，国内学术界对政府基于产品安全监管的研究和探讨重视略显不足，理论研究相对匮乏，反倒是从事产品监管实践的工作者总结了很多经验。国内外学者都认识到，政府对产品质量安全的监管不可或缺，至于是否应该强化政府监管并未达成共识，仍在争论之中。笔者比较认同强化政府监管职能的观点，但是世贸组织成员尤其是发达国家对产品质量安全的监管多是基于产品安全性，而且取得的成效较为显著，因此主管部门对产品安全的监管应得到全面强化，而对一般产品质量问题则应该放松规制。

二、缺陷产品监管的相关研究

国外对缺陷产品监管的研究最早是从私法中的民事责任开始的。国外缺陷产品民事责任归责原则的发展，大致经历了三个阶段：①合同责任，缺陷产品责任最初是因销售者违反交易合同中已向购买者说明的产品预期

---

❶ 汪立昕. 新视野新挑战新思路——从缺陷产品召回看产品安全监管体系的制度创新 [J]. 监督与选择，2009（5）：44-52.

用途，而面临的违反合同之诉；②过失责任，在这种归责原则下，被告是否对原告负责以其是否应该以承担相应的注意义务为前提；③严格责任，消费者在使用缺陷产品而遭受损害时，只需证明损害与产品的缺陷有关即可获得赔偿，无需证明缺陷之所在。❶

国外法学界在早期研究产品缺陷责任的过程中，对缺陷的判定形成了两派：经济分析法学派和新自然法学派。经济分析法学派主张效率出发理论，主要关注社会利益总量的最大化，认为每个经营决策者都追求利益最大化，如果生产者能以较低成本预防较高的损失，而其不采取预防措施，那么产品就存在不合理的危险性，即存在缺陷。新自然法学派主张权利出发理论，从公平正义原则出发，强调维护受害人的权利，以一般消费者对产品安全的期待值作为产品是否存在缺陷的认定标准。权利出发理论认为任何人都不能通过牺牲他人的利益来实现自己的利益，即使生产者预防事故的成本高于事故预防损失，也不一定都不承担产品责任。❷

针对缺陷产品到底是追究其侵权责任还是实施政府监管哪一种方法更好的问题，从经济学视角看，虽然侵权责任法和公共安全管制是以最小化事故成本作为共同目标的两个法律分支，但私法调整和公法管制相结合似乎也是一种答案。❸ 由于成本-责任、管制、私人保险、公共保险都有特定的优势和缺陷，因此混合型是可取的。❹ 私法与公法结合是基于侵权责任法的司法解决途径和缺陷产品召回制度等行政监管解决途径，加之缺陷产品保险制度等市场机制解决途径，这三种途径在国外缺陷产品监管实践中均有应用。

国内针对缺陷产品的较早研究也源于产品责任法，20世纪末国内学者逐步开始引入国外产品责任法中对缺陷产品的理论研究，具有代表性的文献有《浅谈产品责任中缺陷产品的认定》《论产品责任法上的产品缺陷》《产品责任与产品缺陷探析》《中美产品责任法中产品缺陷的比较研究》等。

---

❶ 郭禾. 浅议缺陷产品管理制度 [J]. 中国质量技术监督，2001（5）：10-11.
❷ 杨代雄，等. 论产品缺陷的认定标准 [J]. 当代法学，2000（5）：67-68.
❸ 卡拉布雷西. 法和经济学的未来 [M]. 北京：中国政法大学出版社，2019：148-156.
❹ 亚阿库里. 产品安全管制 [J]. 张微，等，译. 研究生法学，2007（1）：140-150.

由于当时中国还没有制定侵权责任法，因此这几篇文章均是从国外产品责任法的角度入手对缺陷产品的概念、分类及认定标准等基础层面的问题进行初探。国内学者对缺陷产品法律制度的研究也在不断深入，《我国缺陷产品立法研究》以缺陷产品民事立法、行政立法、刑事立法为主要研究内容，对缺陷产品召回制度立法提出建议。❶《中美产品缺陷法律制度比较研究》从产品责任法的角度入手，分别比较中美法律在产品缺陷的判断标准、归责理论、惩罚性赔偿等基本问题上的异同。❷

在国内有关缺陷产品监管的文献中，还有部分研究是以介绍缺陷产品基础层面的知识和引用国外的理论研究为主，比如《产品缺陷研究》一文主要从产品缺陷的存在形式、认定标准、缺陷和瑕疵的关系这三方面进行了研究；❸《论产品缺陷的认定标准》一文借鉴国外的效率出发理论和权利出发理论，探讨了产品缺陷的认定标准问题；❹《国外产品缺陷的法律规定》一文，对国外尤其是欧洲各国的消费者保护法和产品责任法中有关产品缺陷的责任认定以及免责规定做了介绍。❺

在中国知网里搜索关键词"缺陷产品监管"，能够找到数千条结果。这说明中国学术界对缺陷产品监管领域的高度重视，相关研究迅速增多，而且已不是停留在介绍和引入国外缺陷产品监管理论的阶段，出现许多结合中国缺陷产品监管实践的研究，尤其是缺陷产品监管工作者在专业实践中总结的经验，形成了许多具有参考价值的研究文献。

汪立昕的《政府管制中有关缺陷产品管理制度的问题研究》《建立缺陷产品管理制度应注意的几个问题》《缺陷产品管理制度与公共管理和公共财政》等文章都对建立缺陷产品管理制度提出了诸多建议。汪立昕对行政机关与司法机关介入缺陷产品监管进行了比较：司法管制必须以消费者因产品缺陷起诉有关企业为前提，而无提起缺陷产品追究责任的职权，因此行

---

❶ 张云. 我国缺陷产品立法研究 [M]. 北京：经济管理出版社，2007：1-3.
❷ 董春华. 中美产品缺陷法律制度比较研究 [M]. 北京：法律出版社，2010：74，146，211.
❸ 石慧荣. 产品缺陷研究 [J]. 现代法学，1996（2）：84-85.
❹ 杨代雄，等. 论产品缺陷的认定标准 [J]. 当代法学，2000（5）：67-68.
❺ 张海燕. 国外产品缺陷的法律规定 [J]. 监督与选择，2000（10）：47.

政监管更具有主动性，从理论上讲能够覆盖全部缺陷产品；由于我国法律在处罚上的乏力，司法管制只能停留在因产品缺陷造成损害的表面层次，行政监管则可以对制约责任企业改进产品设计和制造工艺、完善产品说明等深层次问题以多种方式进行监督；司法管制对缺陷产品广泛而有效的处理，有可能需要较高的社会成本，而行政机关在收集有关信息、预防缺陷产品带来的危害等方面，处理成本相对更低。比较而言，行政介入管制缺陷产品有明显的合理性和必然性。❶

国内学者也普遍意识到建立缺陷产品监管制度的紧迫性和必要性。有学者认为在产品责任制度愈益统一的国际化趋势下，尤其在中国加入世贸组织后，缺陷产品监管制度将构成产品市场的重要竞争因素。❷ 许多和市场有关的法律制度必然要与国际接轨，因此建立中国缺陷产品监管制度成为客观要求，同时也是主管部门对产品质量监管职能的重要转变。❸ 有学者提出，产品安全管理制度应包括产品的市场准入制度（市场前）、对产品的监督检查制度（市场中）和缺陷产品召回制度（市场后）。中国在完善产品安全管理制度过程中，应加强市场后的管理，即建立完善的缺陷产品召回制度等监管制度。通过实行缺陷产品召回制度，最大限度地降低缺陷产品给消费者带来的人身伤害和财产损失，消除缺陷产品对社会带来的威胁。❹ 政府在产品质量安全监管中应该侧重于产品安全的市场后监管，目前对有争议或有缺陷的产品，应从经销商、服务商的维护、维修、退货处理，逐步引向生产制造商对缺陷产品的召回。❺

国内学者普遍认为，政府实施缺陷产品监管比通过司法监管途径约束企业履行产品缺陷责任更加合理可行。但笔者认为，这两条监管途径是相

---

❶ 汪立昕. 建立缺陷产品管理制度应注意的几个问题 [J]. 监督与选择，2001（7）：18-19.

❷ 刘平，等. 建立缺陷产品监管制度的探讨 [J]. 华中科技大学学报（社会科学版），2001（4）：21-23.

❸ 汪立昕. 缺陷产品管理制度与公共管理和公共财政 [J]. 世界标准信息，2004（5）：13-15.

❹ 赵宏春. 缺陷产品管理：产品安全管理制度的核心 [J]. 世界标准信息，2007（5）：14-21.

❺ 王赟松. 消费品安全监管概论 [M]. 北京：清华大学出版社，2012：30.

辅相成的，行政监管能解决大批量的系统性缺陷问题，不过对于个别的偶然性缺陷问题仍需要通过司法监管的途径解决，因此两者不能互相替代，应互为补充。从以上研究中可以发现，国内学者已意识到缺陷产品监管的重要性，并且普遍认为政府应当加强对产品的市场后监管，笔者对这一观点也表示认同。政府应尽量把对产品监管的重心放在市场后监管当中，通过建立缺陷产品召回制度等涉及产品质量安全的市场后监管制度，来完善市场监管制度体系。

三、缺陷汽车产品召回的相关研究

国外对缺陷汽车产品召回的相关研究可以追溯到20世纪70年代。早期对缺陷汽车市场的研究中最具影响力的一篇文献是《柠檬市场：质化的不确定性和市场机制》。这篇论文被誉为信息经济学中最为重要的文献，意在推理不对称信息论对二手车市场的影响机制。阿克洛夫在文中用酸涩的柠檬来比喻状况不佳的二手车，后来"柠檬"被引申指有缺陷问题的汽车，并以"柠檬法"命名新车缺陷方面的消费者保护法。[1] "柠檬法"主要是为了保障消费者买到偶然性缺陷的汽车时的权益。美国各州的"柠檬法"都具有大致相同的特点：在非系统性缺陷的前提下，顾客购买的新车存在影响使用性能、可能存在导致人身伤害的缺陷，或者不符合制造商明示的质量担保，并且经过数次修理后仍不能排除的，制造商有义务应顾客的要求更换同类型的新车或者予以退赔。此乃偶然性缺陷的解决途径——通过私法保护消费者的权益，而围绕大批量的系统性缺陷问题的应对措施，则是建立缺陷汽车产品召回制度。

国外学者对如何建立缺陷汽车产品召回制度做了较多研究：首要研究了缺陷汽车产品召回制度和消费者对缺陷产品认识之间的关系；[2] 之后，大

---

[1] AKERLOF G A. The markets for "Lemons": quality uncertainty and the market mechanism[J]. The quarterly journal of economics, 1970(8):488-500.
[2] RAMP D L. The impact of recall campaigns on products liability[J]. Insurance counsel journal, 1977, 44(1):83-96.

量学者开始对消费者与缺陷汽车产品召回制度的关系展开探讨;❶还有学者就缺陷汽车产品召回制度的两种召回模式（主动召回和被动召回）分别进行了研究。❷

国外学者尤其是美国学者基于缺陷汽车召回的数据进行了诸多定量研究,得出了许多有意义的结论：有研究运用定量分析证实了严重缺陷导致的召回会造成召回车型的销售业绩下滑;❸但从实施监管的角度分析,缺陷汽车召回对企业是有利的,因为在缺陷汽车产品召回制度完备的市场,企业召回成本要低于不实施召回而受到处罚的损失;❹即便不考虑对企业实施的处罚,也有分析发现实施召回对销售绩效不会产生明显的副作用。❺笔者认为在论证召回到底是否对汽车企业有利这个问题上,对缺陷汽车产品召回制度完备的市场来讲,实施召回对于企业显然是有利的。对于缺陷汽车产品召回制度不完善的市场而言,汽车企业认为召回会带来额外成本,而且这一成本远高于不召回可能带来的处罚损失。因此政府如果不加大缺陷产品监管力度,汽车企业就会抱有侥幸心理而不实施主动召回,长此以往对汽车产业的发展不利。

随着缺陷汽车产品召回制度的发展,学界已不限于对召回成本与收益之间进行研究。美国学者提出了召回维修率的定义,并且根据数学模型分析得出结论：在美国,本国的国产车维修率高于进口车。❻笔者在分析中国缺陷汽车产品召回制度变迁过程中的实际情况时也进行了相关研究,中国

---

❶ CRAFTON S M, REILLY R J, HOFFER G E. Testing the impact of recalls on the demand for automotives[J]. Economic inquiry, 1981, 19(4):694-703.

❷ WELLING. Theory of voluntary recalls and product liability[J]. Southern economic journal, 1991(4):1092-1111.

❸ REILLY R J, HOFFER G E. Will retarding the information flow on automotive recalls affect consumer demand? [J]. Economic inquiry, 1983(21):444-447.

❹ JARRELL G, PELTZMAN. The impact of product recalls on the wealth of sellers[J]. Journal of political economy, 1985(93):512-536.

❺ HOFFER G E, PRUITT, REILLY R J. Automotive recalls and informational inefficiency[J]. Financial review, 1987(22):433-442.

❻ HOFFER G E, PRUITT S W, REILLY R J. When recalls matter:factors affecting owner response to automotive recalls[J]. The journal of consumer affairs, 1994, 28(1):96-106.

监管部门对召回维修率的评估还有待进一步完善。因此,政府应及时开展对缺陷汽车产品召回效果的评估,尤其是对召回维修率的评估,这是完善缺陷汽车产品召回制度实施机制的重要方面。

进入 21 世纪后,国外学者对缺陷汽车产品召回制度展开了更为具体的研究,如研究了政府和汽车生产企业实施缺陷汽车召回的不同情况,政府偏向于实施较大规模、针对旧车型、危害较小的汽车召回;而汽车生产企业更倾向于实施规模较小、车型较新、危害较大的汽车召回,大型汽车生产企业偶尔会发起大规模汽车召回。❶ 这一结论虽然是基于美国的缺陷汽车产品召回实际情况得出,但笔者在中国汽车市场的召回实践中发现也存在类似情况。中国汽车市场实施汽车召回制度以来的几次大规模召回都是受政府监管部门影响才实施的,而有的汽车企业更乐于主动实施一些"无关痛痒"的小规模召回。同时,国外学者还对影响召回维修率的相关因素进行了研究。❷ 经过分析,发现维修车辆数量、召回车辆数量和维修率对解释超额收益来源的作用较小,这表示直接召回成本是极低的,而汽车召回的间接成本有可能远远大于直接成本。❸ 笔者在研究中国缺陷汽车产品召回制度时也引入了召回数量、召回维修率、召回成本等概念,发现有的国内汽车企业不愿实施主动召回,也是因为害怕召回引起的间接成本会给企业带来效益上的减少。

美国学者对缺陷汽车召回的研究如今又进入了一个新的反思期,有的学者开始质疑召回是否能够减少交通事故,汽车召回是否有利于公众利益。比如通过估算召回对事故发生次数的影响,得出"如果某个车型的召回率上升 10%,那么其事故发生次数将下降大约 2%"❹ 的结论。同时,召回车

---

❶ RUPP N G,TAYLOR C R. Who initiates a recall and who cares? Evidence from the automotive industry[J]. Journal of industrial economics,2002,50(2):123-149.

❷ RUPP N G,TAYLOR C R. Who initiates a recall and who cares? Evidence from the automotive industry[J]. Journal of industrial economics,2002,50(2):123-149.

❸ RUPP N G. The attributes of a costly recall. Evidence from the automotive industry[J]. Review of industrial organization,2004,25(1):21-44.

❹ BAE Y K,HUGO B S. Do vehicle recalls reduce the number of accidents? The case of the U.S. car market[J]. Journal of policy analysis and management,2011(4):821-862.

型的维修率越高，召回后的几年内该车型的平均事故率越低，这显示出召回行为对交通安全的重要性。但是，也有人对这一研究结果持怀疑态度，如果召回能够使车辆碰撞发生次数减少，那么由此可以推测出"在车辆召回较多的年份，死亡或受伤人数将会下降"。但事实上，美国交通事故死亡人数常年保持恒定。通过分析召回的直接成本和折算间接成本，在与召回的效益进行比对时，发现召回的效益几乎是难以被量化的，而召回所造成的社会成本则是巨大的。降低生命和经济成本应该是召回政策的主要任务，但实际上召回只能在少数情况下挽救生命，并减少人身伤害，在大多数情况下，召回造成了额外的成本，而其效益很少或几乎没有。由此得出，召回计划的安全效益并不能证明巨额的召回成本是物有所值的。❶

中国引入缺陷汽车产品召回制度不足二十年时间，国内研究相较于国外仍显滞后，主要研究多为国外汽车召回制度经验等方面的内容，理论研究的基础较薄弱，而且与召回实践结合也较少。在中国学者初识汽车召回制度之时，有些学者将"recall"（召回）译为"回收"，如《缺陷车辆的报告及回收制度》和《借鉴国外经验我国应建立缺陷车辆回收制度》两篇文章即如此。然而召回和回收是两个不同的概念，存在语义上的差别。前一篇文章在研究美国和日本的汽车召回制度的基础上，提出了建立中国缺陷汽车产品召回制度的大胆设想；❷ 后一篇文章则在介绍日本的汽车召回制度时，着重分析了缺陷汽车产品的召回程序。❸ 另外，《如何运用汽车的冻结和召回战役》一文中提出了"冻结"的概念，即"对因安全或质量原因判断不能接受的汽车禁止交给销售网络。不管一辆汽车或一系列汽车未被指明解除冻结的时间有多长，都不能把这些汽车交给销售网络"。简而言之，就是当发现缺陷汽车产品后，先停止一切销售活动，直到解除这种状态为止。该文还提到一个概念——"召回战役（recall campaign）"❹，其实是"召回活动"的意思。从国内早期对缺陷汽车产品召回制度的研究中可以发

---

❶ MCDONALD K M. Do auto recalls benefit the public? [J]. Product safety, 2009, summer: 12-17.

❷ 豪彦. 缺陷车辆的报告及回收制度 [J]. 汽车与配件, 1998 (20): 22-23.

❸ 孙惠. 借鉴国外经验我国应建立缺陷车辆回收制度 [J]. 天津汽车, 1998 (2): 5-9.

❹ 蔡玉琴. 如何运用汽车的冻结和召回战役 [J]. 航天技术与民品, 1996 (2): 43-46.

现两个问题：一是召回在当时鲜为人知，只有从事汽车行业的专业人士才能接触到这一事务；二是当时国内研究召回的相关文献较少，有的专业术语并未统一，以至于研究者直接按照自己的理解翻译外文的专业术语，所以才会出现"回收制度"和"召回战役"这些词。

  国内也有一些采用定量分析方法的研究。如对缺陷汽车产品召回制度中各利益集团的博弈情况做了研究，认为产品缺陷的诸多因素能影响政府和汽车生产企业间的博弈，政府应该利用激励机制从鼓励和约束两方面促进企业实施汽车召回；❶有研究借鉴国外的分析模型，提出了影响中国汽车召回响应率的主要因素即召回汽车的年款、缺陷的严重程度、制造商的国籍、召回通知的发表、召回规模，基于这些影响因素又从监管部门和制造商两方面找到提高汽车召回响应率的主要方法；❷有的专家在对国内外的汽车召回情况进行综合研究后，基于中外汽车召回的同期数据，对汽车召回的现状、产生缺陷的原因及制造商群体特征等进行分析，提出以召回率作为评价召回实施情况的主要指标，经过分析表明，中国的汽车召回总体水平相对较低，汽车制造商在召回主动性方面有待提高。❸学者们构建了2006—2015年的18家典型制造商的静态与动态面板模型，进行实证研究发现：缺陷汽车召回率与销量增长率之间存在较为显著的负相关关系，企业产值、营业收入、资产增长率以及售后服务满意度对汽车销量具有正向影响，新车质量指数、汽车可靠性指数对汽车销量增长具有负向影响。❹

  国内对缺陷汽车产品召回制度层面的研究越来越多，既有对制度普遍性的经验总结，也有对缺陷汽车召回事件的案例分析。但是，绝大多数研究汽车召回制度的文献还是对国外这一制度的借鉴和比较：有的对世界主要国家的汽车召回制度进行详细介绍；❺有的通过分析美国、日本的汽车召

---

❶郑国辉. 缺陷汽车产品召回制度中有关概念的辨析［J］. 上海汽车，2005（2）：11-13.
❷高松，等. 影响汽车召回响应率的因素解析［J］. 汽车工业研究，2006（1）：27-28.
❸王琰. 我国汽车召回现状和模式分析［J］. 世界标准信息，2008（2）：24-30.
❹张佳，等. 中国缺陷汽车召回对汽车销量的影响［J］. 企业经济，2020（4）：99-107.
❺朱毅. 各国汽车产品召回制度介绍［J］. 汽车与配件，2003（23）：38-40.

回制度，对中国汽车召回制度提出建议；❶ 有的对国内外缺陷汽车产品召回制度进行比较，剖析中国缺陷汽车产品召回法律中存在的问题；❷ 有的在对欧洲和美国实施汽车召回数十年的统计数据进行全面分析的基础上，对汽车缺陷的发生规律进行讨论；❸ 有的从召回立法体系、缺陷产品界定、召回方式、召回主体、召回程序几方面对国内外缺陷产品召回制度、法律进行比较研究，提出对中国缺陷产品召回法律制度的思考；❹ 有的在总结中国缺陷汽车产品召回实施情况的基础上，系统分析中国缺陷汽车产品召回制度实施的成效与不足；❺ 有的对缺陷产品全球召回事件中存在"中外有别"现象的典型案例进行对比研究；❻ 有的从召回法律法规体系、行政管理体系、数据保障体系、实际执行对比等多维度对中美欧缺陷产品召回制度进行对比分析，并提出应健全与我国经济社会发展水平相匹配的缺陷产品召回制度等。❼

总体而言，在缺陷汽车产品召回制度的相关研究中，外国尤其是市场经济体制比较成熟的发达国家，对缺陷汽车产品召回制度的研究相对丰富，在制度建立的法理依据、基本范畴、实施原则、实践效果，乃至研究方法上都取得了不少成果。然而，对于市场经济体制仍不够完善的国家而言，缺陷汽车产品召回制度的建立、发展和社会融合，以及运行中的利弊得失仍缺乏广泛关注。国内文献主要集中在对国外缺陷汽车产品召回制度和研究成果的概括性描述，对国内这一制度的研究也只是针对法规的宣传介绍

---

❶ 李荣花，等. 世界主要国家缺陷汽车产品召回管理制度分析 [J]. 汽车运用，2005（4）：9-11.

❷ 郑国辉. 召回缺陷汽车产品的法律制度探析 [J]. 商场现代化，2008（9）：284-285.

❸ 沈明，等. 基于欧美召回数据的汽车缺陷特点研究 [J]. 汽车工程，2008（11）：1023-1027.

❹ 关乔，等. 国内外缺陷汽车产品召回制度比较与研究 [J]. 世界标准信息，2008（2）：28-33.

❺ 刘祥，等. 我国缺陷汽车产品召回管理制度有效性浅析 [J]. 世界标准信息，2008（2）：16-23.

❻ 姜肇财，等. 缺陷产品召回制度国内外对比研究 [J]. 标准科学，2019（4）：6-11.

❼ 李相禛，等. 中美欧缺陷产品召回制度对比分析 [J]. 中国标准化，2021（15）：202-207.

和实施建议，而对于中国缺陷汽车产品召回制度变迁过程的系统性考察尚属空白。本书为弥补现有研究之不足，选择在这一方向展开深入研究，以期为中国缺陷汽车产品召回制度的进一步完善和市场经济条件下的中国市场监管制度理论研究做出自己的贡献。

第四节 研究思路与方法

一、研究思路

缺陷汽车产品召回制度是一项市场监管制度，因此笔者选取制度分析的相关理论来研究这项制度的变迁轨迹。本书的研究思路主要从以下三个视角展开：第一，鉴于缺陷汽车产品召回制度较长的发展历程，本书基于制度变迁的视角，对这项制度在中国的变迁过程进行系统考察；第二，中国缺陷汽车产品召回制度相关法规经历了一个从制定到实施、反馈、修改、更新的政策过程，所以本书运用政策过程的视角，对制度法规进行动态分析；第三，缺陷产品召回涉及多个利益相关方，为了使各方利益协同一致，让缺陷产品召回制度更好地实施，本书通过引入多中心治理的视角进行研究，并提出相应的对策建议。

（一）制度变迁理论分析框架

制度变迁理论将制度与政府行为、市场规则联系起来，对在一段历史时期内分析政府、市场、社会等制度的变迁具有重要理论价值。因此，本书选用制度变迁理论作为考察中国缺陷汽车产品召回制度形成过程的主体理论分析框架。缺陷汽车产品召回制度源于国外，中国引入这项制度是由政府主导实施的，这项制度在中国的形成过程是一种渐进式的制度变迁过程，而不是一蹴而就的变革，所以主管部门先是以部门规章的形式试探性地实施这项制度。新制度在实施初期需要进行不断的试错与调整，市场行为主体也需要一定时间来接受和适应，故此在制度初创阶段遇到了一些阻碍：外国汽车企业利用规则优势区别对待中国市场，规避实质性的缺陷问题；中国个别自主品牌汽车则是直接回避召回行为。当制度实施一段时间后，主管部门及时总结经验，做出了进一步的制度深化调整，国务院以行政法规的形式出台新的制度法规，通过提升制度的法律层级稳固了这项制度。中国缺陷汽车产品召回制度的强制约束力得到了增强，外国汽车企业不得不直面真正的汽车缺陷问题，政府监管部门对严重缺陷问题开始主动进行干预，许多外国汽车企业在缺陷调查影响下实施了大规模召回。中国自主品牌汽车企业在新的制度规则实施后，由于忌惮高额处罚，主动召回的意识明显增强，召回次数也逐渐增多，并且开始实施较大规模的召回。至此，中国缺陷汽车产品召回制度仍未完全成型，因为制度均衡并未实现。本书基于目前制度实施中存在的现实问题，提出应围绕制度规则、制度实施机制等方面进行制度完善，使制度朝着制度均衡阶段变迁，最终形成稳定的制度状态。

（二）政策过程理论的视角

本书应用政策过程理论的视角对中国缺陷汽车产品召回制度正式规则的制定过程进行考察。由于制度正式规则要以政策法规的形式出现，因此制度形成中必定伴随着政策的制定、实施、反馈和修改以及更新等过程。虽然有时政策法规在政策过程的前期阶段就能十分明确地固定下来，但政策制定在很多情况下是一个连续不断的演进过程，中国缺陷汽车产品召回制度法规的制定过程即是如此。从1999年中国试图制定缺陷汽车产品召回制度法规开始，到2004年规定的正式出台就经历了五年时间。在这项部门规章实施后，由于强制约束力不足，主管部门又从2008年开始酝酿修改制度法规，在2012年又以国务院行政法规的形式出台了条例，期间则经历了四年时间。因此，本书对政策法规制定的循环过程进行了跟踪式的考察。当然，政策过程研究不能只关注政策制定，还要关注政策制定、实施过程中不同群体对制度施加的各种影响。从这个视角来分析政策的效果，一般是选择一个或若干个案例，通过对案例的分析，来探索政策制定、政策执行和政策结果。❶ 本书就是在中国缺陷汽车产品召回制度变迁过程中的不同阶段，分别选取典型案例，通过对比中外汽车企业的反应，分析制度实施效果。

（三）多中心治理的监管组织体系

本书采用了多中心治理的理论，试图对缺陷汽车产品召回制度涉及的多方利益主体进行权利、责任关系的重构。中国缺陷汽车产品召回制度的形成，离不开政府、市场、社会的多方参与。首先，制度规则的制定需要倾听各方意见——有来自政府的缺陷产品召回管理人员，也有来自企业具体实施召回的责任人，还有消费者等。其次，制度实施需要政府监督作为保障，也需要社会监督的广泛参与，更需要企业履行召回责任。因此，对中国缺陷汽车产品召回制度的研究要围绕多个利益相关方展开。笔者在研究具体的召回案例时就是从多中心的视角出发进行全面分析，而非站在某个孤立的角度考察制度的优劣。本书最后探讨进一步完善这项制度的思路时，提出在多中心治理的监管理念下，缺陷汽车产品召回的监管主体应是复合主体，包括政府、企业、行业协会、消费者协会等。政府居于缺陷产品监管主体的核心地位，但并非唯一主体地位；生产企业作为缺陷汽车产品的责任主体，必须实施自我管控，同时在企业间实施相互监督；消费者作为缺陷汽车产品召回的直接受益者，理应参与对缺陷汽车产品召回的监督。政府、市场、社会的多方主体共同参与缺陷汽车产品召回的监管，结成合作、协商和伙伴关系，形成一个互动、多维的管理过程，才能形成监管合力，最大限度地提升中国缺陷汽车产品召回制度的效力。

二、研究方法

社会研究方法同科学方法一样，分为三个层次：方法论，研究方式或研究法，具体方法与技术。❷ 本书在方法论层面属于实证研究，在制度分析的研究框架下选取历史考察、比较研究、案例研究的具体方法。除此之外，笔者还运用参与式观察、无结构式访问、文献研究等技术手段收集整理数据资料。

---

❶ 黑尧. 现代国家的政策过程 [M]. 赵成根，译. 北京：中国青年出版社，2004：22.
❷ 袁方. 社会研究方法教程 [M]. 北京：北京大学出版社，2012：1.

(一) 实证研究

本书对中国缺陷汽车产品召回制度变迁轨迹的考察属于实证研究。实证主义是一种以实际验证为中心，强调感觉经验、排斥形而上学的哲学思想。实证主义将哲学的任务归结为现象研究，通过对现象的归纳得出一般规律。实证主义的分析方法强调知识的经验性或实证性、研究的客观性与世界的统一性，虽然也存在一定的片面性，但是通过实例和经验等从客观事实推理解决现实问题的实证主义分析方法在社会科学研究中占据着重要地位。

本书以缺陷汽车产品召回制度为研究对象，这项制度源自西方发达国家，因此中国建立这项制度是一个从无到有的过程，主要通过实践探索总结经验。实证研究就是以经验、实例出发，主张从现实中获取知识，其方法论为归纳的逻辑推理方法，就是从特殊到一般的推理过程，通过观察具体现象，概括出现象中普遍存在的一般性结论。本书通过考察中国缺陷汽车产品召回制度变迁过程中的典型召回事件，运用案例研究发现具体现象中存在的普遍问题，就是从具体的召回事件出发经过归纳推理得出一般性结论的经验总结过程。本书着重研究中国缺陷汽车产品召回制度法规的制定过程，并对不同阶段的制度规则实施情况的数据资料进行分析，总结制度变迁过程中不同阶段存在的现实问题，通过研究具体现象发现问题的根源，归纳出制度变迁过程中的一般规律。这个过程即属于实证研究的分析过程。

(二) 制度分析

制度分析是应用制度的相关概念和理论工具对人类社会的制度现象、制度问题进行分析和解释的研究方法。制度分析作为研究方法是以制度因素为分析单位，对某一现象进行深入研究，发现制度因素在导致该现象的变化中具有何种意义、何等关联。制度分析把制度作为变量，用演进的或动态的眼光来考察人类的经济行为。制度分析在研究方法上带有具体化的特点，更多地从现象中进行分析。

历史考察是运用发展、变化的观点考察社会现象和客观事物的一种研究方法，常被用于制度分析。因为制度不是一成不变的，尤其在分析制度变迁过程时，需要通过划分不同的历史阶段，才能揭示制度发展的一般性规律。制度有其出现的历史根源，先要研究制度的历史背景，然后通过分阶段考察制度发展的历史脉络，才能提出切实可行的对策建议。本书运用这一方法对中国缺陷汽车产品召回制度变迁的过程进行历史考察，通过联系制度不同阶段的实施情况，分析制度中存在的现实问题，揭示制度变迁中的一般规律，进而提出完善制度的对策。

案例研究是管理学中一种行之有效的研究工具，通过选取富有代表性的典型事件作为案例，然后通过案例分析对相关问题展开深入的调查，得出一些规律性、普遍性的结论。本书选取了中国实施缺陷汽车产品召回制度以来的四个典型案例：丰田汽车"召回门"事件、澳大利亚"石棉门"召回事件、大众汽车DSG召回事件、江淮汽车"生锈门"召回事件。这些案例说明中外汽车企业在应对缺陷汽车产品召回制度不同阶段时的不同反应，揭示出制度效力随着正式规则法律层级的提高而逐渐得到凸显的变化规律。

比较研究是一种被广泛应用于社会科学研究的具体方法。首先，本书对美国、日本、澳大利亚、欧盟等成熟的缺陷汽车产品召回制度进行了国际比较研究，以国别比较的方式展开横向比较，在比较过程中又将这些国家进行了分类，既找出它们的共性，又指出它们的差异，属于国别比较与模式比较相结合的国际比较研究。其次，通过纵向比较国内外汽车企业在制度初创阶段和制度深化阶段对待召回的差异，发现中国缺陷汽车产品召回制度在实践中取得的进步。再次，在召回典型案例分析过程中进行同类比较，对比中外汽车企业在应对中国缺陷汽车产品召回制度时的差异，以及中外汽车企业在全球性召回中对待中国和其他国家的差异，探寻中国缺陷汽车产品召回制度应如何改进。

（三）数据资料的获取

本书的数据资料来源主要有三种途径。第一类是政府发布的政策法规、政令、通知等，这类数据资料可以在政府官方网站获取，部分通过公开出版物形式获取。第二类是在国内外监管部门的网站及工作报告中获取的数据资料：中国缺陷汽车产品召回案例来自国家市场监督管理总局缺陷产品管理中心及其汽车召回案例库；中国缺陷汽车产品召回数据主要来自中国汽车召回网和《汽车产品安全与召回技术研究报告》；美国缺陷汽车产品召回数据来自美国高速公路交通安全管理局（National Highway Traffic Safety Administration，NHTSA）的官方网站；澳大利亚缺陷汽车产品召回数据来自澳大利亚公平竞争和消费者委员会（Australian Competition and Consumer Commission，ACCC）的官方网站；还有部分汽车生产、销售、召回的数据资料来自国家统计局的统计数据、中国汽车工业协会的统计数据、中国消费者协会发布的统计数据等。第三类是由各大汽车公司发布的有关汽车召回的数据资料，如丰田、大众、江淮等汽车公司官方网站公开的汽车召回数据。

此外，笔者借助在国家市场监督管理总局缺陷产品管理中心参与汽车召回相关课题研究的契机，运用参与式观察的方法掌握了许多中国缺陷汽车产品召回实践的情况。笔者开始研究本课题时，中国缺陷汽车产品召回制度已初步确立，因此未能对这项制度法规最初的起草和意见征询等重要环节进行直接的参与式观察。但是笔者通过对起草缺陷汽车产品召回制度法规的专家进行访谈，以及通过与召回实践工作者、技术专家进行座谈交流，了解了相关法规的起草过程，加深了对中国缺陷汽车产品召回制度的感性认识。笔者还通过缺陷产品管理中心领导联系到了"缺陷产品研究"课题组的主要成员，并获得了《缺陷汽车产品召回管理规定》起草过程的一手资料，这也成为本书研究资料的重要来源。笔者对这些第一手资料进行了系统的归纳整理和统计分析，使之成为本书考察中国缺陷汽车产品召回制度变迁过程的现实依据（部分资料列示于附录中）。

第二章

制度背景
—— 中国缺陷汽车产品召回制度的路径依赖

缺陷汽车产品召回制度属于西方的"舶来品",并非中国原创的市场监管制度。随着中国改革开放的深入,尤其是在进入 21 世纪后,在中国加入世贸组织的大背景下,建立与国际相接轨的市场监管制度这一任务显得尤为紧迫。本章将从国内与国际两方面探讨中国缺陷汽车产品召回制度建立的背景。国内背景主要是从受经济体制改革和市场开放影响需要尽快建立市场监管制度的角度来论述,而国际背景则是从国外缺陷汽车产品召回制度演变的角度来梳理其产生与发展。

第一节 国内背景:由计划经济向市场经济的转变

我国对产品质量的监管在由计划经济向市场经济转变的初期形成了标准化、计量、质量管理"三位一体"的监管体系,同时全国的产品质量监管工作形成了国家、省级、地(市)级、县级的垂直管理。中国加入世贸组织后,原先的产品质量监管制度已不能与更加开放的市场经济相适应。我国对产品质量的监管需要从单纯的行政管理向依法监管转变,建立起与国际市场接轨的产品质量监管制度,尤其是能够与标准制度、产品质量认证制度相协调,共同构成确保产品质量安全基石的缺陷产品召回制度。

一、计划经济下的中国产品质量监管

计划经济体制下的中国产品质量监管处于一种权力高度集中于中央，但管理职能又分散于不同职能部门的状态，标准化和计量工作刚刚起步，统一的产品质量监管体系并未形成。改革开放前，中央政府出台了计量管理的一些法规，计量制度得以初步确立；中国的标准体系并未搭建，但标准化组织机构基本形成了较完善的垂直管理体制；中国的质量管理发展较为落后，仍处于以事前质量检验为主的质量管理初级阶段。具体来说，计划经济体制下的中国产品质量监管具有如下四个特点。

第一，中国在计划经济体制下，标准化工作呈现出垂直管理的特征。行业标准相对分散、相互间协作、协调不够，标准制定工作以引用苏联的技术标准为主，同时吸收借鉴欧美较成熟的国际通用标准。

中华人民共和国成立后，为了尽快恢复国民经济，暂时采用了中华人民共和国成立前老企业使用的各资本主义国家的标准。随着经济的复苏和发展，旧标准与计划经济体制下的统一技术管理不相适应，对旧标准的改造被提上日程。在第一个五年计划期间，中国逐渐用苏联的标准替代旧标准成为当时标准化工作的一个显著特征。为了提高和保证工业产品的质量，我国提出设立专门机构和逐步制定国家标准的战略性任务，将标准划分为国家标准、部标准、地方标准和工厂标准，按行业分别成立各自的标准审核委员会。❶ 国家各部门不同程度地开展了行业内的标准化工作，参照苏联标准建立了一批部标准，在一定程度上克服了过去标准不统一的混乱局面，很多工厂也开始配备标准化人员，借鉴苏联标准来制定企业标准。当时大量的部标准成为行业内工业生产的主要标准依据，各部标准在本行业内充当着国家标准的角色，然而由于行业间的相互割裂，各部门又各自制订部标准，标准间相对分散，很难形成统一的标准体系。不过，中央、地方、企业三级标准化管理体制在计划经济时期已经形成，这种由中央到地方再到企业的垂直统一的"条条管理"模式在一定程度上促进了计划经济体制

---

❶ 王平. 标准化近代史的人和事 [J]. 标准生活，2010（10）：52-61.

时期产品质量的提升。

第二，计划经济时期的中国恰好处于生产不足的短缺经济状态，经济管理方式和社会财富的极度稀缺共同导致当时的政府、企业和社会往往片面强调产品数量和生产速度，而对产品质量提高的重视程度不够。

这一时期的产品质量问题与产品技术指标、生产工艺中的标准要求不高有着直接关系。中华人民共和国成立初期，由于旧中国遗留的生产力基础很低，生产工艺远低于同期世界平均水平，技术工人、工程师和企业经营管理人员等合格的工业劳动者极度缺乏，不得不适当降低标准，导致有的产品达不到出口合同的要求。从第二个五年计划开始，在国家技术委员会领导下，我国加快了标准的制定工作，由于当时国家还没能力制定出一套统一的标准体系，所以各部门、各企业根据生产技术发展的需要，自下而上地制订了一些企业标准和部标准，改造、修改、补充了一些旧标准。1958年中央提出"在1959年内或1960年基本上建立中国标准体系"，这些主张，脱离了中国社会的生产力发展水平和劳动力的一般素质，致使标准化工作的正常发展受到了一定影响。❶ 在第二个五年计划中一共制定了国家标准175个，制定、修订了部标准约5 000多个，其中绝大多数都是在"大跃进"时期制定的，标准本身的科学性、适用性和可行性都存在一些问题。"文化大革命"期间，更是出现了任意修改或降低标准的现象，有的另立"土标准"，还出现了所谓"眼标""口标"，严重影响了生产技术的发展，使中国产品质量大大下降。

第三，计划经济时期中央政府并未设立单独的产品质量监管职能机构，而是在财经、科技、国防科工、商业、贸易以及各个工业部等部委之下设立了各自独立的负责标准化工作和计量工作的部门，起到了一定积极作用，但产品质量监管的职能、力度还不够。

标准化部门主要是负责国家标准的制定和行业间的标准协调工作，而计量部门则是以统一全国的计量工具和计量单位为主要任务，这些部门其实并未真正担负起政府的产品质量监管职能。中华人民共和国成立后，先

---

❶ 宋华琳.当代中国技术标准法律制度的确立与演进［J］.学习与探索，2009（5）：15~19.

是引用苏联的整套质量管理模式，实行全国定额管理并建立各级责任制度，产品质量监管实行管理水平相对较低的事后检验，而且主要是以企业自检为主。随着中国产品质量管理的发展，企业内开始对工艺过程进行监督管理，逐步实施事前抽查检验，将事前预防和事后监管相结合。在计划经济体制下，国家各工业部门普遍建立了各自独立的质量检验机构，形成了中央、地方、企业三级管理的产品质量检验体制。❶ 但由于计划经济体制下的中国仍处于商品短缺状态，产品质量管理主要通过国家制定产品标准，行业主管部门进行质量管理来实现，并不是由国家统一的部门实施产品质量监管。中央与地方之间、各行业之间、政府与企业之间存在管理权限的不当交叉和监管的少数真空地带，致使产品质量水平参差，对产品质量的监管工作制度不一。

第四，虽然中国在计划经济时期没有建立专门的、统一协调的缺陷产品监管制度，但针对一些特殊产品的缺陷问题早已开始实施安全监管，比如锅炉、化学品、武器装备等特殊产品的安全监管，与此同时出台的一些行政法规为产品质量监管制度的法治化建设奠定了基础。

中华人民共和国成立后，中国的产品质量法制建设开始起步，但出台的多是行政法规，并非普通法律。在产品质量监管的制度建设中，计量法规和产品进出口的检验制度法规出台较早，政务院于1950年颁布了《中华人民共和国度量衡管理暂行条例》，1951年批准发布了《输出输入商品检验暂行条例》。20世纪60年代，我国开始重视质量控制与标准化管理：1960年，劳动部颁发了《蒸汽锅炉安全规程》，对锅炉设备的安全检验等工作制定了操作规程，防止因锅炉产品缺陷导致的安全事故发生；1961年颁布并试行的《国营工业企业工作条例》，根据当时实际情况提出了整顿国营工业企业、改进和加强企业质量管理工作的一些指导原则；1962年出台了中国第一个标准化管理法规《工农业产品和工程建设技术标准管理办法》，对技术标准的范围、性质和目的，制定和修订的原则、方法，审批和颁发的程序以及贯彻执行的要求都做了明确的规定。这些法规的出台为建立产品质

---

❶中共国家质检总局党组. 党领导中国质检事业不断发展壮大 [J]. 中国质量技术监督, 2011 (7): 6-11.

量监管制度法律法规体系打下了基础，有力地促进了我国的标准化、计量、质量检验等产品质量监管的发展。在当时广泛推行的以"两参、一改、三结合"（实行干部参加劳动、工人参加管理，改革不合理的规章制度，工人群众、领导干部和技术员三结合）为核心的企业管理"鞍钢宪法"和"三老四严"（"三老"指对待革命事业，要当老实人、说老实话、办老实事；"四严"指干革命工作，要有严格的要求、严密的组织、严肃的态度、严明的纪律）的"大庆作风"，推动了企业全员质量管理的最初实践，在客观上促进了企业生产的合理化和产品质量的提高。

二、改革开放后的中国产品质量监管

党的十一届三中全会以后，中国进入社会主义现代化建设的新时期，产品质量监管工作得以恢复，标准化、计量和质量管理"三位一体"的产品质量监管体系逐渐形成。

首先，中国的产品质量监管由分散管理进入统一管理和组织协调发展的新阶段。实施改革开放后直至20世纪末，中央政府通过几次机构改革，逐步建立起与市场经济相适应的产品质量监管体制。在1988年的机构改革中，国务院决定在国家标准总局、国家计量总局和国家经济贸易委员会质量局的基础上组建国家技术监督局，并赋予其行政执法职能，初步形成标准化、计量、质量"三位一体"的产品质量监管体系。1989年，第一次全国技术监督工作会提出"以质量为中心，以标准化、计量为基础"的质量技术监督工作方针，为提高产品质量和实施产品监督管理确立了新的工作格局。中国的产品质量监管体制在经济体制由计划向市场转变的过程中逐渐确立，尤其是在党的十四届三中全会正式确立了社会主义市场经济体制的基本框架后，政府通过大幅度的市场监管改革，基本形成产品质量监管体制。在1993年的国务院机构改革中，全国产品质量监督管理形成了从国家到地方的三级行政管理组织体制：全国的标准化、计量和质量管理工作由国家技术监督局统一管理和组织协调；省级技术监督行政管理机构此时均已建立；90%以上的地（市）、县也都建立了技术监督行政管理机构。在1998年的国务院机构改革中，国家技术监督局更名为国家质量技术监督

局，履行质量技术监督部门综合管理和行政执法两大职能，并将锅炉压力容器等特种设备安全监察职能由劳动部划入国家质量技术监督局，通过职能调整，政府对产品质量的监管变得更加科学规范。[1] 1999年国务院批准了《质量技术监督管理体制改革方案》，实行省以下质量技术监督系统垂直管理。

其次，中国的产品质量监管由质量检验和统计质量控制的低级阶段发展到了全面质量管理的高级阶段。改革开放后，人们从注重产品的一般性能，发展为注重产品的安全性、耐用性、可靠性、经济性等更全面的质量性能。在这种情况下，我国开始探索全面质量管理。在改革开放前，国营企业和具备条件的地方国营和集体企业已开始应用技术标准和各种检验工具对产品实施抽样检验，逐步建立起运用数理统计的方法来控制和预防产品缺陷为主的产品质量检验和控制体系。但是，企业和政府之间的权限划分不清，消费者等社会力量监管的参与力度很小，各行业、各地区、各部门、各企业的产品质量监管水平差异很大。随着开放搞活过程中一系列传统体制外生产单位的涌现，有的乡镇企业、个体作坊和私营企业，质量差、消耗高、品种少、效率低等问题已经变得十分突出，严重制约了国民经济的恢复和发展。因此，中国从1978年开始恢复推行全面质量管理，建立标准、计量检测和质量保证体系，并取得了一定成效。[2] 随着国家经济贸易委员会增设质量局和各地区、各部门陆续设立质量监督机构，并在重点企业设立产品质量监督检验所，全面质量管理的组织体系和领导体系逐步构成，政府对产品质量监督管理工作的领导得到了强化。

再次，中国的标准化和计量工作从改革开放开始真正进入到一个有法可依的新时期。1979年3月31日，国务院颁布的《中华人民共和国标准化管理条例》规定，标准被视为技术法规，一经批准发布，各级生产、建设、科研、设计管理部门和企业、事业单位，都必须严格贯彻执行。其出台为进一步制定标准化法奠定了基础。1989年4月1日《中华人民共和国标准

---

[1] 杨福星. 中国质量技术监督管理体制改革研究 [D]. 哈尔滨：东北林业大学，2004：61-62.

[2] 苟铭. 质检记忆60年足迹 [J]. 中国质量技术监督，2009 (9)：6-13.

第二章 制度背景
——中国缺陷汽车产品召回制度的路径依赖

化法》开始施行，成为国家推行标准化，实施标准化管理和监督的法律依据。随后颁布出台的《中华人民共和国标准化法实施条例》对《中华人民共和国标准化法》的实施做了更为明确的具体规定。20世纪80年代，中国的计量法律法规体系也逐步建立。1985年9月6日，为了适应社会主义现代化建设的需要，更有利于生产、贸易和科学技术的发展，国家出台了《中华人民共和国计量法》。1987年《中华人民共和国计量法实施细则》《中华人民共和国强制检定的工作计量器具检定管理办法》《中华人民共和国进口计量器具监督管理办法》等一系列法规的出台，为中国加强计量监管，为国家计量单位制的统一和量值的准确可靠提供了法律保障。

最后，改革开放后颁布的一系列产品质量管理的法律法规，预示着中国产品质量监管工作逐步由单纯的行政管理向法治化管理迈进。改革开放初期，为了提高工业产品的质量，国家相继出台了诸多质量管理法规：为了在工业企业推行全面质量管理，贯彻落实"质量第一"的方针，国家经济贸易委员会于1980年颁布了《工业企业全面质量管理暂行办法》；1984年国务院出台的《工业产品生产许可证试行条例》，进一步推动了全面质量管理的开展；1986年国务院颁布了《工业产品质量责任条例》，首次要求国家标准应不低于国际标准水平，把产品质量作为评级的基本条件。党的十四届三中全会正式确立了社会主义市场经济体制的基本框架后，中国的产品质量监管法治化进程进一步加快。1993年《产品质量法》和《中华人民共和国消费者权益保护法》（以下简称《消费者权益保护法》）两部法律的出台对提高产品质量水平，加强对产品质量的监督管理，保护消费者的合法权益，维护市场经济秩序具有重大意义。《产品质量法》的颁布标志着中国的产品质量监管正式踏上了法治化管理的道路，而《消费者权益保护法》则确立了消费者举报投诉制度，为消费者提供了维护自身合法权益的有力武器。

改革开放以后，加强市场监管制度建设是中国产品质量监管发展的重中之重。为了发展社会主义市场经济，中国相继建立了产品质量监督检查制度、产品"包修、包换、包退"（以下简称"三包"）责任制度、标准制度、产品质量认证制度、强制检验制度等，并出台了相应的法律法规

（见表2.1）。这些产品质量监管制度对提高产品质量，维护良好的市场秩序发挥了重要作用。

表2.1 改革开放初期的产品质量监管法律法规

颁布时间	法律法规名称	颁布机构
1979-03-31	中华人民共和国标准化管理条例	国务院
1980-03-10	工业企业全面质量管理暂行办法	国家经济贸易委员会
1984-04-07	工业产品生产许可证试行条例	国务院
1985-09-06	中华人民共和国计量法	全国人民代表大会
1986-04-05	工业产品质量责任条例	国务院
1987-02-01	中华人民共和国计量法实施细则	国务院
1987-04-15	中华人民共和国强制检定的工作计量器具检定管理办法	国务院
1988-12-29	中华人民共和国标准化法	全国人民代表大会
1989-02-21	中华人民共和国进出口商品检验法	全国人民代表大会
1989-11-04	中华人民共和国进口计量器具监督管理办法	国家进出口商品检验局
1990-04-06	中华人民共和国标准化法实施条例	国务院
1991-05-07	中华人民共和国产品认证管理条例	国务院
1993-02-22	中华人民共和国产品质量法	全国人民代表大会
1993-10-31	中华人民共和国消费者权益保护法	全国人民代表大会

资料来源：张世煜. 我国产品质量安全监督管理［M］. 北京：中国质检出版社，2012：139-141.

进入21世纪后，国内市场需要尽快与国际市场相接轨，而改革开放初期形成的中国产品质量监管制度仍存在一些不足：中国的标准制度虽已建立，但与国际标准相比仍较落后，标准层级较低、标准体系不完善，因此需要进一步提高国内标准，积极引入国际先进标准；中国要与国际市场接轨，必须敞开国门让国内外产品同等享受国民待遇，因此需要统一进出口商品的安全质量许可制度和产品质量认证制度，并建立统一的强制性产品质量认证制度；中国的产品质量监管理念更多地关注产品的一般性能，而国际市场的产品质量监管理念则更关注产品的安全性能，因此对产品的安全监管不能仅限于打击假冒伪劣，还要建立相应的缺陷产品监管制度，对存在安全隐患的产品实施缺陷产品召回制度。

第二节　国际背景：缺陷汽车产品召回制度的出现与演变

随着社会工业化程度的提高，汽车产品缺陷问题已经引起越来越多的国家关注和重视。针对频发的汽车产品缺陷问题，西方发达国家很早就建立了相应的监管制度——缺陷汽车产品召回制度，经过多年实践取得了很好的效果，美、日、西欧国家均已形成了比较成熟的缺陷汽车产品召回制度。缺陷汽车产品召回制度经过近半个世纪的发展，大致演变成了"自愿认证，强制召回"和"强制认证，自愿召回"两种模式。

一、缺陷汽车产品召回制度的诞生

从20世纪60年代开始，美国消费者保护运动兴起。肯尼迪（Kennedy）在《关于保护消费者利益的总统特别国情咨文》中，率先提出消费者享有的基本权利，即安全的权利、了解的权利、选择的权利和意见被听取的权利，其中居于首位的就是消费者享有安全的权利。[1] 美国作为最早踏入工业化社会的国家之一，工业化大生产的生产者与消费者之间的利益冲突在汽车产品消费领域最早凸现出来。由于汽车缺陷问题引发了大量的道路交通事故，给消费者人身和财产安全造成严重的伤害，而汽车制造商却将汽车安全事故归咎于司机，问题得不到根本解决，因此引起公众的极大不满。[2]

美国公众关于提高汽车安全性能的情绪日益高涨，激进主义律师拉尔夫·纳德（Ralph Nader）在《任何速度都不安全》一书中指责美国汽车工业一味追求利润，不顾汽车质量和消费者安全。拉尔夫·纳德大胆地披露基于汽车系统缺陷所带来的安全问题是导致交通事故的主要原因，并呼吁国会制定汽车安全法律，要求汽车公司对缺陷汽车进行善后处理。美国汽车行业协会迅速出台了汽车产品安全标准作为回应。在拉尔夫·纳德的推动下，美国国会就社会公众对汽车制造商在设计中不关心汽车安全方面的

---

[1] 张志强，等. 西方企业社会责任的演化及其体系 [J]. 宏观经济研究，2005 (9)：19~24.

[2] 王勇. 产品召回制度比较研究 [J]. 河南司法警官职业学院学报，2010 (3)：68-71.

问题举行听证。1966年，美国颁布了《国家交通与机动车安全法》，成为世界上第一个建立缺陷汽车产品召回制度的国家。❶拉尔夫·纳德因此被认为汽车召回制度的创始人。

《国家交通与机动车安全法》出台后，美国的汽车安全状况有了明显改善，汽车缺陷引发的交通事故显著减少。1970年，美国联邦政府依据《国家交通与机动车安全法》在交通运输部内设立了专门的汽车安全监管部门——美国高速公路交通安全管理局，负责制定和实施机动车安全标准，承担确保机动车符合相关安全法规标准要求的重要任务。美国高速公路交通安全管理局发布的《联邦汽车安全标准》是调查并判断汽车是否存在安全缺陷以及进行必要召回的法定标准。美国汽车设备和生产法规几乎全部是基于美国汽车工程师协会（Society of Automotive Engineers，SAE）标准制定的。SAE标准不仅在美国被广泛采用，而且已成为国际上最著名的标准体系。许多国家工业部门和政府机构在编制汽车技术法规和标准时都引用SAE标准。美国高速公路交通安全管理局作为美国政府部门实施汽车安全监管的权威性机构，当发现汽车产品由于设计或制造等方面的原因存在缺陷，而汽车制造商未按照法律规定实施召回时，有权公开发布汽车缺陷信息，并对缺陷汽车产品展开缺陷调查，即使是符合安全标准但仍存在潜在安全风险的汽车产品，美国高速公路交通安全管理局也可对其实施强制召回。

在美国缺陷汽车产品召回制度确立初期，美国的汽车召回率迅速上升，许多汽车制造商往往会因为一点小问题而非汽车安全隐患就主动召回。这主要是因为在国际化的市场条件下，任何制造商都面临着国内外企业的激烈竞争，为了顾及企业形象和品牌声誉，不为竞争对手留下攻击目标而谨小慎微的缘故。加之社会各界的高度重视，美国高速公路交通安全管理局对汽车缺陷的严格管理以及消费者自我保护意识的提高，从而导致产品召回增多。不过，汽车召回率上升并未引起市场混乱，反而促进了美国汽车生产技术的进步；制造商能够采取积极措施主动召回，也增加了用户和消费者对企业和产品质量的信任。

---

❶周宇．消费者保护之研究［M］．台北：台湾学生书局，1976：26-27.

二、缺陷汽车产品召回制度的扩展

(一) 日本仿效美国建立起缺陷汽车产品召回制度

日本紧随美国之后,是世界上第二个建立缺陷汽车产品召回制度的国家。日本主要是借鉴美国的经验,从国家层面确立缺陷汽车产品召回制度,通过制定相关法律法规,不断提升制度的威慑力。1969年日本交通运输省通过修改《机动车型式制定规则》和《道路运输车辆法施行规则》引入缺陷汽车产品召回制度,1994年召回制度被写入《公路运输与车辆法》。日本能够成为较早建立缺陷汽车产品召回制度的国家与美国有极为紧密的关系,因为日本汽车生产商在美国市场曾对存有缺陷的汽车进行私下维修,这种做法受到了美国媒体的强烈抨击,引起了日本政府的高度重视,对日本汽车生产和出口造成了巨大压力。最终导致日本政府就汽车安全问题修改了相关法规,制定了严格的汽车产品召回程序、范围和处理方式,增加了汽车制造商应承担在召回有缺陷汽车时将信息公告的义务等。[1]

日本采取的是型式认证制度,但其型式认证体系"独具特色",由《汽车型式指定制度》《新型汽车申报制度》《进口汽车特别管理制度》三个认证制度组成。汽车制造商在新车型的生产和销售之前要根据不同制度有针对性地向国土交通省提出申请以接受检查。其中,《汽车型式指定制度》对具有同一构造装置、性能,并且大量生产的汽车进行检查;《新型汽车申报制度》针对的是型式多样而生产数量不多的车型,如大型卡车、公共汽车等;《进口汽车特别管理制度》则是针对数量较少的进口汽车。[2] 日本的汽车召回通常是由企业将消费者投诉上报到国土交通省,然后主动提出召回申请。国土交通省依据《道路运输车辆安全标准》对企业提出的召回申请进行审查,认为情况属实、予以批准后,由企业公开进行召回。如果企业隐瞒真相,出现汽车缺陷并造成安全问题,政府主管部门将强制企业执行召回并进行高额惩罚。

---

[1] 王勇. 产品召回制度比较研究 [J]. 河南司法警官职业学院学报, 2010 (3): 68-71.
[2] 段增旭. 浅析产品的一致性控制 [J]. 汽车实用技术, 2010 (4): 9-13.

日本采用单独的部门负责汽车召回：召回主管部门是日本国土交通省的汽车交通局技术安全部，技术部门是日本国家交通安全与环境实验室，其下设7个一级部门（综合事务部、计划办公室、环境研究部、汽车安全研究部、交通系统研究部、汽车召回技术核查部、汽车认证检测部）。❶ 在汽车召回的实施中充分发挥官民结合机制，日本民间组织自动车工业会（Japan Automobile Manufacturers Association，JAMA）也对汽车制造商起着监督作用。JAMA是由各大汽车制造商组成，负责政府与制造商之间的联系，沟通和调节用户与制造商之间的纠纷。JAMA内设纠纷处理机构"汽车产品责任咨询中心"，其主要作用是利用拥有的汽车行业技术，就消费者的投诉展开调查，并与制造商联系，协商解决办法，简单而有效地解决制造商与消费者之间的纠纷。这种做法有利于消费者权益的实现，减少诉讼途径的使用，有利于节约社会成本，有效地保护消费者的利益。

日本缺陷汽车产品召回制度具有三个特点：一是缺陷汽车产品召回制度明确列入有关汽车安全的法律中；二是对车辆实施分类的型式认证，汽车企业自主召回；三是在缺陷汽车产品召回时充分利用民间组织——日本自动车工业会的作用，这样既提高了调解消费者与企业纠纷的成功率，也协助政府提高了召回效率。

（二）澳大利亚对缺陷汽车产品召回制度的改良

20世纪70年代，澳大利亚引入缺陷汽车产品召回制度，同时美国和日本的缺陷汽车产品召回制度也有了新的发展。澳大利亚是继美国、日本之后，较早建立缺陷汽车产品召回制度的国家。澳大利亚并不像日本那样完全照搬美国的做法，而是在引入缺陷汽车产品召回制度之后进行了一定的改进，建立了与本国汽车质量标准、认证体系相配套的缺陷汽车产品召回制度。

澳大利亚的汽车市场非常成熟，汽车企业竞争也很激烈，这缘于澳大利亚的汽车主要靠从汽车制造业发达国家进口。当美国、日本这两个世界

---

❶ 王赟松，等. 浅析日本汽车召回制度的相关措施［J］. 汽车工业研究，2008（9）：44-48.

第二章 制度背景
——中国缺陷汽车产品召回制度的路径依赖

汽车生产大国（澳大利亚的两个主要汽车进口国）开始实施缺陷汽车产品召回制度后，澳大利亚出于保护本国消费者利益的需要，也引入了这一制度。而且澳大利亚不仅快速适应了汽车召回制度，还进一步发展了这一制度，不仅对汽车产品制定召回法律，还针对缺陷涉及人身安全的所有产品领域设计召回制度。1974年颁布的《联邦贸易实践法》成为澳大利亚缺陷产品召回制度确立的法律基础，这部法律涉及召回制度的内容不只针对汽车，而是适用于所有商品类型。

澳大利亚的《联邦贸易实践法》以及汽车产品强制标准的相关规定共同构成其汽车产品质量安全监管的制度体系。根据澳大利亚的《机动车标准法案》，汽车在注册前必须符合《澳大利亚汽车设计规则》认证的所有要求，才可以在公路上使用。车辆认证由澳大利亚交通部的车辆安全标准局受理。澳大利亚的汽车认证制度非常严格，汽车要接受包括新车碰撞测试在内的产品安全认证，通过一系列安全标准符合性认证后方能获得认证牌照。当汽车出现缺陷时首先要进行安全性符合标准检查，当出现不符合标准的情况时则要进行召回。因此，澳大利亚实行的是一种认证严格、召回相对较松的制度模式。

澳大利亚统一负责监督产品召回的部门是公平竞争和消费者委员会以及消费者事务联邦局，交通和地方服务部负责汽车安全和汽车召回。澳大利亚模式比较有代表性，公平竞争和消费者委员会是一个"全能型"监管机构，由其来监管所有产品的召回活动。❶澳大利亚公平竞争和消费者委员会作为一个独立的联邦法定机构，是依据《联邦贸易实践法》于1995年在贸易实践委员会和价格监督局的基础上合并成立。此外，各州和地方政府都设有保护消费者权益的部门，主要由各州的公平交易办公室或消费者事务委员会负责。

澳大利亚联邦涉及汽车产品管理及标准的法律政策主要有三个：《机动车标准法案》（Motor Vehicle Standards Act，MVSA）、《机动车标准管理规定》（Motor Vehicle Standards Regulation，MVSR）、《澳大利亚汽车设计规则》

---

❶赵艳丽. 我国自然垄断行业的改革思路［J］. 商业研究，2004（24）：92-94.

(*Australian Design Rules*，ADR)。《机动车标准法案》规定了澳大利亚市场的汽车及其零部件必须符合的国家标准；《机动车标准管理规定》是对《机动车标准法案》更为具体的解释和说明，主要在操作程序与具体管理上做出规定；《澳大利亚汽车设计规则》是具体的在法案和规定下的国家标准，主要融合了欧美的机动车安全与排放标准。澳大利亚的汽车管理政策已经形成了一个体系，从法律到管理规定再到具体标准，既有实体法又有程序法。澳大利亚的车辆认证采用的是型式认证，属于一种强制性核准制度。《澳大利亚汽车设计规则》认证基本上不低于欧盟标准，对汽车产品的准入门槛要求严格，但对缺陷汽车产品的管制则适度放松。其缺陷汽车产品召回制度比较完善，主要采取"自愿召回"原则，鼓励汽车企业实施主动召回，而且汽车召回率较高。

相比于美国，澳大利亚的召回制度有自身的特点：首先，澳大利亚的缺陷产品召回制度并不是单独针对汽车产品制定的，而是在一个统括性的涉及缺陷产品召回的基本法律《联邦贸易实践法》中；其次，澳大利亚扩大了缺陷产品召回的主体，要求产品供应商实施召回而非产品生产者，这就将产品销售者、租赁者等也纳入了召回主体；最后，澳大利亚有一项很有特色的法定义务——发布缺陷警示义务，扩大了制造商和供应商承担义务的范围，有利于更及时地通知消费者避免损害的发生。

（三）美国缺陷汽车产品召回制度的发展

20世纪80年代，美国各州相继制定了《汽车保用法》（俗称"柠檬法"）。[1] 美国的汽车召回制度经过发展，形成了以《国家交通与机动车安全法》为核心，以各州的汽车保用法为组成部分，并与其他法律和汽车产品安全标准衔接的一套完整的缺陷汽车产品召回制度法律体系。汽车保用法的核心是新车在第一年内出现系统缺陷超过一定次数，或者因故障导致汽车无法正常使用，车主可向所在州的消费者协会提出退换的申请，但具体条件因各州柠檬法的差异有所不同。车主根据柠檬法无需采取诉讼手段，

---

[1] AUTOPEDIA. State-by-state Lemon Law directories[EB/OL]. (2020-01-22)[2022-04-22]. http://www.autopedia.com.

第二章 制度背景
——中国缺陷汽车产品召回制度的路径依赖

即可解决因汽车缺陷引起的纠纷问题。柠檬法不仅针对汽车的系统性缺陷，还包括由各种随机性因素所造成的偶然性缺陷。这就将汽车安全的否决权交给了车主，而将汽车缺陷带来的损失交回汽车制造商，很好地维护了消费者的利益。

这一时期，美国环保署公布《轿车轻型车排气清洁法》，这成为全球第一个管制汽车排放的法规。除了安全性能以外，环保问题也成为引起汽车召回的主要原因，美国的《大气清洁法》把汽车排放污染也列入汽车缺陷范围。1986年美国又成为第一个禁止使用含铅汽油的国家，大大减少了汽车尾气对环境的污染。美国环保局有权要求汽车制造商对其所生产汽车的排放问题进行评估，包括要求制造商监控已发现的排放问题，采取有关排放的召回措施，虽然通常是汽车制造商主动召回，但必须将结果上报给相关主管部门。

美国实施的是"自愿认证，强制召回"的原则。政府不提供统一的汽车安全标准，而是由企业自愿提出，但是必须符合美国的汽车法规要求，一旦汽车出现不符合相关标准的安全事故，政府有权强制要求企业召回缺陷汽车，同时企业也有上诉的权力。美国汽车业实行自愿认证，即汽车制造商按照联邦汽车法规的要求自行检查和验证，如果企业认为产品符合法规要求，就可以投入生产和销售。自愿认证也体现了美国式的"自由"——汽车企业对自己的产品具有直接发言权。

美国政府监管部门的主要任务是对产品进行抽查，以保证车辆的性能符合法规要求。为确保车辆符合联邦机动车安全法规的要求，美国高速公路交通安全管理局可随时在制造商不知情的情况下对市场中销售的车辆进行抽查，也有权调验厂家的鉴定实验室数据和其他证据资料。如果抽查发现车辆不符合安全法规要求，主管机关将向制造商通报，责令其在限期内修正，并要求制造商召回故障车辆，这就是所谓的强制召回。同时，如果不符合法规的车辆造成了交通事故，厂家将面临高额罚款。[1]

在这种严厉的处罚背景下，汽车企业对产品设计和生产过程中的质量

---

[1] 隋志勇. 世界汽车法规及技术标准体系解析 [J]. 检验检疫科学，2007 (6)：62-64.

控制不敢有丝毫懈怠，而且对召回非常积极，一旦发现质量瑕疵就主动召回。美国的自愿认证方式，尽管表面看来较宽松，实际上汽车企业要真正为自己的产品负责，所以制造商并不敢弄虚作假。❶

美国除了将汽车召回程序分为主动召回程序和强制召回程序之外，还有一般召回程序和快捷召回程序之分，其中快捷召回程序效率高，更有利于保护消费者的安全权。由于美国的缺陷汽车产品召回制度不断趋于健全和完备，政府对缺陷汽车产品的召回管理是卓有成效的，因此在美国的缺陷汽车召回行动绝大多数都是由生产商依照法律和政府监管部门的要求自愿实施的主动召回，政府没有过多干预。据美国高速公路交通安全管理局介绍，在美国近25年的缺陷汽车召回中，由政府强制企业召回的不足20次。❷ 从美国的实际汽车召回情况来看，受政府监管部门影响的召回行动只占全部召回案例的1/4左右，而一旦企业得到美国高速公路交通安全管理局通知后，会主动实施召回，很少有企业与政府主管部门意见不一致的情况。但是，如果政府不能实施有效的监督，企业很可能因自身经济利益而设法逃避应承担的召回义务和责任，也无法保证企业按照召回制度规定的要求消除产品缺陷。因此，美国高速公路交通安全管理局每月都要发布汽车召回公告，企业的召回行动也都是在政府的监督之下进行的，并且政府还要对企业实施召回的效果进行评估。

（四）欧洲缺陷汽车产品召回制度的统一

从20世纪80年代开始，欧洲逐步建立起缺陷汽车产品召回制度，并形成了欧洲统一的缺陷产品召回制度法律体系。欧洲经济共同体（以下简称"欧共体"）为了协调和统一各成员国的产品责任法，欧共体理事会从保护消费者和产品使用者的利益出发，于1985年7月25日制定并通过了《关于对有缺陷产品的责任指令》（85/374/EEC），试图在消费者健康和安全以及防止消费者的物质损失方面提供有效保护。❸ 其明确了缺陷产品的含义，并

---

❶ 段增旭. 浅析产品的一致性控制 [J]. 汽车实用技术, 2010 (4)：9-13.
❷ 郑卫华, 等. 美国汽车召回管理 [M]. 北京：清华大学出版社, 2008：11.
❸ 佟波. 欧共体的产品责任指令 [J]. 国际经济合作, 1993 (10)：57-58.

第二章 制度背景
——中国缺陷汽车产品召回制度的路径依赖

从产品责任的角度对缺陷产品带来的损害应进行赔偿的范围和限额做出了相关规定,"损害是指人身伤亡或对缺陷产品本身以外的任何财产的损害或灭失,并且该财产是价值不低于500欧洲货币单位的用于个人使用或消费的财产"❶。

欧盟诞生后,随即在1995年,便制定了《一般产品安全指令》,对普通产品的安全性问题做出了规定,在欧盟有关产品安全的立法框架内,如果没有专项立法规定,则《一般产品安全指令》的所有规定都将适用;如果欧盟专项立法规定了对某类产品的安全要求,而该安全要求涉及对某类危险的防范,实际运行者对该类产品及该类风险的防范义务就应该适用专项立法的规定,《一般产品安全指令》所规定的一般产品安全要求将适用于对其余风险的防范。当发现危险产品时,成员国相关机构可以采取适当行动以消除风险,从市场上撤销该产品,从消费者手中召回产品,或者发布预警。

2001年欧盟对《一般产品安全指令》进行了修订,增加了产品召回,也就是说召回真正写入欧盟法令的时间并不是很长。为了明确区分召回的概念,《一般产品安全指令》还对撤回和召回做出了解释。撤回是指意在防止对消费者经销、展示、供应危险产品的任何措施,而召回则指意欲将生产者或销售商已经提供给消费者或可能已经由消费者使用的危险产品返回的措施。很显然,召回是比撤回更彻底的严格措施,明确规定召回,不仅意在禁止或消灭危险产品的经销和流通,更注重和强调彻底地将危险产品从消费者手中召回,意在从根本上彻底杜绝消费者对危险产品的可能利用。❷

欧盟的产品安全监管体系可以分为两个层级:联盟层级的产品安全管理体系和各成员国层级的产品安全管理体系。欧盟委员会及欧盟各成员国对产品质量安全的管理都赋有重要的职责。二者之间具有一致性,但不存在上下级的隶属关系。联盟产品安全管理机构与各成员国产品安全管理机构相互联络,互通讯息。在欧委会内部,产品质量安全的管理职能分属多

---

❶ 李明刚. 欧洲经济共同体产品责任指令 [J]. 技术监督实用技术, 1999 (2): 16.
❷ 杜志华. 欧盟通用产品安全法律制度初探 [J]. 现代法学, 2003 (6): 179-182.

个不同的总司,在很多方面也存在职能交叉。目前,在欧委会内部具有产品安全管理职能的部门主要有消保总司、企业和工业总司、内部市场总司、环保总司等。❶欧盟各成员国均普遍遵守的关于针对一般产品的安全法令有:法国的《保护消费者法典》L221-5条款,德国的《产品安全法》,英国《消费者保护法》中的《一般产品安全管理规定》。

在法国,缺陷汽车产品召回属于各种产品召回的一部分,其法律依据是《保护消费者法典》的L221-5条款。法国监管部门具有发出产品强制召回指令的权利,但很少通过发布政令的方式来实施强制召回,多是鼓励生产商自行召回。只有当出现严重缺陷问题,或生产商对安全问题没有给予应有的重视时,政府才会强制生产商实行召回。法国由公平贸易消费和欺诈监督局具体负责汽车生产标准,对产品召回予以监督。法国与美国、日本不同的是,汽车生产商在决定采取召回行动时并没有通报主管部门的义务,因而法国"无声召回"的做法备受质疑。

在德国,必须分清三种不同类型的召回义务,即按照民法召回、按照刑法召回及按照公法召回,只有在公法领域有关产品召回的专门立法才适用于政府实施监管。德国负责汽车认证的政府部门主要有联邦交通运输部、交通管理委员会。生产商召回产品的义务在公法中明文规定于《产品安全法》中,该法是德国对欧盟委员会于1992年公布的安全指令进行的改编。该法在产品安全领域提供了最低的安全标准,生产商有义务采取措施以发现并防止产品的缺陷,主管行政机构有权召回某种不安全的产品,当无法以其他方式消除产品危险时,还可责令企业将产品销毁。❷

在英国,贸易与工业部消费者安全局负责产品安全政策制定,执行法律为《一般产品安全管理规定》(上位法为《消费者保护法》),由欧盟的《一般产品安全指令》转化而来。《一般产品安全管理规定》调整产品范围(包括机动车辆、食品、药品等)、生产商与销售商责任、安全产品的定义、实施、罚则等内容,其由地方政府贸易标准部门负责实施,主要措施是召

---

❶ 王军. 欧盟产品质量安全政策总览[J]. 中国质量技术监督, 2006 (2): 54-55.
❷ 蔡玉巧. 国外缺陷产品管理制度介绍[J]. 世界标准信息, 2002 (2): 12-17.

回。英国政府还专门针对出现缺陷的产品，制定了《英国消费品召回手册》❶，其旨在帮助企业准备和管理召回流程，向待召回的产品提供一般性的行为建议。在市场监管过程中，英国政府、行业自律组织和社会公众（包括消费者和新闻媒体）形成了一个有效的综合监管体系。

三、缺陷汽车产品召回制度的创新

美国国会于 2000 年通过的一项引起广泛关注的法案《交通召回的强化责任与文件》（Transportation Recall Enhancement Accountability and Documentation，TREAD），对《国家交通与机动车安全法》进行了补充和修订。它强化了企业在汽车安全及召回方面的责任，尤其是向行政主管机构及时报告缺陷的责任，明确了汽车和轮胎制造商对汽车轮胎产品的召回义务，加大了监管机构对汽车安全的管理和惩罚力度，也使美国的缺陷汽车产品召回制度法规更加完善。为实施《交通召回的强化责任与文件》法案，美国高速公路交通安全管理局还出台行政法规对有关缺陷报告和召回的部分进行细化、补充和解释。《交通召回的强化责任与文件》规定，对隐瞒严重缺陷以及相关事实真相的生产企业要追究其负责人的刑事责任，最高判处 15 年徒刑，并对生产企业判处最高 1 600 万美元的巨额罚金。❷ 这就将缺陷产品的侵权责任从民事责任扩大到了刑事责任。

除了美国，欧盟缺陷汽车产品召回制度也有自己的创新：有统一的欧盟指令，但同时各国也有各自的法律；不单独设立召回缺陷汽车产品的机构，但有统一的部门负责所有缺陷产品召回；欧盟各国实行的认证制度与美国有较大的区别，主要在于美国是由企业自己进行认证，而欧盟是由独立的第三方认证机构进行认证，实施"型式认证，自愿召回"的原则。实际上，欧盟对流通过程中车辆安全的监管没有美国那样严格。可以说，美国对汽车召回的管理是推动式的，政府推着企业走；而欧洲则是拉动式的，政府拉着企业走。

进入 21 世纪后，日本汽车行业受 2001 年三菱汽车召回事件的影响，政

---

❶ 赵晓光，等. 欧美产品召回制度 [M]. 北京：清华大学出版社，2008：10—11.
❷ 田倩. 国际车市召回启示录 [N]. 中国商报，2012-03-15（3）.

府对隐瞒安全缺陷采取了强有力的手段，如刑事处罚，促使日本汽车制造商在召回问题上更加主动；❶澳大利亚公平竞争和消费者委员会在召回监管力度上不及美国高速公路交通安全管理局，对产品缺陷的调查相对较少，更倾向于由制造商主动报告，但在发生严重缺陷事故后也会实施强制召回，既有自愿召回，也有强制召回；欧盟在2002年后陆续出台了一般产品安全指令和消费品快速预警系统，在各国进行了转化，如德国转化成设备和产品安全法并执行，强化了制造商的缺陷报告义务。❷

随着全球环境日益恶化，汽车产量的不断增长使汽车尾气、噪声等对环境产生的不良影响增多，为了最大限度地减少这种危害，对于已投放市场的汽车，尽可能通过召回措施对汽车改进，消除其对环境的不良影响。美国最早针对汽车排放缺陷实施召回制度，欧盟随后也开始实施排放控制标准，如果汽车的生产达不到相应的标准，则会通过召回进行相应处理、完善。

世界上成熟的缺陷汽车产品召回制度国家都形成了特色：美国、日本将缺陷汽车产品召回制度引入单独的汽车安全法中，而澳大利亚和欧盟则将缺陷产品召回制度引入统一的产品安全法中；在汽车技术安全标准方面，美国较排斥国外标准，日本和澳大利亚比较接受国际标准和国外先进标准，而欧盟则采用欧盟统一标准，同时也承认欧盟内部各国标准；在认证原则方面，唯有美国采取企业自我认证原则，其他国家和地区都实施型式认证，但各有不同——日本建立了汽车分类的型式认证体系，澳大利亚是由政府实施强制认证，英国则是由第三方实施型式认证；在召回制度的设计原则上，美国奉行强制召回原则，其他国家都遵循自愿召回原则（见表2.2）。随着汽车市场全球化进一步发展，各国缺陷汽车产品召回制度也呈现相融的趋势。

---

❶王琰，等. 汽车召回现状及缺陷模式研究 [J]. 汽车工程，2008（11）：1018-1022，1027.

❷王琰. 我国汽车召回现状和模式分析 [J]. 世界标准信息，2008（2）：24-30.

第二章 制度背景
——中国缺陷汽车产品召回制度的路径依赖

表 2.2 国外汽车召回制度模式比较

国家/地区	时间	法律类型	标准原则	认证原则	召回原则
美国	1966 年	单独的汽车安全法	主要采取本国标准,比较排斥国外标准	企业自我认证	强制召回
日本	1969 年	单独的汽车安全法	有本国标准,但广泛采取国际通用标准	独特的型式认证	自愿召回
澳大利亚	1974 年	统一的产品安全法	主要采取本国标准,也承认国外先进标准	政府强制认证	自愿召回
欧盟	20 世纪 80 年代	统一的产品安全法	主要采取欧盟标准,也承认欧盟各国标准	第三方型式认证	自愿召回

中国加入世贸组织后建立的汽车安全强制标准体系主要是参照欧盟汽车标准法规和一般产品安全指令制定,在具体内容上借鉴美、日、欧三大汽车技术法规体系。世界上大多数国家都是遵照型式认证原则对产品实施质量认证管理,包括欧盟各国、日本、澳大利亚等发达国家。因此中国也建立了型式认证的汽车认证制度,而且中国缺陷汽车产品召回制度也是按照"型式认证,自愿召回"的原则进行制度设计。

第三节 探索构建中国缺陷产品召回制度的前期准备

许多国家对涉及公共利益和社会安全的缺陷产品监管都有法律明文规定,尤其是经济发达国家大都建立并实行了各自的缺陷产品召回制度,也取得了显著的成效。在加入世贸组织前,中国尽管颁布了《产品质量法》《消费者权益保护法》等法律,但有关缺陷产品监管的相关规定尚待明确和细化。中国在加入世贸组织时,已建立起产品质量安全监管制度体系,但是对产品缺陷尤其是对产品的系统性缺陷监管制度建设仍处于探索阶段。随着中国对外贸易的发展,进口商品大量增加,建立缺陷产品监管制度成为中国加入世贸组织后的客观要求。❶ 这种情况就造成了制度需求与制度供给间的巨大反差，因此构建中国缺陷产品召回制度势在必行。

一、国际规则下的中国汽车产品市场监管

2001年12月11日中国正式加入世贸组织，这对中国而言既是机遇也是挑战。加入世贸组织对中国经济发展整体上利多弊少，但对部分产业的发展带来不小的冲击，比如汽车产业。中国的关税结构在加入世贸组织前是最终产品的关税较高，而零部件的关税较低，这种关税结构能够有效地保护一批本来不具备国际比较优势的组装型产业，中国的汽车产业就是其中的典型代表。中国按照世贸组织要求大幅度降低了汽车整车进口关税，受保护的汽车产业受到了来自外国汽车企业的巨大冲击，因此中国对经济贸易结构做出了比较大的调整，尤其是汽车产业政策立即做出相应改变以适应国际市场规则。

根据世贸组织对发展中国家幼稚产业进行保护的原则，给予中国汽车产业4~5年的保护期，按照《中华人民共和国加入世界贸易组织议定书》及其附件，汽车产业在过渡保护期内，中国就汽车领域做出如下承诺。❷

第一，汽车进口税率下调。中国加入世贸组织后的最初5~8年，中国汽车工业仍可在与其他成员方达成的一定期限内享有一定的保护，包括采取关税和非关税措施。❸ 但从2000年起我国将汽车进口关税每年下调10%，到2006年7月1日，中国汽车进口关税降至25%（不包括特种汽车）。实际上中国在1994年4月1日，就对进口汽车关税进行了第一次下调，175个汽车税目中下调了105个，税率平均降低了13%。截至2006年7月1日，中国进口汽车关税税率共进行了9次调整，并最终将汽车整车进口关税税率降至25%（见表2.3）。

---

❶汪立昕. 政府管制中有关缺陷产品管理制度的问题研究 [J]. 世界标准信息，2004（6）：6-14.

❷宋艳波. 国内汽车产业应积极应对 WTO 冲击波 [J]. 中国政府采购，2006（4）：14-16.

❸邹东涛，等. "入世"：机遇与挑战（中国加入 WTO 的宏观分析与行业对策）[M]. 北京：人民出版社，1999：140.

第二章 制度背景
——中国缺陷汽车产品召回制度的路径依赖

表 2.3 中国对进口汽车征收关税调整表

时间	排量 3.0 升以下汽车		排量 3.0 升以上汽车	
	进口税率/%	下调幅度/%	进口税率/%	下调幅度/%
1994-04-01	110.0	70.0	150.0	70.0
1997-10-01	80.0	30.0	100.0	50.0
2001-01-01	70.0	10.0	80.0	20.0
2002-01-01	43.8	26.2	50.7	29.3
2003-01-01	38.2	5.6	43.0	7.7
2004-01-01	34.2	4.0	37.6	5.4
2005-01-01	30.0	4.2	30.0	7.6
2006-01-01	28.0	2.0	28.0	2.0
2006-07-01	25.0	3.0	25.0	3.0

资料来源：邹东涛，等."入世"：机遇与挑战（中国加入 WTO 的宏观分析与行业对策）[M]. 北京：人民出版社，1999：102-118.

第二，取消进口配额和许可证限制。中国要实施普遍取消数量限制原则，只能在加入世贸组织后的限定时间之内有限度地保留进口配额和进口许可证限制性措施，但必须符合非歧视原则和透明度原则。❶ 2001—2005年，中国逐步取消了进口汽车配额和进口许可证限制。❷ 2001 年开始取消对专用车、特种车的进口配额和许可证限制；2003 年取消对发动机的进口配额和许可证限制；2005 年取消全部车型的进口配额和许可证限制，对汽车产品实行自动进口许可管理。

第三，放开非关税壁垒。加入世贸组织后中国开始放松汽车零部件（如发动机）合资企业的股本比例限制，允许外方控股。逐步放开地方政府审批合资汽车企业的权限：加入世贸组织第 1 年放宽到 6 000 万美元，第 3 年放宽到 9 000 万美元，第 5 年放宽到 1.5 亿美元；保证取消适用于汽车生产者的限制，在加入世贸组织后 2 年内完全取消对生产者的车辆类别、类型

❶ 王卫锋. 汽车产业结构的优化[J]. 北京汽车，2003（1）：6-9.
❷ 李艰. 轿车与卡车并重合作与自主并行——加入 WTO 后一汽集团的发展之路[J]. 经济视角，2002（3）：13-17.

或车型的所有限制措施,从加入世贸组织第3年起,放开合资企业生产车型的限制等。❶

第四,减少汽车行业外商投资的限制。中国加入世贸组织后逐步取消和停止通过法律、法规或其他措施,实现贸易和外汇平衡要求、出口实绩要求、购买本国货物要求、补偿和技术转让要求的情况;中央政府将合资项目的审批权更多地下放到地方政府,提高省一级政府批准对汽车制造的投资限额。

第五,允许外资进入国内汽车服务贸易领域。在《服务贸易具体承诺减让表第2条最惠国豁免清单》中,关于汽车贸易和汽车信贷消费服务所进行的承诺包括:①允许外资进入汽车销售贸易领域,涉及批发零售、售后服务、维护保养和运输等整个服务领域;②允许外资进入汽车贷款融资领域,自中国加入世贸组织之日起,允许非银行的外资金融机构在国内提供汽车贷款融资。❷

中国加入世贸组织也给国内汽车产业带来了发展机遇,因此要采取有效的应对策略,及时转变监管思路。

面对外资挑战和汽车产业健康发展的客观要求,我国利用世贸组织允许的规则对国内汽车产业进行多种手段的有效保护:一是采取法律手段,对发展汽车产业的一些带有普遍性的重大问题,从法律上做出明确规定,要求汽车企业无条件执行。如汽车安全、节能、环保等方面的法律,可以通过建立缺陷汽车产品召回制度来约束进口外国汽车产品。二是政策手段,包括国家直接制定汽车产业发展政策和规划,明确汽车产业的发展方向、目标和要求,实施世贸组织规则允许的国际贸易保护政策、融资政策、技术政策、国产化政策、集团化政策、销售政策,等等。如对出口业绩好的民族汽车企业优先提供贷款和外汇等补贴。三是经济手段,为了使政策得以贯彻执行,常常需要辅以必要的经济手段。例如政府控股、参股企业等

---

❶宋艳波. 国内汽车产业应积极应对WTO冲击波 [J]. 中国政府采购, 2006 (4): 14-16.

❷王萍. 外资对我国轿车产业的技术溢出效应研究 [D]. 北京:对外经济贸易大学, 2006:14.

第二章 制度背景
——中国缺陷汽车产品召回制度的路径依赖

利用国有资本扩张向企业直接注资的经济手段；政府为企业融资，包括由国家开发银行向汽车企业提供优惠贷款等；利用税收的杠杆作用，对需要发展的大型汽车企业适当降低税收，对于需要重点扶持的自主品牌中小汽车企业适当减免税收等。此外，国家根据民族汽车企业面临的暂时经营困境，采取了必要的经济措施，予以经济援助。❶ 四是行政手段。政府按照管理的实际内容，分别制定管理程序和办法；建立协调组织，协调企业间、部门间的各种矛盾；建立监督、检测机构，及时发现问题采取对策。

中国加入世贸组织意味着从半开放市场向完全开放市场的转变，从审批政府向规则政府转变，这就要减少市场前监管，加强市场后监管。因此，需要修改和增补有关市场后监管的制度法律，促进对市场的依法监管和政府的依法行政。

2001年4月，国家质量技术监督局与国家出入境检验检疫局合并，组建国家质量监督检验检疫总局（以下简称"国家质检总局"），实行上合下分的体制，其中检验检疫机构实行中央垂直管理，而质量技术监督机构实行省级以下垂直管理。统一的产品质量安全监管体制在此时基本形成。在国家质检总局内设立国家标准化管理委员会和国家认证认可监督管理委员会，中国国家标准化管理委员会是国务院授权履行行政管理职能、统一管理全国标准化工作的主管机构。❷ 至此，中国按照国际市场统一规则，重新组建了产品质量认证机构，标准化管理机构，合并成立了国内外统一的产品质量监管机构，在管理体制上与国际接轨。产品质量认证制度和标准制度也已基本确立，唯有缺陷产品召回制度仍未建立，因此这成为在中国加入世贸组织后产品质量监管制度建设的重要任务。

随着中国融入国际市场的不断加深，进口关税的大幅度减免，外国产品、服务和投资的大量涌入，客观上使中国相关产业更完全地暴露于日趋激烈的国际市场竞争当中。如何趋利避害地利用世贸组织规则，在尽快提升中国产品竞争力的同时，在符合国民待遇原则且一视同仁的制度前提下，有效设置保护相关产业的合理壁垒，成为我国必须面对的严峻考验。参照

---

❶ 王连芬. 中国汽车产业竞争力研究 [D]. 长春：吉林大学，2005：80-83.
❷ 质量建设大事记（1949—2009）[J]. 中国质量万里行，2009（10）：6-11.

国际惯例，世贸组织主要成员多实行召回制度来处置缺陷产品的危害问题，召回制度也是缺陷产品监管的核心制度。对中国相对落后的汽车产业来说，为了抵御国外汽车厂商的不正当竞争，推动国内汽车企业加快升级改造，维护中国汽车市场的消费者权益，促进中国汽车产业健康发展，制定出符合中国国情的缺陷汽车产品召回制度是刻不容缓的任务。

中国既要遵守与世贸组织成员达成的协议，使本国政策与其他成员的贸易政策相衔接，也要学会运用世贸组织的有关规则，制定符合国民待遇原则、一视同仁的监管制度。这在客观上对我国的政策制定能力提出了更高的要求。加入世贸组织时，中国对标准制度和产品质量认证制度做出了设计与调整，然而与这两项制度相衔接的缺陷产品召回制度还是空白。如果中国不接受国际通行规则，势必要受到国际市场公开的和事实上的歧视对待，而对于本就脆弱的中国汽车产业，不及时应用召回制度这一国际市场通行的制度规则，更是无法在国内外汽车市场与外国企业竞争、抗衡。缺陷汽车产品召回制度是发达国家对汽车产品实施监管的成熟做法，以轿车为例，国外很多品牌型号的轿车都曾因系统性缺陷问题经历过一次甚或多次召回，国内制造、销售的国外品牌原型车大部分是外国制造厂商设计的，许多在国外发生过召回的车型也会出口到中国，如果没有汽车召回制度，中国消费者将被外国汽车企业区别对待，消费者的权益将无法得到有效保护。进入21世纪后，由系统性缺陷引发的汽车召回在全球频现，这说明建立和实施缺陷汽车产品召回制度不仅是必要的，而且是非常迫切的。❶因此，中国需要积极地在汽车产品领域进行召回制度的开拓，以应对加入世贸组织后的市场新变化。

二、中国缺陷产品召回制度出台前的相关立法

国外对于缺陷产品的立法集中体现在产品责任法中，而中国涉及缺陷产品的法律仅限于《中华人民共和国产品质量法》和《中华人民共和国消费者权益保护法》。这两部法律只涉及了产品缺陷引起的赔偿责任问题，仅

---

❶王辉. 汽车召回 [J]. 中国品牌，2009（2）：146-148.

能作为司法途径解决缺陷产品问题的依据，并未对缺陷产品的处置及其责任主体的管理方式做出明确的规定，更没有引入召回制度等消除产品缺陷危害的具体措施。在产品责任制度日渐统一的国际化趋势下，产品售后的维修、服务、召回等已构成产品市场的重要竞争因素，对缺陷产品监管的内容必须在相关法律中有所体现，为政府部门进行缺陷产品监管提供充分的法律依据。在中国缺陷产品召回制度确立前，涉及产品质量安全监管的主要法律法规可以从普通法律、行政法规、地方性法规三个层面介绍。

（一）相关普通法律

普通法律是在宪法基本原则的指导下，由全国人民代表大会常务委员会制定和修改的正式法律。适用于所有产品质量安全监管的普通法律主要有《中华人民共和国产品质量法》《中华人民共和国标准化法》《中华人民共和国计量法》《中华人民共和国消费者权益保护法》《中华人民共和国进出口商品检验法》和《中华人民共和国民法典》第七编等。此外，适用于专门类别产品质量安全监管的法律主要有《中华人民共和国食品安全法》《中华人民共和国药品管理法》《中华人民共和国农产品质量安全法》《中华人民共和国道路交通安全法》《中华人民共和国特种设备安全法》等。在进行产品质量安全监管过程中，依照上述法律在进行处罚、追究相应责任及赔偿时还涉及《中华人民共和国刑法》《中华人民共和国民法典》《中华人民共和国行政处罚法》等法律。以上这些法律从不同角度规定了产品生产者和经营者（从事销售、租赁、维修产品等经营活动的个人或组织）所必须具备的资格条件和必须保证的产品安全特性以及所应承担的相应责任，为规范市场秩序和企业行为，保护消费者权益以及保障产品质量安全监管部门的执法工作提供了法律依据。

（二）相关行政法规

行政法规是国务院依据宪法和法律，按照法定程序制定的有关行使行政权力、履行行政职责的各类规范性文件的总称。行政法规一般有条例、规定、办法等形式。进入 21 世纪后，由国务院制定并颁布的行政法规中涉及产品质量安全监管的主要有《医疗器械监督管理条例》《中华人民共和国药品管理法实施条例》《中华人民共和国认证认可条例》《中华人民共和国标准化法实施条例》《工业产品质量责任条例》《中华人民共和国渔业船舶检验条例》《民用航空器适航管理条例》等。以上这些行政法规是中央政府当时分别针对各类产品运用行政管理手段实施监管的具体法规。

（三）相关地方性法规

地方性法规是由省、自治区、直辖市和较大的市的人民代表大会及其常务委员会公告公布施行的规范性文件。在本书第三章探讨的丰田汽车召回案例中，丰田对浙江消费者进行了赔偿就是因为《浙江省实施〈中华人民共和国消费者权益保护法〉办法》中对召回赔偿有明文规定，但丰田汽车公司未对我国其他地区的消费者进行赔偿则是因为该办法是仅适用于浙江省的地方性法规。中国东部发达地区针对产品质量安全监管的立法步伐较快，甚至超过国家立法的进度，在《缺陷汽车产品召回管理规定（草案）》仍处于征求意见期间，上海市就把召回制度纳入了当地的法规中。2002年修订的《上海市消费者权益保护条例》首次将产品召回制度纳入了消费者权益保护的范畴，从而成为我国第一个将产品召回制度明确列入条文的地方性法规。❶

三、中国缺陷产品监管制度的安排设计

诺思指出，制度变迁是历史的、延续的，总是在原有制度基础上通过连续不断的边际调整加以实现。❷ 因此，制度安排的设计要做到国际规则与中国国情的平衡，既不能完全照搬国际规则，也不能过度保护民族产业而将国际市场规则拒之门外。中国在构建缺陷产品召回制度的探索中并没有完全摒弃原有的制度安排，而是在中国产品质量安全监管制度体系的框架

---

❶ 贺光辉. 论我国缺陷产品召回制度的具体构建［J］. 社会科学辑刊，2007（1）：132-135.

❷ 诺思. 制度、制度变迁与经济绩效［M］. 上海：格致出版社，上海三联书店，上海人民出版社，2014：7-13.

下进行缺陷产品监管制度安排的设计，保留了较成熟的原有制度，改进了部分需要适应新形势的制度，引入了缺陷产品监管的核心制度——缺陷产品召回制度。

（一）制度安排的收益分析

诺思认为，对经济增长起决定性作用的不是技术性因素，而是制度性因素。在诺思的制度变迁理论中，促使人们改变现存制度（包括法律）的根本原因是新制度、新规则所能带来的收益，这种潜在的收益使人们改变对原有制度的效率评价，即认为原有的制度是低效率的。❶中国建立缺陷产品召回制度是移植和借鉴国外经验的结果，其中也有很深的制度经济学背景，之所以要采纳国外的制度，是因为已被国际认可的制度安排更为行之有效，而且移植国外的制度具有潜在收益。尽管进行移植的国家会遇到新制度与本国制度环境的矛盾，但比保留原有低效率的制度则是一种质的提升。中国为构建缺陷产品监管制度而引入召回制度就遇到了新制度与制度环境的短期不适应，但是任何制度的适用都需要一段时间与本国制度环境相调和，而事实也证明了在一段适应期后，制度收益会逐渐开始显现。在中国加入世贸组织时，已具备更新制度安排的有利时机，因此必须通过改进制度以适应国际市场，提高经济增长效率。

从缺陷产品召回制度本身来看，其制度设计能够降低社会总成本，提高社会总体福利，并能促成中国汽车产业的转型升级。缺陷产品由生产者负责实施召回，把可能由消费者承担的损失转嫁到生产者身上，即将社会成本内部化。生产者在召回活动中所产生的经济损失和提高产品质量而增加的成本之间进行博弈，最终会选择加强生产管理、提高产品质量从而降低缺陷产品出现的可能性，在提高生产者自身信誉和品牌价值的同时提升社会信用，达到制度成就企业，同时降低社会总成本的目的。从表面来看，缺陷产品召回制度对生产者意味着生产成本的提高，但是生产者主动召回缺陷产品，可以避免缺陷产品致人损害后的高额惩罚性赔偿（民事责任）

---

❶诺思. 制度、制度变迁与经济绩效［M］. 上海：格致出版社，上海三联书店，上海人民出版社，2014：7-13.

以及行政处罚（行政责任）甚或刑事责任。从长期来看，主动召回有利于防止企业失信所导致的其他恶果，缺陷产品召回制度对于中小企业而言，可能要付出很高的代价作为制度成本。企业由于召回可能导致资金周转困难，甚至破产倒闭，但是对提高整个汽车产业的技术水平和优化重组来说却是好事。中国汽车工业是在国家的极力扶持和保护政策下发展起来的，但现实表明，这并不利于产业发展，更不利于中国汽车与外国汽车的竞争。缺陷产品召回制度可以达到重组产权、重新配置资源的目的，从根本上改变中国汽车企业长期得不到优胜劣汰的现状，从而提高中国汽车产品质量的整体水平。

（二）对产品质量安全监管制度的路径依赖

制度变迁中的路径依赖就好似物理学中的惯性，人们一旦做了某种选择，就可能对这种路径产生依赖，无法轻易摆脱惯性的力量。依据诺思对路径依赖的分析，制度变迁的既定方向会在某一路径下得到自我强化，制度变迁沿着既定的路径可能进入良性循环；也可能沿着错误路径继续下滑，甚至被"锁定"在某种无效率的状态下。一旦进入锁定状态，想要脱身而出就变得十分困难，除非依靠政府或其他强大的外力推动。因此，在既定的制度变迁目标下，要选择正确的制度变迁路径并不断调整方向，使之沿着不断增强和优化的变迁轨迹演进，避免陷入制度锁定状态。[1]中国许多产品质量安全监管的制度在计划经济体制时期就已建立，因此政府在监管中的核心地位根深蒂固、不容动摇。中国产品质量安全监管制度的演变势必要沿着由政府主导制度变迁的方向发展，即使在中国加入世贸组织后，推进监管制度变迁的主要动力依然源自政府而非市场。

市场发达国家的政府一般针对产品安全问题制定相应的监管制度，主要包括产品的市场准入制度、对市场的监督抽查制度和缺陷产品监管制

---

[1] 诺思. 制度、制度变迁与经济绩效 [M]. 上海：格致出版社，上海三联书店，上海人民出版社，2014：8.

度。❶ 中国政府在产品质量安全监管实践中实行分段监管的原则,即分为市场前、市场中、市场后管理三个阶段。市场前管理是监管部门对产品生产主体、市场主体及其产品生产与进入市场流通前所进行的监管活动,主要包括生产企业准入资格管理、产品生产许可管理、产品质量标准管理等。市场中管理是监管部门针对产品流通和市场经营服务主体所进行的各种监管活动,主要包括产品进入市场流通的认证、产品质量的监督检查、约束市场主体的经营服务行为等。市场后管理是监管部门针对出现问题的产品、存在缺陷的产品、使用报废收回产品及其生产制造和相关服务组织所进行的监管活动,主要包括缺陷产品召回管理、产品报废收回管理、产品安全风险预警与应急管理等。在中国加入世贸组织前,主要的产品安全监管制度安排多集中市场前、市场中阶段,而市场后的监管制度相对较少,并且没有发挥出应有的作用。

20世纪末,中国已基本形成以市场准入监管制度为主要制度安排的产品质量安全监管制度格局,但在加入世贸组织以后,这一制度格局即被打破,制度变迁的路径要朝着加强市场后监管制度的方向发展,因此,政府必须依靠其强大的外力推动这一制度变迁。进入21世纪后,全球保障消费者利益及安全的呼声愈加强烈,世界各国纷纷加强对产品的安全监管,并把缺陷产品管理作为产品市场后管理的重要环节和国家政府机构实施产品安全监控管理的重要职能。❷ 鉴于此,中国政府对原有的产品安全监管制度进行重构,加强产品安全的市场后监管,通过引入缺陷产品监管制度完善中国产品质量安全监管制度体系,以适应新的国际市场规则。

(三)巩固中国产品质量安全监管的原有制度

在加入世贸组织前,中国产品质量安全监管制度体系中已有的制度安排为构建中国缺陷产品召回制度奠定了制度根基,虽然部分制度安排仍存在不足,需要得到进一步完善,但并未因加入世贸组织而受到影响,反而

---

❶赵宏春. 缺陷产品管理:产品安全管理制度的核心 [J]. 世界标准信息,2007 (5):12~21.

❷王赟松. 消费品安全监管概论 [M]. 北京:清华大学出版社,2012:1.

在加入世贸组织以后得到了巩固。

（1）工业产品生产行政许可制度。行政许可是行政主体（政府主管部门）依行政相对方的申请，通过颁发许可证、执照、注册登记证书等形式，依法赋予行政相对方（产品生产销售企业）从事某项活动的法律资格或实施某种行为的法律权利。有关行政许可的条件、申请程序和对许可使用的监督规则等共同构成行政许可制度。行政许可制度是中国产品质量安全监管活动中经常使用的制度规则，其重要地位不言而喻。国家通过立法对产品的生产、经营、进口、使用等实行行政许可，相关企业经过政府主管部门的审查批准，取得许可证后方可从事相关生产经营活动。国家重点对食品、药品、医疗器械、特种设备的生产销售，对机动车辆使用的注册登记等实施行政许可制度。

（2）标准制度。国家规定工业产品的相关技术要求应当制定标准，制定保障人身、财产安全的标准和法律、行政法规，其中必须执行的标准是国家强制性标准。明令禁止生产、销售和进口不符合国家强制性标准的产品，通过标准的制定、实施和监督，保证产品质量安全、保障人身健康、保护环境。标准按照发生作用的范围或审批权限，可以分为国际标准、区域标准、国家标准、行业标准、地方标准和企业标准。国家标准在一定程度上相当于技术性法规。

（3）产品"三包"责任制度。销售企业对所售商品实行包修、包换、包退的"三包"责任制度。这是商品进入消费流通领域后，针对销售者承担产品的修理、更换和退货的责任与义务，而采取的一种在一定限期内的信用保证办法。对不是因用户使用、保管不当，而属于产品本身质量问题导致的故障提供此项服务。其目的在于促使企业重视提高产品质量，切实保护消费者的人身、财产安全和合法权益。

（4）监督检查（抽查）制度。政府监管部门依据法律法规和国家强制标准对生产经营者进行监督、检查、检验、鉴定、评价等，必要时采取紧急控制措施。监督抽查是监督检查的一种主要方式，国家对可能危及人身健康和生命、财产安全的产品，影响国计民生的重要工业产品，以及消费者、有关组织反映有质量问题的产品进行随机抽查，从而及时发现产品质量安全问题。

（5）强制检验制度。国家立法要求进出口商品、机动车、船舶、特种设备等产品必须经过政府监管机构或其认可、指定的检验机构的检验，方可投入使用或进入市场销售。进出口商品的强制检验称为法定检验，机动车的强制检验称为机动车年检制度，船舶的强制检验称为船检制度，特种设备的强制检验制度包括对特种设备的监督检验和定期检验。这里着重对机动车的强制检验制度进行说明，国家规定对已经登记注册的上道行驶的机动车，要定期进行安全技术检验，只有通过安全技术检验的机动车才允许上路行驶。

（6）消费者举报投诉制度。中国产品质量安全监管法律法规中普遍赋予消费者对违反产品质量安全监督管理规定的举报投诉权利，从而建立起由广大消费者参与的产品质量社会监督机制。在这一制度下，国家工商部门和质检部门建立了消费者举报投诉信息系统。

（7）统一产品的强制性认证制度。中国加入世贸组织后，为了适应新的产品安全监管国际形势，需要改进中国产品质量监管制度体系下的原有制度；为了协调配合中国缺陷产品监管的核心制度安排——缺陷产品召回制度，主要改进了产品的强制性认证制度。

中国的认证认可制度是在计划经济向市场经济过渡阶段建立的，由于管理结构和职能划分的问题，原认证认可工作政出多门，存在重复认证等弊端。强制性产品认证制度，自建立伊始就存在着多重体制、发证与执法监督混淆、对内和对外两套制度等问题。国家质量技术监督局负责境内生产的产品安全认证强制性监督管理制度（因其认证标志类似长城，也称"长城认证"）；国家进出口商品检验局（China Commodity Inspection Bureau，CCIB）负责对进出口商品实施安全质量许可制度。两个制度覆盖的产品存在大部分交叉，评价依据的标准和技术规则不完全一致，两个标志独立存在，因此出现重复检测、重复贴标等问题。❶ 2001 年 12 月 3 日，中国政府对外发布了《强制性产品认证管理规定》。为履行中国加入世贸组织时

---

❶ 陈华忠. 海峡两岸强制性产品认证制度研究 [M]. 厦门：厦门大学出版社，2012：12-14.

的承诺，适应中国市场经济发展的需求，建立与国际接轨的技术评价机制，根据"四个统一"的原则中国，正式建立了中国强制性产品认证制度（China Compulsory Certification，3C）。3C认证标志实施以后，取代了原来实行的"长城"标志和"CCIB"标志。3C认证是对原有进出口商品安全质量许可制度、安全认证强制性监督制度的取代。3C认证是中国政府为保护消费者人身安全和健康、动植物生命安全、环境保护和公共安全，加强产品质量管理，依照法律法规实行的统一强制性产品认证制度。

第三章

制度初创
——中国缺陷汽车产品召回制度的确立

产品缺陷不仅危害公众的人身和财产安全，同时也影响企业的利益和市场经济的正常秩序，政府监管部门介入缺陷汽车产品召回是必要的。因此，监管者对缺陷汽车产品不可能放任自流，必须制定相应的制度法规。中国缺陷汽车产品召回制度初创之时即在政府主导下制定部门规章，并以行政命令的方式强制实施。本章主要介绍《缺陷汽车产品召回管理规定》出台的过程，通过分析这项部门规章实施期间重要的国内外汽车召回事件，揭示外国汽车企业对尚不成熟的中国缺陷汽车产品召回制度的反应，以及中国企业在国外对成熟的缺陷汽车产品召回制度的不同反应，从比较中得出中国缺陷汽车产品召回制度在初创时期并未完全显现出制度应有的效力。

第一节 中国缺陷汽车产品召回制度出台

一、构建中国缺陷汽车产品召回制度的基本思路

加入世贸组织后，我国意识到建立国际通行的市场后监管制度的紧迫性，为了弥补对产品安全的市场后监管缺失，中国开始引入缺陷产品召回制度，并选择以汽车产品作为试点最先推行这项制度。中国缺陷汽车产品召回制度最初是以法规的形式确立，并以政令的形式实施，因此这项制度的推行是在政府主导下完成的。虽然制度实施具有一定的强制性，但中国

缺陷汽车产品召回制度的变迁过程仍然是渐进式的,并非一蹴而就的。因为激进地实施新制度容易给市场经济秩序造成巨大的影响,而这种渐进式的选择也是出于中国刚刚加入世贸组织对国际市场规则尚不熟悉的考虑,比较符合中国的国情。

(一)总结国内汽车召回制度缺失的教训

在中国缺陷汽车产品召回制度出台前,外国汽车企业在中国市场的召回行为处于一种无序状态。一方面,外国汽车企业以中国无相关制度为由,拒不进行维护消费者利益的召回,或隐瞒产品存在的缺陷问题,或将性质严重的系统性缺陷作为一般的产品瑕疵进行处理,甚至将本应由其负担的召回成本转嫁到消费者身上,不仅逃避其应承担的义务和责任,还由此获得不正当的利益。❶ 而这种状况都因为没有相关的法律依据,政府无法实施有效的监管和处置。另一方面,信誉好的国际汽车品牌希望能尽快消除产品的缺陷问题,通过召回措施挽回企业声誉,但因中国缺陷产品召回制度的法律空白,召回无章可循,最终对消费者权益、企业利益、政府形象均造成了一定影响。在中国缺陷汽车产品召回制度正式出台前,其实已有外国汽车企业在中国市场开展过缺陷汽车产品召回活动,但这些召回行为相对来说并不规范。

2000年8月,由于使用凡士通轮胎的福特休旅车发生多起爆胎和胎面脱落的事故,造成数十人死亡,致使福特汽车公司在北美地区召回了650万条存在缺陷的凡士通轮胎。福特汽车在全球范围的召回活动开始后,涉及出口至中国市场的几款车型,虽然福特汽车公司在中国实施了相应召回,但最终召回的数目很小。福特汽车公司此举为自身营造了正面形象,既通过召回传递了福特汽车公司对中国用户一视同仁的态度,同时还避开了召回在一般情况下带来的负面影响。首先,出现缺陷问题的产品实际是安装在福特汽车上的凡士通轮胎,因此并不会降低福特汽车自身的品牌形象;其次,缺陷召回的费用来自凡士通轮胎公司,福特汽车公司只支付更换轮

---

❶关于《缺陷汽车产品召回管理规定(征求意见稿)》的有关说明[J].世界标准信息,2002(11):8-10.

第三章 制度初创
——中国缺陷汽车产品召回制度的确立

胎消耗的少量工时费；最后，福特汽车公司在与用户的沟通中并未花费多少成本，却通过媒体做了广告宣传，所以这次召回给福特汽车公司带来的收益远大于召回成本。可见，福特汽车公司此次召回的主要目的是提高在中国市场的品牌声誉。

2000年，三菱帕杰罗越野车在中国出现了多起因制动系统缺陷而导致的交通事故，但三菱汽车公司在中国市场一直对此事采取回避态度，采取的措施并不得力。2001年国家出入境检验检疫局吊销了日本三菱帕杰罗越野车缺陷车型的进口商品安全质量许可证书，并下令暂停使用该等型号的车辆。随后，日本三菱汽车公司正式宣布，对在中国境内销售的7.2万辆三菱帕杰罗缺陷汽车无偿更换重新设计的后制动刹车油管，并给予用户相应的赔偿。国内监管部门在处理三菱帕杰罗汽车事件时，虽说在一定程度上解决了问题，但由于缺陷汽车产品召回制度的缺失，导致召回不够及时，而且对召回的实际效果没有制度加以监督和保证。

福特汽车公司、三菱汽车公司这类外国汽车企业当时都有专门负责召回工作的部门，这些部门为企业提供收集市场反馈信息、分析事故原因、决定召回车型及维修范围等支持。与此相比，国内有的汽车企业并不具备这些条件，因此害怕担负汽车召回的高昂成本，并且顾忌企业声誉受损，因而推卸责任不实施召回。缺陷汽车产品召回制度到底能否在中国真正实行？仅仅依赖汽车厂商主动实施的类似召回活动显然是不现实的，必须通过立法的形式将缺陷汽车产品召回制度确立起来。

（二）借鉴国外汽车召回制度的主要经验

中国加入世贸组织时，发达国家的缺陷产品召回制度已实施数十年之久，积累了一些有益的经验，值得我们借鉴，了解它们的缺陷产品召回制度对于中国缺陷产品召回制度的建立无疑是大有裨益的。

第一，解决缺陷产品问题的三种机制。发达国家的科技发展水平和产品复杂程度高，市场竞争激烈，面临着大量与缺陷产品有关的产品安全问题。发达国家解决产品缺陷问题总体机制的特点，可以归纳为：①对于由各种随机因素导致的偶然性缺陷，一般是通过司法，主要是民事、产品责任方面的私法诉讼的方式加以解决,在此方面的典型法律有美国各州的柠檬法等,其效果是比较显著的。②对于由各种系统性因素导致的产品系统性缺陷,政府主管部门的行政干预是主要的管理方式和手段。③产品责任保险制度等经济手段,对于解决系统性产品缺陷问题发挥了一定的作用,如按照英国《保险合同法》的规定,针对系统性产品缺陷的特殊产品责任险种"产品召回保险",对消除产品缺陷的危险起了一定作用。发达国家和地区正是将法律、经济、行政管理这三种方式严密配合起来,互为补充,使各种偶然性和系统性的缺陷都有了针对性强的解决方式,体系较为完备。❶政府监管力量对缺陷产品问题的介入已成为各个国家处理缺陷产品危害问题中不可缺少的组成部分,司法手段、经济手段和行政手段在解决缺陷产品危害问题中的分工比较明确,体系比较完备,三种方式相互配合、相互补充,共同形成了解决缺陷产品问题的成熟机制。❷

第二,国外缺陷产品召回的管理模式和程序。综合欧美等国的情况来看,发达国家对于由各种系统性因素导致的批量性的缺陷产品的管理模式可归纳为:①以美国、日本等国为代表,一般通过国家立法赋予政府监管部门管理的权力,并针对特定产品,或立法授权某一特定政府部门进行管理,或由独立的监管机构进行管理。②以欧盟、澳大利亚等为代表,政府一般设立综合性的监管机构,制定统一的产品安全法律来约束企业实施缺陷产品召回。政府监管部门主要通过督促企业实施主动召回,协调企业与消费者之间的缺陷产品责任纠纷。不论在美国还是欧盟,绝大多数的缺陷产品召回活动都是由制造商按照法律和政府监管部门的要求自愿或主动进行召回的,政府干预较少。但是,政府监管部门为了保证制造商、销售商按法律规定的要求尽快消除产品缺陷,始终保有强制召回的权力,尤以美国为代表。欧盟各国政府则通常把发现缺陷产品、告知消费者、消除产品缺陷作为监管工作的关键,并认为鼓励企业主动实施召回才是消除产品缺陷最有效的方式。为了保证召回工作的公正性和高效率,许多国家都建立

---

❶ 蔡玉巧. 国外缺陷产品管理制度介绍 [J]. 世界标准信息, 2002 (2): 12-17.
❷ 汪立昕. 政府管制中有关缺陷产品管理制度的问题研究 [J]. 世界标准信息, 2004 (6): 6-14.

了完善的召回程序，美国为了缩短缺陷召回的周期，还专门设置了快速召回程序。欧美等国还具备完善的缺陷产品召回技术保证条件，这主要包括功能完备的信息收集、分析、处理系统，也包括由经验丰富的工程技术人员组成的专家系统和公正权威的技术检测系统。❶

　　第三，各国建立缺陷产品召回制度的相关法律。对于缺陷产品的制造商和销售商来说，无论产品是存在偶然性缺陷还是系统性缺陷，都需要承担相应的法律责任。如欧盟成员国应遵照欧盟一般产品安全指令的 92/59/EEC，又如美国针对特定产品的专门法律《国家交通和机动车辆安全法》等。这些法律对缺陷产品的责任主体应当承担的民事责任、刑事责任、行政责任及有关的义务，都做出了相当明确的规定。政府部门进行缺陷产品召回监管的权限、程序等，也都有明确的法律规定，使得政府部门的管理行为能够做到规范化。在国外，有针对不同产品分别设立专门召回制度的情况，也有针对所有产品统一制定召回制度的情况。但不论采取何种类型，都需要以法律法规的形式确立缺陷产品召回制度。另外，发达国家针对国际贸易中的进出口商品也都制定了专门的缺陷产品召回法规。比如对本国市场销售的外国产品，将进口商确定为产品缺陷的责任主体，使其承担产品召回的必要义务；而对本国出口的产品，如果出现缺陷问题，政府将与进口方的有关部门进行协调，并根据进口国法律采取相应的召回行动。因此，中国在加入世贸组织后，如果始终没有明确的召回制度法规，将使中国在国际贸易市场的竞争中处于无法可依的不利地位。

（三）结合已有的产品质量监管法律基础

　　中国加入世贸组织时，已经初步构建起产品质量安全监督管理的法律法规基础。在这些法律法规中，既有公法也有私法；既有适用于所有产品质量安全监督管理的普通法，也有适用于某类别产品质量安全监督管理的专门法以及相关的程序法。这些法律法规中关于产品质量安全监督管理的

---

❶汪立昕. 政府管制中有关缺陷产品管理制度的问题研究［J］. 世界标准信息，2004（6）：6-14.

规定、要求和程序，共同构成了中国产品质量安全监督管理法律法规体系。❶ 当时的《中华人民共和国民法通则》（以下简称《民法通则》）对产品责任做了基本的规定，"因产品质量不合格造成他人财产、人身损害的，产品制造者、销售者应当依法承担民事责任"。当时民法通则作为调整平等主体间财产关系和人身关系的基本法，主要从确认和保护商品生产者、销售者和消费者之间平等的民事主体关系的角度，确立了民事主体之间必须遵循的诚实信用、平等自愿、等价有偿的基本原则，以此方式来调整包括产品质量责任问题在内的民事法律关系。民法通则规定了受害者可以向商品的生产者和销售者主张因产品质量不合格对其造成的人身伤害或财产损失的赔偿责任。但这是一个相对抽象的法律原则，缺乏足够的可操作性，需要由其他法律法规将其具体化。

  在当时已有的法律中，《产品质量法》与缺陷产品的关系最为密切。《产品质量法》在产品缺陷的法律责任上主要规定了个别产品给他人造成人身、财产损害的民事赔偿责任。《产品质量法》第十三条规定："可能危及人体健康和人身、财产安全的工业产品，必须符合保障人体健康和人身、财产安全的国家标准、行业标准；未制定国家标准、行业标准的，必须符合保障人体健康和人身、财产安全的要求。"这就是说，"符合保障人体健康和人身、财产安全的要求"是产品质量法的强制性准则。所以，《产品质量法》直接规定和援引的其他相关法律规定的内容，均为适用于产品缺陷的法律责任。《产品质量法》第十三条同时规定："禁止生产、销售不符合保障人体健康和人身、财产安全的标准和要求的工业产品，具体管理办法由国务院规定。" 2001年国家质检总局成立，国务院在其职能规定中，要求其对重大产品责任事故进行调查并进行处理。因此，可以认为缺陷产品行政管理制度是《产品质量法》在其操作层面上的延伸。❷ 然而，缺陷产品的实质在于其不仅损害了个别消费者的合法权益，还危害消费者群体和社会公共安全利益，而与之相关的法律后果更多应是公法上的责任。《产品质量

---

❶ 张世煜. 我国产品质量安全监督管理 [M]. 北京：中国计量出版社，2012：7.
❷ 关于《缺陷汽车产品召回管理规定（征求意见稿）》的有关说明 [J]. 世界标准信息，2002（11）：8-10.

法》并没有明确规定责任主体事先采取措施消除产品的系统性缺陷对消费者和公共安全所带来的危害的具体步骤，所以应尽快建立与《产品质量法》相配套的产品安全方面的专门法律和行政法规。

1994年施行的《消费者权益保护法》，确立了保护消费者为生活消费需要购买、使用商品或者接受服务时享有的人身、财产安全不受损害的权利，以及关于消费品和服务的知情权、选择权等合法权益。《消费者权益保护法》规定了政府应当保护消费者权益的原则以及一些框架性的规定，但囿于该法律本身的性质和相关规定的原则化，可操作性较差，难以为产品缺陷问题的解决提供充分的法律依据，具体表现为下列方面：首先，除了明确规定工商行政管理部门的相关管理职责外，对其他监管部门并未明确责任，而工商行政管理部门的管理权限又仅限于流通领域内商品销售者和服务提供者的经营行为，对产品生产者的生产行为则鞭长莫及；其次，商品的瑕疵和缺陷大多产生于商品的生产环节，而商品生产者的生产行为又不在《消费者权益保护法》的调整范畴之内；再次，就缺陷产品而言，产生的危害不仅限于消费者，还会危害社会公共利益，这显然不是仅以保护消费者合法权益为使命的《消费者权益保护法》能完成的任务；最后，也是最为重要的一点，由于产品生产环节中的缺陷问题多涉及复杂的产品技术和工艺，工商行政管理部门如没有相应的技术支持，可能难以完成这种技术性很强的管理工作。

从以上分析可以看出，在中国加入世贸组织时的法律中并没有具体规定行政部门对于产品系统性缺陷及其责任主体的管理方式，也没有明确规定责任主体消除产品系统性缺陷对消费者和公共安全所带来的危害的具体步骤，从而使政府部门进行缺陷产品管理缺乏充分的法律依据和基础。这就要求一方面应继续加快缺陷产品召回制度法律的制定工作，另一方面应尽快在借鉴国外经验的基础上实施具有操作性的缺陷产品召回的行政法规和部门规章。

二、《缺陷汽车产品召回管理规定》的制定过程

（一）提出议题

20世纪末中国曾有过一次筹备建立缺陷产品召回制度的尝试，并决定以汽车产品作为突破口率先施行。1996年，原国家机械工业部便以机汽函〔1996〕1116号文的形式发出过《关于征求〈缺陷车辆的报告及回收管理办法〉意见的通知》，并将该通知发放到各整车制造厂和各主管部门。[1] 中国汽车工业当时处于开放合作的探索阶段，在该办法征求意见时遭到了各汽车制造厂的抵触。国内汽车企业认为实施召回的成本太高，担心召回一旦被公开便会影响其销量。汽车召回制度立法工作的首次尝试就这样不了了之，直至中国筹备正式加入世贸组织之时才再次被提上议事日程。

2001年4月，刚组建成立的国家质检总局在中国正式加入世贸组织前，启动了专门对缺陷产品召回制度的课题研究。国家质检总局在南京组织召开由中国人民大学、东风汽车集团股份有限公司、上海汽车集团股份有限公司等代表以及部分省市技术监督局代表参加的"缺陷产品管理制度研讨会"，并成立了"缺陷产品研究"课题组。同年9月，国家质检总局召集"缺陷产品研究"课题组与梅赛德斯-奔驰集团股份公司（以下简称"奔驰公司"）在京召开"缺陷产品管理制度暨汽车召回制度研讨会"，国内主要汽车企业和部分省市技术监督局代表参加了会议。"缺陷产品研究"课题组代表和奔驰公司有关专家分别就缺陷产品监管和汽车召回进行了深入的研讨，就建立中国缺陷汽车产品召回制度达成广泛一致的共识。[2] 同年10月，国务院世贸组织工作小组委托国家质检总局着手制定"缺陷汽车回收制度和二手车回收审查制度"。在此次拟定缺陷汽车产品召回制度之初，从名称中沿用"回收"而非"召回"就能看出，仍留有国家机械工业部起草的《缺陷车辆的报告及回收管理办法》的影子。由国家质检总局组织，中国人

---

[1] 豪彦. 缺陷车辆的报告及回收制度 [J]. 汽车与配件, 1998 (20): 22-23.
[2] 余冠峰. 实施汽车召回 [J]. 中国质量技术监督, 2005 (9): 11.

第三章 制度初创
——中国缺陷汽车产品召回制度的确立

民大学法学院牵头,中国标准研究中心、中国机械工业联合会和公安部车检中心等单位组成的"缺陷产品研究"课题组对"缺陷产品行政管理制度"的可行性和具体实施方案进行了研究,并在科技部通过了国家软科学科研项目立项。

(二)征询建议

在国家质检总局等单位的安排下,"缺陷产品行政管理制度"课题组(以下简称"课题组")就产品召回制度相关问题召开或参加了多次国际和国内的研讨会、座谈会。2001年底,在有德国、日本等国法律界、汽车界代表参加的研讨会上,课题组公布了《中国缺陷汽车产品召回管理规定》的设计框架,得到了国内外同行的一致认可。在后来的多次研讨会和座谈会上,课题组同国内外汽车企业代表、政府主管部门人员、法律专家等探讨了缺陷产品召回的有关问题,力求使研究既符合法理又能够实际应用。课题组通过调研国外汽车召回管理机构,搜集了国外缺陷汽车产品召回制度的相关资料,并对缺陷产品召回制度展开了深入、系统的研究。课题组从爱尔兰三一学院、德国标准化信息机构、德国马普研究所等单位搜集了欧洲各国以及欧盟、国际经济合作组织有关缺陷产品召回和产品责任等方面的法律法规、专业论述和相关资料。课题组经过翻译、分析所获得的外国资料,对各国的召回制度概况进行了系统梳理,并结合中国的现实技术发展水平和行政体制的国情,着重就政府在缺陷产品监管方面的方法、程序以及相关条件等进行了探讨,提出了制定缺陷产品召回制度的相应建议。

建议一:对召回工作机构设置和职能加以明确和细化。在缺陷产品召回制度中行政部门最为核心的行政权力和职能,在于根据专家委员会意见和技术检测结果做出有关缺陷汽车产品应进行召回的决定或决策。建议决策权主要集中于国家质检总局,地方任何监管部门均无权做出缺陷产品召回的行政决定。在与作出召回决定过程相联系的机构中,检测机构只负责按照主管部门的委托进行技术检测、试验,专家委员会负责根据技术检测结果和其他有关信息做出所涉及汽车产品是否存在缺陷的判定。建议在上述规定的基础上,建立健全召回管理机构和相应的技术支持机构,保证必需的由财政拨付的工作经费等条件，制定更加具体和细化的工作程序，以保障召回管理体系运行的顺畅和工作效率。

建议二：市场前管理（主要指汽车产品强制认证制度）应与召回管理做到协调和配合。中国加入世贸组织后开始实行汽车产品强制认证制度，此项制度的实行，并不意味着作为市场后管理主要制度的召回管理制度失去了存在的必要性。在性质上，强制认证制度属于政府市场前管理的范围。由于设计及工艺的改进、材料的改变以及使用过程中逐渐显现的问题等，和市场要求、技术发展与汽车产品所固有的复杂性，以及制造商在国家强制认证可免除控制的范围做微小变化和制造商无法事前准确控制的因素等原因，都可能导致汽车产品存在缺陷。现在国际上实行强制认证市场准入制度的国家并不能避免出现缺陷汽车产品、不能避免出现缺陷汽车召回的现实，已经证明了这一点。强制认证与召回管理之间，不是相互取代的关系，而是相互补充，共同维护汽车产品市场正常秩序和保护公众利益的协调配合关系。❶ 因此，为使这两项政府管理方式做到协调配合，使缺陷汽车产品召回制度具有现实操作性，建议将对确定缺陷汽车车主身份、缺陷汽车数量和分布范围具有重要意义的车辆识别代码（vehicle identification number，VIN）标准作为国家强制标准加以规范，并纳入强制认证的范围。

建议三：加强缺陷汽车召回管理部门与其他相关行政管理部门的协调配合。汽车产品的制造、销售和使用，是十分复杂的问题，对其进行管理是由多个行政部门共同配合完成的。除与强制认证管理部门加强协调配合外，还应加强与公安交通管理部门之间的配合。具体而言，主要是建议公安交通管理部门在车辆注册管理中，增加对 VIN 等能够准确定位车主及车辆分布信息的规定要求，并在情况需要时向召回管理部门提供有关信息。这对保证汽车产品缺陷的调查效果和顺利召回都是必要的。

建议四：建立缺陷汽车产品召回专家数据库系统，以保证产品缺陷技术检测和确认的公正性与客观性。政府监管部门组织建立专家委员会作为技术支持单位，选择汽车产品缺陷检测机构，以在必要时委托其进行有关

---

❶ 周国兵. "汽车召回"有实质性进展 [J]. 中国质量技术监督，2002（4）：8-9.

汽车产品缺陷的调查、技术检测、缺陷确认工作，这是缺陷汽车产品召回监管中的一个重要环节。当时国内可进行全部强制性汽车国家标准检测的机构虽然只有三家，但汽车制造企业和研究所以及大专院校在某些专业领域也具有一定的检测能力。在此种情况下，如采用由比较独立的专家队伍租用检测设备检测的方式，可比建设独立的检测机构节约投资。因此，建议以建立由各方人员组成的专家系统，并采用租用检测设备进行技术检测，由专家系统人员组成专家委员会依据检测结果进行判别的方式，来进行此环节的工作。❶

建议五：在缺陷汽车召回管理制度实施前有计划地开展相关知识的普及培训工作。缺陷汽车召回管理制度涉及很多的概念、程序等相关知识，一旦付诸实施，不仅汽车经营方需要了解、熟悉相关管理程序及规定要求，车主也应对此有一定了解，才能使召回行动高效进行，使随之发生的社会成本趋于最小化。因此，建议有计划并系统地开展对缺陷汽车召回相关知识的普及和教育、培训工作，为缺陷汽车召回管理制度顺利实行做好准备。

2002年3月，课题组提交了《缺陷汽车产品召回管理规定（草稿）》和《缺陷汽车召回制度实施方案》。随后，国家质检总局组织召开了包括一汽集团、东风集团和上汽集团在内的国内大型汽车企业、国外著名企业及消费者代表参加的"汽车召回和汽车三包研讨会"，会上课题组及有关部门人员积极研讨了汽车召回与"三包"的关系和制度实施措施。国家质检总局要求汽车生产企业对草稿进行讨论并反馈意见。

（三）形成草案

2002年6月17日至7月4日，课题组成立考察团，在戴姆勒-克莱斯勒集团公司前期的联络和精心安排下，对德国、欧盟总部、法国和美国的12个单位和部门进行了访问，具体包括：德国联邦机动车管理局、戴姆勒-克莱斯勒集团公司、欧盟消费者保护部门、欧盟汽车和一般产品安全部门、法国汽车工业联合会、法国消费者安全委员会、法国农业部食品司、法国

---

❶周国兵. "汽车召回"有实质性进展 [J]. 中国质量技术监督，2002（4）：8-9.

经济工业与财政部竞争消费与反欺诈司、美国 H&H 律师事务所、美国高速公路交通安全管理局、美国消费产品安全委员会（Consumer Product Safety Committee，CPSC）、美国农业部。这次考察的主要目的是借鉴欧美发达国家在缺陷产品召回制度中有关立法和执法方面的经验，以及欧美著名企业内部缺陷产品召回的做法，为中国缺陷产品召回制度的建立提供参考。

在德国，联邦机动车管理局技术部的负责人介绍了德国汽车产品认证、德国《产品安全法》的有关内容以及汽车召回的做法。戴姆勒-克莱斯勒集团公司的几位高层领导出面介绍了公司在缺陷产品管理方面的具体做法。代表团参观了该公司的核心技术部门，汽车碰撞实验室和数码汽车设计中心，听取公司全球服务部门业务情况的介绍，与公司有关部门交流了公司进行汽车召回的工作程序。

在欧盟总部，负责健康与消费者保护部门、汽车和一般产品安全部门及研究、改革和工业调整部门的官员分别就缺陷产品的定义、范围、类型和责任机制以及缺陷产品召回与快速预警机制等问题进行了交流。

在法国，代表团在法国汽车工业联合会听取了有关负责人关于法国汽车认证、车辆试验与检测、参与立法和政府政策咨询等情况介绍。法国消费者安全委员会秘书长向代表团介绍了由消费者、行业、技术机构、法官等代表组成的该部门，在法国行政机构中保护消费者的特殊作用，以及在召回缺陷产品中与相关企业之间协商与合作的工作关系。法国农业部食品司负责人介绍了该司对不安全食品召回工作和法国政府有关食品安全的管理体制，及处理不安全食品过程中法国政府相关部门工作合作机制。在法国经济工业与财政部，竞争、消费与反欺诈司的官员，针对考察提纲提出的涉及缺陷产品召回中的各种问题，结合法国和欧盟的情况逐一进行了详细的解答。

在美国，代表团首先访问了设在华盛顿的具有 100 年历史的 H&H 律师事务所，听取了资深律师关于与缺陷汽车产品召回的有关法律法规、制造商的责任和美国政府对汽车召回情况的介绍，并交流了美国缺陷产品召回制度与柠檬法的区别。美国高速公路交通安全管理局是美国交通部下属的一个部门，代表团在访问期间，有关官员详细介绍了缺陷汽车召回的信息

第三章 制度初创
——中国缺陷汽车产品召回制度的确立

系统、组织管理系统和工作程序,并向代表团赠送了部分有价值的资料。美国消费产品安全委员会是美国国会立法成立的独立联邦监管机构,该机构的主要职责是保护公众免遭与消费产品有关的不合理的伤害与死亡风险,美国消费产品安全委员会的官员分别介绍了委员会的职能和对一般缺陷产品召回监管的具体做法,并着重介绍了对不安全儿童玩具危险控制的工作程序。在美国农业部,食品安全和检查服务办公室专门负责食品召回事务的官员向代表团深入浅出、全面系统地讲解了什么是不安全食品的召回、为什么要召回、谁来组织召回、怎样召回等问题。代表团访问的最后一站是洛杉矶,重点向加利福尼亚州消费者事务部门的官员了解了美国柠檬法的适用范围和实施情况。

总之,通过这次考察,代表团全面了解了欧美关于缺陷产品召回的情况,获得了大量有价值的资料和信息,并同所访问的国家相关部门进行了交流,建立了工作联系,考察达到了预期的目的。课题组针对西方主要发达国家和地区的具体做法进行了比较分析,并就有关问题撰写了研究报告。对于一般产品的缺陷产品召回制度,尤其是社会各界广泛关注的缺陷汽车产品召回制度,课题组提出了立法建议:分别起草《缺陷产品管理条例(专家建议稿)》和《缺陷汽车产品召回管理规定(专家建议稿)》。

2002年8月,国家质检总局分别征求了国务院各部门的意见,从国务院相关部门的反馈意见看,除经贸委提出中国汽车工业作为弱势产业应加以保护外,公安部、交通运输部、财政部、税务总局、科技部均无意见,外经贸部、海关总署和中国机械工业联合会等部门和单位从支持的角度提出了很好的建设性意见。国家质检总局内各司返回的意见也是积极给予支持。各地质量技术监督局及各直属检验检疫局也提出了一些很好的修改建议。国家质检总局法规司与质量管理司在吸收了各方的意见后对草稿进行了修改。

国家质检总局于2002年10月就《缺陷汽车产品召回管理规定(草稿)》向社会广泛征求意见,并进行了一系列的宣传和与立法相关的听证活动。课题组应国家质检总局的邀请,参与了相关的活动,并对各方反馈意见进行了研究,向政府相关部门提出了自己的建议。2002年10月23日,经国家质检总局领导批准，课题组开始面向全社会广泛征求《缺陷汽车产品召回管理规定（草稿）》的相关意见。[1] 从有关网站访问量看，仅中车在线对汽车召回栏目的访问就达到 42 596 次，99.5% 访问者支持召回制度。另外，社会各界人士通过报纸、广播等媒体对《缺陷汽车产品召回管理规定（草稿）》进行了研究和评价，提出了修改建议，也有部分车主通过书面信件方式将遇到的严重的产品安全问题反馈到国家质检总局，急切盼望法规出台。

2003 年初，根据一汽集团、东风集团和上汽集团向全国人大和国务院法制办提出的意见，国家质检总局法规司、质量管理司向各大企业解释了实施汽车召回的重要意义。2003 年 6 月，国家质检总局办公厅向国家发改委、公安部、商务部、交通运输部和海关总署办公厅发文征求联合发布规定的意见。上述部门对建立汽车召回制度都给予了充分的肯定。国家发展和改革委员会（以下简称"国家发改委"）、商务部和海关总署同意与质检总局联合发文。公安部、交通运输部复函认为由于其职能所限不参加联合发文，但根据工作需要将积极给予支持。2003 年 8 月和 9 月，国家质检总局法规司、质量管理司领导会同课题组主要研究人员共同走访了上汽集团、一汽集团和东风集团，与三个企业的主要领导进行了沟通和交流，在建立缺陷汽车产品召回制度必要性问题上取得了基本一致的意见。2003 年 9 月 23 日，国家质检总局组织了听证会，全面听取来自社会各界代表对《缺陷汽车产品召回管理规定（草稿）》的意见，并根据意见对草稿进行了进一步的完善，形成了《缺陷汽车产品召回管理规定（建议稿）》。

（四）争议焦点

在课题组拟定《缺陷汽车产品召回管理规定（建议稿）》时，政府有关部门、汽车行业、消费者群体等利益相关方也存在一些争议，争议的焦点主要有以下四个方面。

第一，关于汽车产品认证制度与汽车召回制度的关系问题。有关单位

---

[1] 施京京. 聚焦《缺陷汽车产品召回管理规定》实施[J]. 中国质量技术监督，2004（11）：44-46.

第三章 制度初创
——中国缺陷汽车产品召回制度的确立

认为，汽车召回管理是认证管理的组成部分，因此建议考虑管理的系统性。而课题组研究认为，汽车产品认证与召回方式没有必然联系，产品认证是市场前管理，而缺陷汽车产品召回是市场后管理。汽车产品认证检查的是抽检的样品，不是进入市场的大批量产品，通过汽车产品的强制认证并不能完全保证批量投放市场产品的安全性。❶ 而且，某些设计和制造方面的问题只有在使用一段时间后才能暴露出来。即使汽车产品通过了强制认证程序，出现缺陷依然需要实施召回。另外，企业担心型式认证与汽车3C认证交叉的问题。国务院于2003年9月发布了《中华人民共和国认证认可条例》，明确了汽车产品的3C认证制度，这方面的问题得以解决。

第二，关于缺陷汽车产品范围与依据问题。有的部门提出，将缺陷产品从"危及人身、财产安全的不合理危险，或者不符合有关汽车安全的国家标准的情形"改为"危及人身、财产安全等不符合国家有关安全、环保、节能和防盗方面的技术法规要求的"。此建议是出于对缺陷汽车产品进行系统管理的考虑，其中依据相关技术法规进行召回的提法也符合国际惯例。但是，考虑到中国当时的法律、法规体系和缺陷产品召回在中国还缺少管理经验的现状，经与有关部门协商，缺陷产品召回还是以涉及他人人身、财产安全的国家标准为基本依据，在《产品质量法》调整的范围内，以他人人身、财产安全为保护对象为宜，其他方面的问题待条件成熟再做调整。将危及人身安全的不合理危险定为缺陷是没有疑问的，但是对于危及他人财产安全的不合理危险仍然是一个模糊的概念。汽车产品是一种特殊的产品，比如说，由于汽车防盗系统不佳致使车内物品被盗或者车辆本身被盗是否属于应当召回的范围，确实是一个值得商榷的问题。

第三，关于技术支持系统和基础工作的问题。对每项召回事件的管理都是建立在大量的数据基础上的系统工程，从汽车产品缺陷投诉信息的采集、缺陷分析与识别、缺陷的技术鉴定、召回的发布，到通知汽车产品的用户，以及管理部门与制造商建立的汽车产品有关信息沟通，都需要强大高效的信息系统支持。建立和完善有关基础工作，使缺陷汽车产品召回制

---

❶ 韩乐悟. 缺陷汽车召回规定昨日出台［N］. 法制日报，2004-03-16（2）.

度建立在科学有效和有广泛群众参与支持的基础上，应进一步健全汽车产品安全标准体系；完善落实中国的车辆识别代码制度；尤其重要的是要抓紧对生产者、销售者和车主及其有关行政管理部门的宣传教育，使有关各方对缺陷产品管理有正确的理解和认识。

第四，关于缺陷汽车产品召回制度实施的问题。在征求意见过程中，部分企业担心缺陷汽车产品召回制度过早实施对企业影响较大，另外，汽车产品种类较多，企业需要一定的时间来准备和适应。鉴于国家有关部门对缺陷汽车产品召回尚有许多管理方面的准备性工作、技术支持系统的整合工作、宣传教育工作等要做，汽车制造企业需要时间准备和适应。有专家认为，在明确按照汽车产品分类分步实施缺陷汽车产品召回制度之后，应先在四轮客车中实施，同时建议正式的法律文件发布后，留有一定的实施准备期。对于具体的制度实施主体，有专家指出，汽车产品出现缺陷问题，很多部门都是具有处置权的国家行政主管部门。然而在汽车工业发达的国家，设有专司缺陷汽车召回管理的机构，如美国有交通部下属的美国高速公路交通安全管理局。因此业内人士呼吁，需要一个机构独立实施召回监管。经研究决定，国家质检总局负责全国缺陷汽车召回的组织和管理工作，即为主管部门。国家发改委、商务部、海关总署等国务院有关部门配合主管部门开展缺陷汽车召回的有关管理工作。

（五）利益博弈

除了《缺陷汽车产品召回管理规定（建议稿）》本身存在的不完善之处有待解决外，还存在立法阻碍。企业与消费者代表不同的利益，汽车召回制度作为行政法规对汽车工业的政府管理体制也将带来一定的改变。

虽然缺陷汽车产品召回制度从立项研究到出台历时10个月，但是一份草案的出台，往往会牵一发而动全身，整个中国汽车业势必会出现各种声音。当时，中国汽车业及行业协会对缺陷汽车产品召回制度持消极态度。缺陷汽车产品召回制度对消费者来说无疑是一项好政策，但一些汽车企业认为实施环境还不成熟，认为当时在中国实行汽车召回制度还太早。其理由是，中国汽车市场的消费理念、认知程度、经营状况、汽车维修等方面与国外水平还有很大差距。但从国家层面考量，实施缺陷产品召回制度是要缩短这个差距，而一些汽车企业认为实施召回制度的时机不成熟，却又没法给出一个具体适宜的时间。在种种"时机不成熟"的说法背后，其实是利益主体之间的博弈。

除了一些汽车企业因利益受到缺陷产品召回制度的"威胁"而对立法发出反对声音之外，由于中国汽车工业实行的是政府部门行业管理体制和型式认证制度，所以在汽车企业之外也出现了一些官员和专家的反对声音。恰恰是这些声音，构成了中国汽车召回制度立法面临的最大"国情"。

国家经贸委作为负责汽车工业政策制定的管理机构，对缺陷产品召回制度是否应在中国实行持保留意见。国家经贸委出于保护国有汽车企业的目的，并不非常希望召回制度在中国汽车市场迅速实行。因为，建立缺陷产品召回制度需要全面的配套改革，还与全民的法律意识和企业的发展规模有关。汽车召回成本巨大，与国外大型跨国汽车企业不同，中国汽车企业的实力有限，如果实行大规模召回，不仅会有利益和声誉损失，甚至有可能因此而破产。而中国的社会保障体制尚未健全，企业一旦破产，大量工人失业将会带来更多社会问题。国有汽车企业的主管部门虽然处在一种矛盾的境地，但是认为应该尽早出台缺陷汽车产品召回制度法规，用市场机制把中国汽车企业的优势部分整合起来。政府不能一味害怕国内汽车企业会因缺陷汽车产品召回制度的实行出现重大损失。美国的召回制度非常严厉，但汽车工业并未因此垮掉，相反英国对本国汽车企业"保姆式"的照顾，加速了英国汽车工业的衰落。

三、对《缺陷汽车产品召回管理规定》的解读与评价

（一）对《缺陷汽车产品召回管理规定》的解读

《缺陷汽车产品召回管理规定》在准确界定缺陷和召回的概念及缺陷汽车产品召回制度适用范围的基础上，明确了缺陷汽车产品召回的责任主体及其法定义务，形成了一套较为合理的召回程序，组建了专门负责缺陷产品召回的主管部门，为初步构建中国缺陷汽车产品召回制度的框架和监管

体系奠定了基础。

首先,明确了缺陷汽车产品的责任主体和召回义务。实施汽车召回的法定原因是批量的汽车产品存在系统性缺陷问题,生产者应对其生产的缺陷汽车产品负责。具体而言,在中国境内生产、销售的汽车产品存在缺陷,应由国内汽车生产企业负责召回;进口汽车产品存在缺陷,则应由汽车进口商负责实施召回。汽车产品的销售商、租赁商、修理商有义务协助生产商履行召回义务。对缺陷以外的汽车产品质量问题,国家鼓励汽车产品制造商参照规定积极实施召回活动。这样规定,既可以正确引导企业主动实施汽车召回,同时可以有效规范生产者履行缺陷汽车产品的召回责任。

其次,制定了具有针对性和可操作性的召回程序。细化召回程序是确保生产者切实履行召回责任的前提,对此,《缺陷汽车产品召回管理规定》设置了召回工作的具体操作程序。①召回启动程序。生产者获知汽车产品可能存在缺陷,应实施主动召回程序;主管部门经缺陷调查认为汽车产品存在缺陷,生产者拒不召回的,可启动指令召回程序责令其召回。②召回实施程序。生产者应当制定召回计划,并提交监管部门备案,同时停止销售和进口有关汽车产品,依据召回计划实施召回。③召回报告程序。生产者确认汽车产品存在缺陷后,应以书面形式向主管部门报告,在实施召回计划时提交召回阶段性报告,在完成缺陷汽车产品召回后向主管部门提交召回总结报告。

最后,划分了缺陷汽车产品召回的监管主体职责。规定对缺陷汽车产品召回管理的执行机构做出了明确的职责分工。国家质检总局作为主管部门负责全国缺陷汽车产品召回的组织和管理工作;国家发改委、商务部、海关总署等国务院有关部门在各自职责范围内,配合主管部门开展缺陷汽车产品召回的有关管理工作;地方质量技术监督部门和检验检疫机构作为地方管理机构负责组织本行政区域内缺陷汽车产品召回的监督工作。在全国范围内基本形成了一个纵向上由中央直接监管、地方协作监督,横向上由国家质检总局主管、国务院其他有关部门相互配合的监管体系。

(二)《缺陷汽车产品召回管理规定》与"草稿"的比较

正式出台的规定是在《缺陷汽车产品召回管理规定(草稿)》基础上

第三章 制度初创
——中国缺陷汽车产品召回制度的确立

多次修改后形成的,从草稿版到最终版的《缺陷汽车产品召回管理规定》主要有以下几点变化。

第一,整体而言最终版并没有草稿版那么严格,对企业实施召回程序的一些时限要求有所放宽,而且删除了公布召回评估信息等条款。如第七条对汽车轮胎的召回期限,由草稿版自交付第一个车主之日起5年改为最终版的3年,时间明显缩短。《缺陷汽车产品召回管理规定》第二十条对制造商发现缺陷须向主管部门报告的期限有所延长,草稿版中是立即报告,而最终版中则是在5个工作日内;与此同时,停止销售缺陷汽车产品的期限也有所延长,草稿版是在3日内停止销售,而最终版中则是10个工作日内。《缺陷汽车产品召回管理规定》第二十七条,将制造商在开始召回行动后制定召回通知书的时限由草稿版中的10个工作日延长到了1个月内。草稿版中的第三十条"主管部门应当公布缺陷汽车召回评估效果的相关信息"没有在最终的规定中出现。《缺陷汽车产品召回管理规定》第三十一条,将制造商通知销售商停止销售缺陷汽车产品的时限,由草稿版中的接到主管部门指令召回的通知书之日起3日内,延长至5个工作日内。主管部门批准召回计划后,草稿版要求制造商应当在接到批准通知书之日起10日内向销售商、所有车主发出该召回行动计划书,《缺陷汽车产品召回管理规定》第三十四条则将该期限放缓至1个月内。草稿版中对缺陷汽车的召回活动给出了明确的时限——"一般应在90天内完成召回",但《缺陷汽车产品召回管理规定》只说了在召回计划时限内完成召回,并未明确规定召回时限是多少天。《缺陷汽车产品召回管理规定》第三十七条,对制造商向主管部门提交召回总结报告的时间也较宽松,由草稿版中的召回完成后的10日内延长至1个月内。

第二,《缺陷汽车产品召回管理规定》比草稿版的文字更简洁,用语更准确,称谓更加规范,增加了附件和必要的说明,法理性更强。《缺陷汽车产品召回管理规定》第四条提出"国家根据经济发展需要和汽车产业管理要求,按照汽车产品种类分步骤实施缺陷汽车产品召回制度",这样循序渐进显得更加合理。《缺陷汽车产品召回管理规定》主要强调国家标准,并不包括行业标准,其中第五条对缺陷的定义减少了不符合有关汽车安全的

"行业标准"的情形,仅包括不符合有关汽车安全的国家标准的情形。《缺陷汽车产品召回管理规定》对召回程序的要求比草稿中更加规范,尤其是在附件的运用上有明确的要求,其中第十二条就增加了"制造商应当向车主、销售商、租赁商提供本规定附件3和附件4规定的文件,便于其发现汽车产品存在缺陷后提出报告"。《缺陷汽车产品召回管理规定》第三十五条明确了"制造商应自发出召回通知书之日起,每3个月向主管部门提交符合本规定要求(见附件7)的召回阶段性进展情况的报告";这一条较草稿更完备,并且有了明确的时限要求,是每3个月报告一次召回阶段性进展情况,并且在《缺陷汽车产品召回管理规定》附件7中对报告的格式做了明确要求,这一附件在草稿中并未出现。《缺陷汽车产品召回管理规定》中删减了草稿中的第四十二条"制造商违反本规定第十六条第五款规定,拒绝承担相应义务或者隐瞒汽车产品缺陷,或者以不当方式处理汽车产品缺陷的,主管部门应当责令其改正、并根据情节轻重单处或并处警告、通报批评等处罚"。可见《缺陷汽车产品召回管理规定》在处罚上有所减轻。不过《缺陷汽车产品召回管理规定》中增加了第四十四条"制造商实施缺陷汽车产品召回,不免除车主及其他受害人因缺陷汽车产品所受损害,要求其承担的其他法律责任"。这条加强了对缺陷产品的责任追究,说明涉及缺陷产品问责的法律依据不仅限于本规定。

第三,《缺陷汽车产品召回管理规定》旨在引导企业而非惩治企业,但明显加强了对境外进口汽车履行召回义务的内容。草稿中将进口商与销售商、租赁商等作为制造商履行召回义务的协助者,而《缺陷汽车产品召回管理规定》中则将汽车产品的进口商列入召回责任主体的范围内,进口商与汽车产品制造商应履行召回义务,销售商、租赁商、修理商则是协助制造商履行召回义务。《缺陷汽车产品召回管理规定》更提倡汽车企业主动召回,第四条"国家鼓励汽车产品制造商参照本办法规定,对缺陷以外的其他汽车产品质量等问题,开展召回活动"明确体现出这点。为了应对国际汽车市场的挑战,《缺陷汽车产品召回管理规定》尤其加强了对汽车进口商承担缺陷召回的义务,如第六条增加了"国家发展和改革委员会、商务部、海关总署等国务院有关部门在各自职责范围内,配合主管部门开展缺陷汽

第三章 制度初创
——中国缺陷汽车产品召回制度的确立

车召回的有关管理工作";第三十条增加了"在缺陷汽车产品暂停进口公告发布前,已经运往我国尚在途中的,或业已到达我国尚未办结海关手续的缺陷汽车产品,应由进口商按海关有关规定办理退运手续";第三十一条"境外制造商还应在5个工作日内通知进口商停止进口该缺陷汽车产品"在草稿中并没有出现。《缺陷汽车产品召回管理规定》第三十九条还增加了以下条款"主管部门应向商务部和海关总署通报进口缺陷汽车的召回情况"。这些变动均说明《缺陷汽车产品召回管理规定》加强了对国外进口汽车产品实施缺陷召回管理的内容。

(三) 对《缺陷汽车产品召回管理规定》的评价

国家通过制定和实施《缺陷汽车产品召回管理规定》,有效地维护了社会经济秩序和汽车市场环境,促进了政府的监管职能转变,充分发挥政府对公共事务进行依法管理的作用,并促使企业重视产品质量安全、提升诚信水平。

第一,有效保护消费者的人身财产安全。《缺陷汽车产品召回管理规定》解决了购买汽车前消费者发现产品缺陷难、购买后出现产品缺陷举证难、发生产品缺陷后纠纷解决难等问题。对于处理汽车产品安全问题,对由于设计、制造原因而产生的故障问题,尤其是对已经流入市场,有可能危及公共安全的批量性产品缺陷问题的解决提供了有效的途径。《缺陷汽车产品召回管理规定》的出台,促使国家通过行政管理手段来规制微观市场有法可依、有章可循,划清了企业和消费者的责任与义务,起到了保护消费者合法权益,维护公共安全与公众利益的积极作用。❶缺陷汽车产品召回制度的成功实施可以最大程度地消除数量庞大的缺陷汽车存在的安全隐患,从而直接避免汽车缺陷进一步发生及所带来的更多人身、财产损害,维护了公众利益。❷

第二,规范汽车行业的市场秩序和结构。政府作为公共事务的管理者

---

❶孙波. 汽车召回制度实施3周年工作报告 [J]. 世界标准信息,2007 (12):10-15.
❷陆正方. 中国汽车企业应该正视汽车召回 [J]. 消费经济,2004 (3):31-33.

和公众利益的代表者必须采取有效措施,对竞争性领域进行规范。❶建立缺陷汽车产品召回制度可以促进企业间的公平竞争,维护正常的市场秩序。缺陷汽车产品召回制度可以促进企业加强质量管理,从而为国内大中型汽车企业发挥竞争优势,为促进汽车产业健康发展提供前提条件。中国大部分整车生产企业都采用多家零部件厂商供货的方式,零部件厂商不得不进行多品种小批量生产,因此难以运用先进技术与现代化的管理模式,形成大规模的集约化生产。这不仅增加了生产的成本,而且零部件产品质量也得不到保证,从而增加了产品缺陷出现的概率。《缺陷汽车产品召回管理规定》的实施推动了企业采取扩大生产规模,降低生产成本等措施,进而推动企业兼并重组,规范行业结构,优化资源配置。❷

第三,转变政府对微观市场的监管职能。对缺陷汽车产品召回的管理是政府对微观市场的监管,对缺陷产品召回的行政管理介于政府经济管理职能和社会管理职能之间,转变监管职能要做到以监督为主,管理为辅。在规范市场经济秩序的同时,促进企业之间的公平竞争,让市场机制充分发挥市场调节作用;监督企业的召回活动,促使企业实施缺陷产品召回,消除缺陷产品对公众的威胁与危害,保护公众的权益;运用世贸组织的有关规则,制定符合国民待遇原则的行政管理制度,提高中国产品的国际竞争力,维护国家利益。转变政府职能是中国继续深化改革、建立和完善适应市场经济条件下的行政管理体制的必然要求,而实施缺陷汽车产品召回制度正是政府部门转变职能,加强对涉及人身安全和财产安全的公共事务进行管理的具体体现。❸

第四,促使汽车企业从源头抓产品质量。随着中国汽车保有量的持续增加,发生交通事故的概率也在不断增长,这不仅因为汽车的使用频率越来越高,更因为中国当时有的汽车产品质量较国外发达国家落后,有的技

---

❶赵宏春. 缺陷产品管理:产品安全管理制度的核心 [J]. 世界标准信息,2007(5):1,12-21.

❷郑卫华,等.《缺陷汽车产品召回管理规定》应稳步推进 [J]. 汽车工业研究,2007(6):28-31.

❸夏文俊. 缺陷汽车产品召回管理规定出台 [N]. 中国质量报,2004-03-16(1).

术标准低于国外先进标准。政府通过建立缺陷汽车产品召回制度能够促进制造商提高设计水平、制造水平和售后服务水平。《缺陷汽车产品召回管理规定》给汽车企业设定了对产品缺陷的注意义务、报告义务和处理义务等，促使企业进一步重视产品的安全性能，完善产品由设计到制造的质量管理体系，提高产品技术标准，强化产品安全意识。企业随之要成立相应的召回管理机构，以应对缺陷产品的调查和召回，在产品研发中加大对安全性的资金和技术投入，重视生产过程质量控制，建立缺陷产品的追溯管理体系，完善售后服务信息系统。

第五，提升全社会尤其是企业的诚信水平。缺陷汽车产品召回制度的确立对缺陷产品监管提供了共同遵循的规则，明确了汽车企业和消费者的义务与权利。汽车企业主动报告和召回缺陷汽车产品是对消费者、对社会负责任的体现，这对于提升全社会的诚信水平起到了积极的推动作用。从已实施缺陷汽车产品召回制度多年的欧美国家来看，汽车企业实施缺陷汽车产品召回，特别是企业对缺陷汽车产品实施主动召回不但不会影响企业在公众心中的形象，反而会提升企业的信誉，给消费者和社会留下负责守信的美名。这种行动的带动和辐射作用可以影响整个汽车行业，甚至带动全社会诚信水平的提高。

第二节　外国企业对中国缺陷汽车产品召回制度的反应——以丰田汽车"召回门"事件为例

中国开始实施缺陷汽车产品召回制度后，由于制度是以部门规章的形式出台，强制约束力不足，在实践中有的汽车企业并未立即接受和顺应新的制度安排。有的外国汽车企业利用在国际市场经常实施召回的丰富经验，一边通过"召回作秀"来树立企业形象，同时又极力规避实质性的召回以减少企业损失。回顾丰田汽车"召回门"不难发现，此时的中国缺陷汽车产品召回制度仍未充分发挥效力。

一、还原丰田汽车"召回门"事件

2009年,丰田汽车陷入全球规模的召回危机,这次全球范围的"召回门"事件是因美国的雷克萨斯(丰田旗下品牌)轿车"脚垫门"事故而起,后来又牵扯到了油门踏板的设计缺陷等诸多问题。丰田汽车自2009年秋开始至2012年,因"脚垫门""踏板门""加速门"等一系列缺陷问题在全球累计召回上千万辆汽车,创下了世界汽车召回史的纪录。当丰田汽车"召回门"事件波及中国时却发生了变化。丰田汽车于2009年和2012年在华进行了两次大规模召回,然而召回的原因并不同于其在美国因汽车刹车、加速踏板故障等严重的缺陷问题,而是由于汽车电动车窗这类小问题。不仅召回的原因与美国不同,召回的规模也明显变小。这不免会让人质疑,为何丰田汽车在华实施"中外有别式"的召回?因此有必要深入分析丰田汽车"召回门"事件,从中探查缺陷汽车产品召回制度功能失效的原因所在。

(一)美国的丰田汽车"召回门"回顾

2009年7月24日,丰田汽车北美公司的前雇员迪米特斯·比勒(Dimitrios Biller)指控丰田汽车公司隐瞒、销毁了许多缺陷信息,销匿丰田汽车在工程设计和安全测试中的违规行为来逃避法律的制裁。这些被藏匿的信息涉及300余起丰田汽车翻车致伤、致死的事故。正当丰田汽车公司疲于应付比勒诉讼案时,美国加利福尼亚州圣迭戈市的高速公路上发生了一起严重的交通事故。一辆丰田雷克萨斯ES350型轿车失去控制后冲出了道路护栏,车上4人全部遇难,而这辆车的驾驶员马克·塞勒(Mark Saylor)是一名公路巡警,这让人们更加质疑丰田汽车的安全问题。比勒诉讼案和塞勒事故作为丰田汽车"召回门"事件的导火索,在全美产生了巨大影响,并且引爆了其后发生的一系列丰田汽车召回事件。❶

美国政府就此展开了有史以来对汽车厂商为期最长、最为严格和彻底的调查。美国高速公路交通安全管理局全面介入丰田汽车的缺陷调查。在

---

❶ 金圣荣. 谁想干掉丰田?美国式阴谋伏击的真相[M]. 北京:新世界出版社,2010:102-104,122-125.

美国高速公路交通安全管理局的催促下，丰田汽车于 2009 年 10 月 5 日召回了脚垫存在问题的 380 万辆丰田汽车和雷克萨斯汽车，11 月 25 日召回范围进一步扩大至 427 万辆缺陷汽车。2010 年 1 月 21 日丰田汽车又宣布召回 7 款油门踏板存在问题的车型共计 223 万辆，当月 27 日还宣布补充召回 5 款车型共计 120 万辆，并暂停销售在美国召回的车型。2010 年底，丰田汽车因行车制动系统问题陆续召回了 9 款丰田和雷克萨斯车型。2011 年，丰田汽车再次因油门加速踏板问题召回丰田和雷克萨斯多款汽车达 217 万辆。2012 年 6 月 29 日，雷克萨斯汽车又因脚垫干扰油门踏板问题再次召回了 15.4 万辆缺陷汽车。❶ 从 2009 年至 2012 年，丰田汽车在美国累计召回数量超过 1000 万辆，丰田汽车因"召回门"事件陷入了前所未有的危机。与此同时，丰田汽车的召回危机还逐步扩散到了欧洲、亚洲、拉美等地的市场，丰田汽车在全球范围的"召回门"事件大规模爆发。

（二）中国的丰田汽车"召回门"事件回顾

2009 年 8 月，丰田汽车由于电动车窗缺陷在中国召回了 4 款车型，涉及车辆共计 68.8 万辆。此次召回的汽车数量超过了丰田之前 5 年内在中国召回的汽车总量，这在当时也成为中国汽车市场规模最大的一次汽车召回。丰田汽车这次召回的汽车数量占 2009 年中国汽车召回总量的 52.8%。2009 年，丰田汽车在中国产销量分别为 60 万辆和 71 万辆，而当年召回汽车总量高达 99 万辆，这意味着丰田汽车在中国的产销量远不及当年的召回数量多。

2012 年 10 月，丰田汽车再次因电动车窗问题在中国实施大规模召回。丰田汽车公司首先因电动车窗开关卡滞问题，在日本召回 6 款缺陷车型，约计 46 万辆汽车。随后，丰田汽车在全球范围内召回缺陷汽车达到 743 万辆，这是继 2010 年丰田因油门踏板在全球召回 850 万台之后的历史第二大规模召回，也是丰田汽车在全球单次召回数量最多的一回。丰田汽车此次全球召回中在中国市场就召回了近 140 万辆缺陷车型，又创造了中国汽车市场单次召回数量的最高纪录。2012 年，丰田汽车在中国的产销量均出现负增长，

---

❶具体情况参见附录 2。

仅为 75 万辆和 84 万辆，而丰田汽车在中国全年召回的汽车数量是 158 万辆，达到了汽车产量的两倍（见表 3.1）。

表 3.1　2008—2012 年丰田汽车在中国年产销量

年份	产量/万辆	产量增幅/%	销量万/辆	销量增幅/%
2012	75	-6.34	84	-4.87
2011	81	4.34	88	4.37
2010	77	28.41	85	19.32
2009	60	9.02	71	21.20
2008	55	23.74	59	17.23

数据来源：丰田汽车官方网站［EB/OL］.（2013-01-07）［2022-04-22］. http://www.toyota.com.cn/mediacenter/show.php?newsid=4732.

从 2009 年至 2012 年，丰田汽车在中国共实施召回 25 次，召回缺陷汽车达 289 万辆之多，而同期丰田汽车在中国市场销量也不过 328 万辆。丰田汽车在华实施大规模召回期间，平均每年的召回数量约 72 万辆，平均每年召回 6 次以上，几乎涉及在华销售的全部车型。如此频繁且大规模的召回，导致消费者对丰田汽车的质疑声此起彼伏。社会舆论普遍认为，丰田汽车在中国的大多数召回是在"走形式、做样子"，有通过召回"作秀"的嫌疑。丰田汽车在中国的两次大规模召回均是因电动车窗缺陷而起，并非因在美国市场出现的油门踏板和刹车问题，所以丰田汽车在中国的召回有避重就轻之嫌。从丰田汽车在全球的召回情况能发现：从 2009 年 10 月至 2010 年 2 月，丰田汽车因油门踏板和制动系统故障等问题接连在全球召回上千万辆缺陷汽车，涉及十多款车型，而在中国市场只召回了一款车型，其他车型均未涉及。丰田汽车因油门踏板问题在中国召回的汽车数量和车型种类是所有国家中最少的，与丰田汽车在美国的召回规模相比根本不在同一级别（见表 3.2）。

第三章 制度初创
——中国缺陷汽车产品召回制度的确立

表 3.2 丰田汽车"召回门"在全球主要国家和地区的召回情况

时间	国家/地区	数量/万辆	涉及车型	召回原因
2009-10-05 ~ 2010-01-27	美国	1030	凯美瑞/卡罗拉/汉兰达/亚洲龙/普锐斯/红杉/坦途/塔库玛/威飒/RAV4/Matrix/庞蒂亚克 Vibe/雷克萨斯 ES350/IS	脚垫滑动卡住油门踏板和刹车故障等问题
2010-01-28	中国	7.6	RAV4	油门踏板故障隐患
2010-01-29	欧洲	180	Auris/Avensis/Aygo/Corolla/IQ/RAV4/Verso/Yaris	油门踏板使用不便
2010-02-05	俄罗斯	16	Auris/Corolla/RAV4/Yaris	油门踏板故障隐患
2010-02-07	日本	22.3	Lexus HS250h/Prius/Prius PHV/SAI	制动系统故障隐患

二、丰田汽车"召回门"事件的特征

2009年底丰田汽车"召回门"事件爆发后,丰田汽车在中美两国实施了截然不同的缺陷汽车产品召回行动(详见附录2"丰田汽车在中美召回对比"),主要表现为在中国召回数量少、召回时间晚、召回原因并非真正缺陷等问题。

(一)中美召回的汽车数量差异明显

丰田汽车在中美两国召回的缺陷汽车数量存在巨大差异。丰田汽车在美国因油门踏板和刹车问题共实施召回7次,因同一问题仅在中国召回了两次。丰田汽车在中国的召回规模很小,每次的召回规模最多不过几万辆,而在美国每次的召回规模都在十万辆以上。丰田汽车在中美两国的召回规模完全不在同一数量级,丰田汽车在美国召回的数量是在中国召回数量的约50倍(如图3.1所示)。

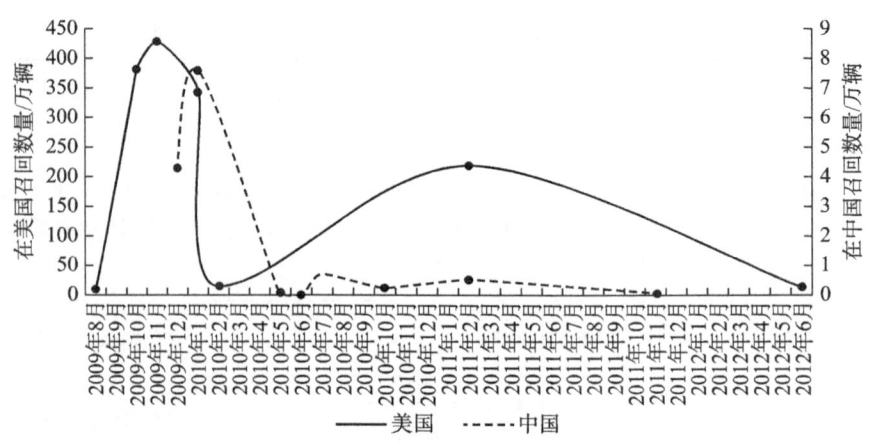

图 3.1　丰田汽车在中美两国召回数量对比

数据来源：详见附录 2 "丰田汽车在中美召回对比"。

注：线上的点表示对应时间的召回数量。

诚然，丰田汽车在美国的销量高于中国，但差距不过两三倍。丰田汽车的油门踏板缺陷虽然是在美国被发现，但是存在缺陷的车型同样也在中国销售，因此应该一视同仁全部召回，可是丰田却采取区别对待的召回策略。丰田在中美两国召回的车型种类上也存在显著差异。丰田品牌汽车在美国因刹车踏板问题涉及召回的车型共有 15 款，雷克萨斯品牌汽车有 10 款，几乎召回了在美国生产销售的所有车型。在这些车型中，凯美瑞、卡罗拉、汉兰达、RAV4 也均在中国生产和销售，可是丰田在中国却只召回了 RAV4 一款车型，一汽丰田汽车有限公司（以下简称"一汽丰田"）自 2010 年 2 月 28 日起召回 7.5 万辆 RAV4 车型，这次召回的原因与美国的丰田汽车油门踏板缺陷情况相同，这是丰田汽车因油门踏板故障隐患在中国实施的唯一一次召回。而丰田旗下雷克萨斯品牌的大多数车型均已进入中国市场，但仅有两款车型因地垫和踏板问题被召回，而且涉及数量非常少。

（二）中美实施召回的时间不同步

除了丰田汽车在中美两国召回数量上的差异外，还有一个明显的区别就是在中国的召回与美国并不同步。丰田汽车在华召回因"慢半拍"而备受舆论诟病。丰田汽车"召回门"是在全球范围内同时展开的，但在中国召回的时间与美国相比却明显滞后，中国首次召回的时间就比美国晚了将近 4 个月（如图 3.1 所示）。丰田汽车在美国的"召回门"事件主要是因脚垫卡住油门踏板问题，但在中国因这一缺陷问题就进口雷克萨斯汽车进行召回的时间要比美国晚一年多。丰田汽车召回风波在中国持续的时间也不如美国久，丰田汽车"召回门"在美国持续了 3 年时间。即便召回已完成，丰田汽车"召回门"涉及的相关诉讼和赔偿仍在继续，丰田在美国的赔偿案直到 2014 年才正式宣告结束。召回时间的长短从一定层面反映出汽车企业对中美两国市场的重视程度并不一致。丰田厚此薄彼的应对策略也源于两国政府给予其压力不同，美国对待丰田汽车"召回门"事件态度强硬，而我国则显得有些宽容，因此丰田也采取不同态度加以回应。

（三）中美召回的缺陷问题不同

丰田汽车（包括旗下雷克萨斯品牌）"召回门"事件，在中美两国实施召回时公布的缺陷问题原因并不相同。丰田汽车在美国召回，主要是因为脚垫引起的油门踏板被卡住等缺陷问题；而在中国仅有两次召回是因为油门踏板故障，其余召回则是因为其他缺陷问题，包括电子车窗升降装置、制动泵、发动机、转向装置、机油软管漏油等。令人不解的是丰田汽车在美国召回的车型均是因为油门踏板故障这一缺陷问题，但在中国的每次召回均是由不同缺陷问题引起。一样的车型却因不同的缺陷问题召回，带来的结果必然不一样。丰田因"召回门"事件在美国实施大规模召回后，为车主提供了巨额赔偿和上门召回等多项服务，如果以同样缺陷问题在中国实施召回，也必须向中国消费者提供同等的待遇。但是其他缺陷问题，尤其是以美国市场并无先例的缺陷为由实施召回，中国消费者则无法对缺陷带来的损害和赔偿问题做出比较，丰田便在召回活动中占据了主动，这样可以节省召回成本并且逃避赔偿责任。虽然中国并非雷克萨斯汽车的主要销售市场，但是在美国发生车祸的雷克萨斯 ES350 款车型在中国同样有售。2009 年 12 月 30 日丰田在中国召回这款车型时（参见附录 1），召回原因并不是脚垫引发的油门踏板故障而是发动机故障，有观点认为丰田是在实施隐性召回。[1]

三、对丰田汽车"召回门"事件的评价

(一) 丰田利用主动召回向中国示好

主动召回本是态度积极的汽车企业对消费者负责任的表现。丰田汽车在中国市场的主动召回较为常见，然而让人困惑的是：为什么在中国召回最多的丰田汽车依然受到社会舆论的诸多诟病？原因在于丰田汽车召回的动机不纯，召回往往不是基于保护消费者安全的目的，而是为了企业自身利益。丰田试图通过实施主动召回和中国"交好"，以稳固其在中国市场岌岌可危的地位。2012年，受钓鱼岛事件影响，日本汽车在中国的销量急剧下滑。丰田作为日本第一大汽车公司当然也难以幸免，在中国的汽车产销量首次出现负增长。鉴于此，以丰田为首的日本汽车企业开始极力讨好中国，期望获得更多的支持，力保在中国汽车市场的地位。中国政府鼓励汽车企业主动实施召回，因此丰田积极响应刚出台的汽车召回制度新规，有意选择2012年10月10日国务院通过《缺陷汽车产品召回管理条例》这一天宣布在华实施汽车召回，丰田明摆着是在"作秀"。因为从2009年开始，丰田以各种借口拒绝在华召回已在美国"召回门"事件中被召回过的缺陷车型，可无关紧要的电动车窗问题却总是成为丰田汽车召回的"噱头"。在全球范围内的同步召回也唯独不包括中国，后来在中国政府的主动干预下，丰田才向国家质检总局递交了召回报告，象征性地召回了几千辆缺陷汽车。如此轻描淡写的召回，丰田只有一个目的：为了迎合中国市场，给官方一个交代而已。

(二) 丰田通过选择性召回安抚中国消费者

这里的选择性是指当企业发现产品存在系统缺陷后，在成本分析的基

---

[1] 隐性召回一般表现为：汽车生产营销商在车主做汽车保养时将汽车缺陷一并解决，当消费者主动提出汽车存在缺陷时给予修理或更换零件，以及开展对汽车售后免费维修等活动。

第三章 制度初创
——中国缺陷汽车产品召回制度的确立

础上选择是进行召回还是隐瞒真相；如果属于简单问题，召回成本低，则企业会实施召回程序；如果属于严重问题，召回成本过大，解决起来困难，甚至无法解决，则企业就往往会隐瞒真相。❶ 中国是丰田汽车第二大海外市场（第一是美国），同时也是全球增长最快的汽车市场，即使丰田作为全球头号汽车制造商也不敢轻视中国市场。丰田在华实施"中外有别式"的召回，实际在损害中国消费者利益的同时，也令自己的品牌声誉受到影响。主动召回通常证明企业能够关注产品的质量及其给消费者带来的实质性影响，并借此获得公众的信任和好感，提升市场形象和竞争力的愿望。丰田想采取这种策略，通过实施选择性的主动召回来安抚人心，试图挽回中国消费者的信任。丰田在美国因油门踏板缺陷问题实施大规模召回的同时，也不失时机地在中国实施了两次小规模的召回。在美国"召回门"事件影响下，丰田开始了全球范围的大规模召回，并最先在中国和欧洲两大市场展开。时隔一年之后，美国再次因地垫卡住油门踏板的问题而召回，中国官方要求丰田采取一视同仁的态度对待中国市场，丰田积极回应并在中国实施了召回。不过，这两次召回的规模与美国以及其他地区相比都要小很多，丰田只是为了平息中国消费者的不满情绪而实施选择性召回，并非为了真正解决缺陷问题而实施全面召回，所以这两次召回的成效甚微。

（三）丰田采取避重就轻的召回原则防止事态扩大

丰田在美国大规模召回的同时，为了表示对中国市场的重视，也在中国同步实施过大规模召回。但是，丰田汽车在美国出现的严重缺陷到了中国就销声匿迹，取而代之的是其他无关紧要的瑕疵问题。比如丰田汽车在中国总是因为电动车窗这类小问题进行召回，而在美国则是因为油门踏板卡死、刹车失灵等汽车动力系统导致的严重缺陷问题。普通消费者并不清楚这之间的差异，汽车动力系统故障很容易导致交通事故并引发人员伤亡，因此属于严重故障；而电动车窗问题严格意义上说并不属于涉及汽车安全性能的缺陷问题，只属于一般质量问题。既然丰田在美国已经发生了油门

---

❶王立志. 缺陷汽车产品召回制度研究 [J]. 当代经济管理, 2007 (5): 33-35.

踏板故障导致的严重事故,就说明油门踏板的设计、制造、测试等环节可能存在缺陷,为了避免缺陷导致更严重的后果,在全球市场实施一视同仁的召回是十分必要的。而丰田利用与消费者之间的信息不对称,假借其他细小问题实施缺陷召回,然后对严重缺陷问题进行排查,以达到消除汽车安全隐患的目的。美国的塞勒事故中,肇事车型雷克萨斯ES350在中国被召回时则声称是因为发动机问题,这与美国因脚垫卡住加速踏板而无法回位的缺陷问题并不一致。由于汽车企业的召回不透明,汽车被召回后做了怎样的维修处理消费者也不得而知,因此丰田很有可能是以莫须有的缘由召回存在严重缺陷的汽车,然后在消费者毫不知情的情况下进行维修处理,从而达到免于赔偿、节省召回成本的目的。只要丰田在中美召回的汽车缺陷问题不同,中国消费者就无法获得与美国车主同等的待遇,丰田也就不会像在美国那样承受巨额赔偿的压力。

(四) 国家监管部门的仓促应对

丰田对美国毕恭毕敬,但对中国消费者却很是怠慢,不仅要求车主自行到指定地点维修,而且不提供交通费、租车费等任何补偿。丰田"召回门"事件爆发后,国家质检总局发布了一则丰田汽车召回警示通告,在丰田总裁丰田章男表示将赴美出席国会听证会后,中国的产品质量监管部门就丰田汽车的突然加速安全隐患首次发声:2010年2月22日,国家质检总局发出《关于丰田汽车公司部分车型加速踏板和制动系统缺陷的风险警示通告》(总局2010年第1号风险警示通告)。风险警示通告的内容主要涉及三方面:第一,通告使用了丰田缺陷车型的消费者,尽快与丰田授权服务中心联系,以确认是否在召回范围;第二,敦促丰田汽车及旗下的雷克萨斯品牌的生产商和进口商进一步采取措施,按照中国法律法规履行相应义务,切实保障消费者安全;第三,告知广大丰田及雷克萨斯品牌汽车的车主如发现车辆加速踏板和制动系统的功能异常,应向当地出入境检验检疫机构和国家质检总局缺陷产品管理中心反映有关情况。

丰田章男在结束了尴尬的美国之行后并未回日本,而是直接到中国举行记者见面会,继续丰田的第二场海外危机公关。原以为丰田章男满载诚意而来，结果他没有给中国消费者一个满意的答复。2010年3月1日，丰田汽车在北京召开质量说明会，丰田章男向中国消费者鞠躬致歉，表明自己此行的目的是说明情况以使中国消费者安心。丰田章男表示，丰田汽车在全球召回主要有三种情况：一是脚垫问题，主要涉及美国与加拿大地区，而中国因没有使用相同脚垫，故不受此影响；二是油门踏板问题，因油门踏板复位缓慢或不能完全复位在中国召回了7.5万辆RAV4，将根据中国政府的有关规定采取召回措施；三是制动系统，主要涉及混合动力车型的防抱死制动系统问题，但中国并没有使用相同制动程序，因此不在召回之列。❶ 在这三个原因中，有两个是中国没有的，也就是说中国除RAV4以外不需要召回其他车型。丰田章男表示会按照所在国法律来履行对消费者的义务和责任，言下之意中国法律没有对赔偿的相关要求，因此丰田不会主动补偿中国消费者。

（五）地方监管部门的积极应对

丰田在中国召回的RAV4汽车中，有1/10来自浙江省。于是，浙江省工商行政管理局和消费者权益保护委员会启动了"丰田问题汽车消费维权行动"，集中向一汽丰田提出了五项要求：①制定时间表；②主动上门召回；③提供代步车；④允许全额退还订金；⑤补偿经济损失。这一举措并非无章可循，而是有相关立法依据的，《浙江省实施〈中华人民共和国消费者权益保护法〉办法》中规定，汽车被列入"三包"范围，因此汽车经营者应当上门服务或者负责运送，否则经营者应承担运输费、误工费、差旅费等合理费用。丰田章男在北京的记者招待会上声明会按照所在国的法律来履行对消费者的义务和责任，故而面对浙江省消费者提出的维权要求就不能自食其言。

在国家质检总局发出风险警示通告后，丰田汽车公司并未采取进一步措施来履行保障消费者权益的义务，因此浙江省工商行政管理局敦促其加快对浙江省RAV4问题车辆的召回处理进度，并且先后两次约谈一汽丰田汽

---

❶丰田章男社长发言稿[EB/OL].（2010-03-01）[2022-04-22].http://www.toyota.com.cn/mediacenter/show.php?newsid=450.

车销售有限公司。2010年3月22日，一汽丰田汽车销售有限公司副总经理永江秀久率团赴杭州，与浙江省工商行政管理局的相关负责人进行了谈判。这是丰田汽车公司在中国召回RAV4车型以来，第一次跟中国官方公开交涉召回补偿问题，此前丰田章男在北京的记者见面会上并无监管部门的人员出席。2010年3月29日，丰田汽车公司与浙江省消费者权益保护委员会签署协议，承诺根据浙江省相关地方性法规的规定，对浙江省工商行政管理局提出的要求表示接受，并给予了RAV4汽车车主经济损失补偿。❶ 经过一个月的交锋，浙江省投诉丰田的RAV4消费者最终获得了误工费、汽油费补偿和一汽丰田特约店提供的人均300元的消费券。中国消费者第一次从汽车厂商手中拿到了召回补偿，这也成为汽车召回补偿在中国的首个成功案例。

第三节 中国企业对国外缺陷汽车产品召回制度的反应——以澳大利亚"石棉门"事件为例

加入世贸组织后，中国产品的出口规模逐渐扩大。不过中国产品要得到国际市场的认可，必须接受成熟市场的检验。以往，中国产品多是出口到亚非拉等经济不发达地区，随着中国制造业能力的提升，中国产品开始逐步向市场经济较为成熟的国家和地区出口，汽车产品亦是如此。进入21世纪后，中国汽车已经出口到诸如澳大利亚这样的发达国家。然而，有的中国自主品牌汽车在澳大利亚也出现了召回，尤其是在澳大利亚监管部门的强势介入下，召回汽车企业陷入被动局面。导致这种局面出现的原因主要是：中外汽车标准的差距和制度环境的差异，以及监管者对待中国自主品牌汽车的态度。下面以中国自主品牌汽车在澳大利亚遭遇的"石棉门"事件为例，分析中国汽车企业应对国外缺陷产品召回制度的实际状况。

---

❶ 崔艳. 地方立法对峙"丰田"[J]. 浙江人大，2010（6）：22-24.

一、还原澳大利亚"石棉门"事件

2012年下半年,中国的三家自主品牌汽车生产企业——长城汽车股份有限公司(以下简称"长城")、奇瑞汽车股份有限公司(以下简称"奇瑞")、吉利汽车有限公司(以下简称"吉利")相继因"石棉超标"问题在澳大利亚实施了汽车召回。中国自主品牌汽车因同一缺陷问题在海外市场遭遇集体召回尚属首次,有关中国自主品牌汽车质量低劣的议论甚嚣尘上,引起了国内外的广泛关注。这次召回也因此成为中国自主品牌汽车在海外市场遭遇汽车召回最为集中、最具代表性的典型案例。

2012年8月15日,澳大利亚竞争与消费者委员会发布了长城、奇瑞在澳大利亚销售车型的发动机和排气系统垫片内含有少量石棉的警示公告。由于石棉被国际癌症研究中心列为致癌物,因此从2004年起澳大利亚就禁止进口或使用石棉。澳大利亚竞争与消费者委员会责成长城和奇瑞对含有石棉物质的产品实施召回。长城和奇瑞此次一共召回了约2.4万辆含有石棉的问题车型,其中长城召回了5款车型共约2.15万辆,奇瑞召回了两款车型共计2445辆。

长城汽车和奇瑞汽车遭遇召回后仅过了3个月,吉利汽车又步后尘,成为第三家在澳大利亚因为石棉问题召回的中国自主品牌汽车。2012年11月29日,吉利汽车被发现在发动机中采用了石棉材料,因此召回超过300辆已经售出的问题车型,以及若干辆仍在经销商处未出售的同款车型。

在这次连锁召回事件中,吉利和奇瑞两家中国汽车企业实施召回的规模并不是很大,因此相应的处置也较为容易。吉利受召回影响的汽车数量最少,仅为几百辆,在处置召回车型时采用了最为简单和节省成本的方式即加贴标识,只在需要替换部件时才将含石棉部分撤下或更换,因此受召回影响的经济损失最小。奇瑞声称由于配送错误,导致含有石棉的零部件被误装到了销往澳大利亚的产品批次中,但好在涉及数量不多,仅为两千余辆,因此在澄清事实后及时更换了含有石棉的零部件,很快便解决了问题,所以也未对问题车型在澳大利亚的销售产生太大影响。

在"石棉门"召回事件中,受影响最为严重的当属长城汽车。2012年度长城向澳大利亚出口的汽车已达上万辆,"石棉门"事件出现后,长城汽车对澳大利亚的出口在短期内受到了明显的影响,长城发布召回消息后股价大跌。造成这一结果的主要原因有以下几点:首先,长城汽车作为最早登陆澳大利亚的中国自主品牌汽车,当时已在澳大利亚汽车市场销售了三年多时间,并在澳大利亚拥有数万名客户,其品牌影响力是这三家中最大的,遭遇召回后对其声誉产生的不良影响也最大;其次,长城汽车对石棉的依赖度较高,因此实施召回后需要更换大量的零部件,产生的人工费用和配件费用相当高;最后,也是最为重要的原因,长城此次涉及召回的车辆达到两万多辆,已属中国自主品牌汽车在海外遭遇的较大规模召回,基本涉及长城汽车在澳大利亚销售的所有车型,这对还在澳大利亚拓展市场的中国自主品牌汽车而言是一次严峻考验。

二、澳大利亚"石棉门"事件的特征

中国自主品牌汽车在澳大利亚被召回,引起了业内人士的争论,主要争论的焦点是导致这次召回的责任应归咎于中国还是澳大利亚。具体来说,一个争论的焦点集中在澳大利亚是有意给中国自主品牌汽车设置障碍导致了这次召回,还是中国与澳大利亚的汽车召回制度存在的差异诱发了此次召回。产生争论的另一个分歧是致使召回的责任主要归咎于中国汽车企业还是归咎于中国汽车行业,究竟是因为中国汽车企业的实力不济导致产品质量跟不上国际水平,还是由于中国的行业技术标准落后拖累了自主品牌汽车企业。

(一)中国自主品牌汽车在国内召回的缺失

2004年至2012年,中国汽车市场召回次数最多的是进口汽车,召回次数一共达到了325次(见表3.3)。进口汽车召回频繁主要是因为外国汽车品牌按照国际市场规则统一实施召回,只要在任何一个国家或地区出现召回,那么汽车企业必定对涉及缺陷的同种车型进行全球召回,这是大型国际汽车企业的一贯做法。中国汽车市场上的进口汽车总量虽不是很多,但是汽车品牌种类繁多,因此只要有召回必将受到影响。从召回的数量上看,中国汽车市场上召回总量最多的是合资汽车。由于中外合资汽车企业的规

第三章 制度初创
——中国缺陷汽车产品召回制度的确立

模庞大，其年产销量已经超过自主品牌汽车，达到了市场份额的一半以上，因此合资汽车数量的基数较大。与此同时，中外合资品牌中的外资成分对召回的影响较大，中国生产的合资汽车往往在国外都有同类车型，一旦国外出现汽车召回，不仅国内汽车市场的进口汽车要召回，同品牌类型的合资汽车也可能会召回。

表 3.3　2004—2012 年中国各品牌属性类型的汽车召回统计表

年份	自主品牌汽车		合资汽车		进口汽车	
	召回次数/次	召回数量/辆	召回次数/次	召回数量/辆	召回次数/次	召回数量/辆
2004	0	0	6	298 312	9	37 412
2005	1	18 673	3	8 031	23	31 121
2006	2	4 066	12	275 191	27	56 886
2007	1	115	14	599 710	16	5 386
2008	5	48 917	12	436 906	30	52 797
2009	9	40 651	19	1 239 147	28	81 468
2010	2	9 067	30	989 296	92	182 831
2011	4	12 034	20	1 699 556	47	115 667
2012	7	341 793	55	2 676 212	53	395 746
总计	31	475 316	171	8 222 361	325	959 314

数据来源：国家质检总局缺陷产品管理中心. 汽车产品安全与召回技术研究报告（2012 年）[M]. 北京：中国标准出版社，2013：4, 17.

中国自主品牌汽车召回较少有一定客观原因，比如自主品牌汽车单一车型的产销量比合资车少，而车型种类又没有外资车型多，因此自主品牌汽车召回很难成规模。但是，在 2012 年以前中国自主品牌汽车的产销量并不落后于合资汽车，两者所占的市场份额一直是平分秋色，也就是说汽车的生产销售规模相当，本不应在汽车召回的规模上体现出如此大的差异。中国加入世贸组织后，采取用市场换技术的策略来提升中国汽车的质量水平，结果汽车市场逐步开放并且日渐沦陷，而自主品牌汽车的技术水平却未得到明显提升。自主品牌汽车在国内的召回缺失是其质量不能有效提升的一大制约因素，不召回并不代表不存在缺陷，这种做法如不严加制止，后果将更加严重。有的自主品牌汽车不敢正面进行召回，而是通过免费提供维修服务等方式解决汽车缺陷问题。

(二) 中国自主品牌汽车在国外"主动召回"

澳大利亚是中国汽车出口海外市场中规模最大的发达国家，因此最先成为中国汽车在海外实施召回的战场。其实，中国自主品牌汽车进入澳大利亚的时间并不久，长城2009年最先进入，奇瑞和吉利都是2011年才进入。"石棉门"召回事件是澳大利亚分别对长城汽车的第4次召回，对奇瑞汽车的第3次召回和对吉利汽车的第2次召回，也就是说中国自主品牌汽车之前已经在澳大利亚实施过召回，并且这三家汽车企业在澳大利亚召回的次数已经快赶上在国内十年召回的次数了。这三家汽车企业在澳大利亚的销量并不多，但在国内年销量均在十万级规模。为何中国自主品牌汽车在国内不召回，而到国外却如此频繁地召回？其中既有制度影响的因素也有企业自身的诉求。

澳大利亚是世界上较早引入缺陷产品召回制度的国家。1974年颁布的《联邦贸易实践法》奠定了澳大利亚缺陷产品召回制度的法律基础，随后汽车召回制度便在该国实施，可以说澳大利亚的汽车召回制度已较为完备。澳大利亚的监管机构执法严明、工作到位，在"石棉门"召回事件中，海关和边境防卫部门发现石棉物质后立即通报了澳大利亚竞争和消费者委员会，在详细调查和检测后，澳大利亚当局才做出最终裁定，确认长城等中国自主品牌汽车零部件中所含石棉甚微。虽然，国内舆论认为澳大利亚政府在有意设置技术壁垒，而澳大利亚社会舆论则认为对中国汽车企业的处罚不够。不管怎样，澳方的监管工作做得缜密到位且不失公允，中国汽车企业及时开展主动召回的积极态度也得到了澳大利亚政府的认可。因此，严格的缺陷汽车产品召回制度和监管实施机制是长城等中国自主品牌汽车能够在国外主动召回的重要前提。

另外，澳大利亚汽车市场的生态环境使得所有汽车企业不得不积极履行主动召回缺陷产品的义务。制度经济学家诺思曾说过："在当代西方世界，是正式的法律与产权为生活和经济提供了秩序。然而正式规则，即便

第三章 制度初创
——中国缺陷汽车产品召回制度的确立

是在最发达的经济中，也只是型塑选择的约束的很小一部分，而非正式约束的普遍存在才是起支配作用的。"❶ 因此，在发达国家能够促进汽车企业主动召回的约束更多的是源自非正式规则，这主要包括人们（以及组织）的行事准则、行为规范以及惯例等。澳大利亚制造业工人联盟等行业协会及社会组织对此次"石棉门"召回事件进行了很好的监督，并且澳大利亚汽车社会整体的成熟环境能够对约束企业重视社会责任和培养诚信意识发挥潜移默化的作用。因此，澳大利亚各大汽车企业均已形成了主动召回的行为习惯，这也是促成中国自主品牌汽车能在国外主动召回的另一诱因。

（三）中澳缺陷汽车产品召回制度的差异

长城等中国自主品牌汽车因石棉问题引起的召回，还造成了一系列连锁反应：不仅在海外市场出现销量下滑，还引发了在国内市场的信誉危机。澳大利亚召回的车型在国内同样有售，然而相同车型在国内却未被召回，不免让中国消费者对这些品牌汽车的安全担忧，同时产生不满情绪。企业应本着对消费者一视同仁的态度，不管在国外市场还是在国内市场，都应该主动对问题车辆进行排查并采取召回措施，更换处理含有缺陷问题的零部件。从汽车市场成熟程度看，澳大利亚与欧美国家近似，从制度层面上看，所有汽车企业必须恪守制度法规，否则必将受到监管部门的严惩，中国汽车企业唯有适应当地市场的制度规则才能得以生存。

三、对澳大利亚"石棉门"事件的评价

（一）中国汽车行业监管部门与长城等自主品牌汽车企业的责任

从长城等中国自主品牌汽车在澳大利亚遭遇的"石棉门"事件看，行业监管部门与长城等汽车企业都对此次召回事件负有一定责任，但在争论谁的责任更大时，首先应明确一个前提——汽车产品缺陷由谁来监管。在国内汽车市场，如果汽车产品含有致癌物质导致消费者生命健康安全受到

---

❶ 诺思. 制度、制度变迁与经济绩效 [M]. 上海：格致出版社，上海三联书店，上海人民出版社，2014：50-51.

威胁，那么政府作为监管者没能有效实施监管属于失职行为。当然企业同样有义务保证产品安全，但由于中国当时没有设立相关强制性安全标准，因此主要责任在监管部门；在国外汽车市场，澳大利亚竞争与消费者委员会作为澳大利亚监管缺陷汽车的主体，发现长城等中国自主品牌汽车含有致癌物质，违反了当地的相关法规，因此发出公告警示相关企业。这说明澳大利亚竞争与消费者委员会监管到位，毕竟这条禁令不是只针对长城等中国汽车产品。这时承担主要责任的不是中国相关监管部门，而是相关中国汽车企业。中国自主品牌汽车企业在进入澳大利亚市场时应该充分了解该国的制度标准，中国相关监管部门并没有义务为企业做这项工作，尽管中国技术标准与澳大利亚技术标准存在差距是不争的事实，但企业更应充分认识到这一点，主动提升企业标准，积极向发达国家的标准看齐，与此同时带动中国汽车行业标准乃至国家标准的提升。由此可见，这次澳大利亚"石棉门"事件，相关中国汽车企业责无旁贷，但是中国相关监管制度也有待完善。

中国在加入世贸组织后，政府职能发生巨大转变，政府把原本属于市场的职能归还给企业和行业，尽量以服务市场为主而非对市场进行过多的行政干预。比如汽车技术标准问题，按照各国通例和中国相关制度的规定，企业标准应该是最为先进、全面和严格的，要高于行业标准；行业标准是进入市场的一道专业门槛，要高于国家标准；而国家标准则是涉及人身安全、环境保护等因素的重要指标，属于强制性的基础标准。中国企业在国际市场与外国企业竞争时，技术、产品仅仅符合中国的国家标准和行业标准是不行的，必须制定更高规格的企业标准，在企业标准发展的同时带动行业标准和国家标准共同进步。而不是像此次事件，出口产品执行的企业标准还不及发达国家的国家标准。只有意识到这一点，长城等中国自主品牌汽车才不会因标准问题被频繁召回。

（二）中国汽车行业主管部门对自主品牌汽车企业的支持有待加强

长城等中国自主品牌汽车出口到澳大利亚之后，不论销售还是服务，每一环节都受制于当地的代理经销商。在"石棉门"召回事件中，长城与奇瑞的进口代理商 Ateco 公司为了摆脱干系，首先将责任完全推卸给长城等中国自主品牌汽车，声明在开始进口长城汽车和奇瑞汽车之初，两家中国企业就曾书面保证在汽车的所有部件中不含石棉，造成一副中国自主品牌汽车自食其言、声誉扫地的局面。这一新闻还被当地媒体大肆渲染，成为诋毁长城等中国汽车质量低劣、丧失信誉的有力证据。长城汽车受召回影响最为严重，共两万多辆车涉及缺陷召回，其中好多汽车还未销售即被召回，造成新车价值折损，召回车型的销量也明显下滑。澳大利亚竞争与消费者委员会发出警示公告后，澳大利亚代理商随即暂停了所有缺陷车型的进口与销售。以上这些情况都反映出中国汽车在出口，尤其是自主品牌汽车出口的政策支持力度上仍显不足，在海外市场遇到突发事件时应对不够及时。

许多国家为了大力发展汽车工业都曾采取过高度的民族企业保护政策，诸如汽车工业强国德国、日本。德国政府曾经为了刺激汽车消费，降低甚至取消了本国汽车的相关税收。日本在第二次世界大战结束后，为了保护汽车工业，只允许技术合作，不允许外资介入，直到 1978 年才废止。中国要想实施汽车产业保护难度较大，因为当前的国际贸易都处在世贸组织体系之下，世贸组织成员国受到的约束远比过去关贸总协定时期严格。中国试图通过出台民族保护政策支持自主品牌汽车的崛起与发展，但囿于国际市场的压力，不得不三思而后行。当务之急应是制定并实施能够正确引导中国自主品牌汽车出口的国际化战略。国家主管部门应进一步规范汽车出口秩序，加强对汽车出口企业的资质管理，提高出口门槛和标准等级；鼓励中国汽车企业在海外进行收购和直接建厂，并给予必要的融资支持或政府直接参与投资；国家出面协调中国汽车企业在海外市场组建联盟，在当地建立统一的销售服务网络；政府与企业联手应对贸易摩擦，积极开展与海外市场的对话，及时化解"石棉门"这类不良影响的召回事件。中国汽车行业主管部门应积极做好舆论宣传，为中国品牌营造良好的舆论环境，提升国内外消费者对中国汽车产品的信心。

（三）中国自主品牌汽车企业的主动召回意识

2012 年 8 月，澳大利亚竞争与消费者委员会在发出警示公告后，并没有强制长城汽车和奇瑞汽车召回，其实是长城和奇瑞出于对消费者负责任的态度，对涉及石棉问题的车辆主动实施了召回。这次召回的数量相当于进口汽车代理商 Ateco 公司在澳大利亚售出的所有中国汽车总量的 89%。虽然澳大利亚当局未就进口含石棉物质的汽车产品对代理商 Ateco 公司进行处罚，但是在意识到中国汽车可能带来的风险后，汽车代理商 Ateco 公司要求所有长城汽车和奇瑞汽车的经销商停止销售受影响的车辆，建议比较易于维修的奇瑞汽车在零件调整后再销售，而让长城汽车采取遣返受影响车型的做法。澳大利亚当局发现中国汽车零部件中含有石棉物质后进行了检测和调查，最终裁定的结果是："长城和奇瑞涉案车辆中石棉含量甚微，尤其是排气管仅含有很少量的石棉物质，对于购买者的身体健康没有任何威胁，因此不需要对相关零件进行拆卸更换或其他处理，仅需要在相关汽车的发动机舱上贴上警示标签。"[1] 言下之意，可以选择较为保守且成本较低的处理方式，吉利在后来的召回中就采取了这种措施。尽管长城和奇瑞均已采取了最为安全稳妥的处理措施，以减少给消费者带来的风险，但也很难令澳大利亚全社会满意。

为了避免因召回影响长城在澳大利亚的扩张计划，长城秉承其在澳大利亚汽车市场一贯的良好表现，完全听取了汽车代理商的意见，通过代理商通知澳大利亚所有可能受影响的车主，本着对消费者负责到底的态度，为车主进行零部件更换和维修。由于长城在澳大利亚销售的所有车型均在召回之列，因此长城随即停止了向澳大利亚的汽车出口，进入澳大利亚海关的车辆也准备运回，对于已投放澳大利亚市场的汽车全部实施召回。奇瑞汽车及时更换了装配错误批次的汽车零部件，并表示对出口到其他国家的产品如有类似情况也会进行排查和处理。长城等中国自主品牌汽车是以承担不必要的损失为代价，在海外市场实施主动召回，但仍有不足的是其未对国内同类车型展开召回，理由是国内标准允许使用石棉。澳大利亚以前的法规中也没有禁用石棉的规定，但在 2004 年后提高了安全标准，长城和奇瑞均表示未来将及时参照国际最发达、最先进国家的标准进行产品的

---

[1] 王辉. 两大自主车企出口遭遇"石棉门"，[EB/OL]. (2012-08-21) [2022-04-22]. https://www.cqn.com.cn/auto/content/2012-08/21/content_301160.htm.

设计、生产和销售，以免类似情况再次发生。长城等中国自主品牌汽车因"石棉门"事件付出了惨痛教训，但是却因此培养出了主动召回的意识，这也不失为一件好事。

第四章

制度深化
——中国缺陷汽车产品召回制度的更新

从2005至2012年中国缺陷汽车产品召回制度的实施情况来看，由于部门规章的法律层级较低，强制约束力不足，而且规定适用范围仅限于汽车整车产品，仍不包括汽车零部件。因此，国家曾试图对缺陷产品召回进行"单独"立法，在经历了一些波折后并未成形，但最终以国务院行政法规的形式于2012年10月22日发布了《缺陷汽车产品召回管理条例》，巩固了中国缺陷汽车产品召回制度。本章着重论述在中国缺陷汽车产品召回制度的深化阶段，条例的制定过程。在市场监管的法治化进程中，政府监管部门对缺陷汽车产品召回的主动干预逐渐成为新常态，缺陷汽车产品召回制度的强制性特征得以彰显。本章通过两次大规模召回案例印证了上述观点及中外汽车企业因此而发生的态度转变。

第一节 中国缺陷汽车产品召回制度升级

一、中国缺陷汽车产品召回制度的实施情况

（一）《缺陷汽车产品召回管理规定》实施情况的总体分析

2005至2012年，中国一共实施缺陷汽车产品召回512次，累计召回

912万辆缺陷汽车。❶ 中国召回的缺陷汽车产品数量随着汽车产销量的增长逐年递增，尤其是在2009年中国成为全球最大的汽车产销国后，缺陷汽车召回数量急剧增多。然而，中国每年的缺陷汽车召回数量与汽车产销量相比仍显微不足道。以2012年为例，中国召回缺陷汽车341万辆，当年中国的汽车产量已达1927万辆，缺陷汽车召回数量仅占汽车产量的约18%（如图4.1所示）；与此相对的是，2012年美国召回缺陷汽车1783万辆，当年的美国汽车产量为1033万辆，缺陷汽车召回数量占汽车产量的百分比竟高达173%。由此可见，在中国汽车产销量持续增长、汽车保有量不断累增的局势下，缺陷汽车产品的出现势必会增多；随着中国缺陷汽车产品召回制度的实施，政府监管更加法治化、规范化，汽车企业实施缺陷汽车产品召回也将更加频繁，因此缺陷汽车召回次数整体应呈增长态势。参照美国汽车召回的实际情况，可以断定中国的缺陷汽车召回规模尚未达到中国汽车市场应有的数量级。

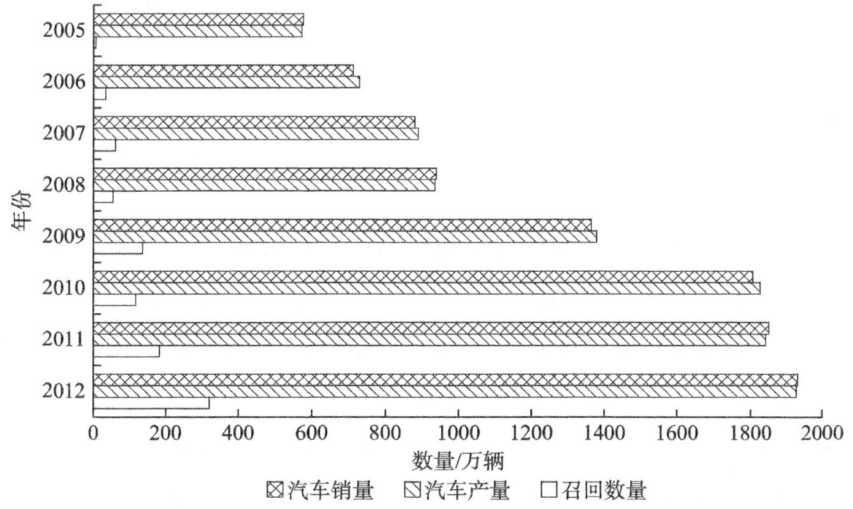

图4.1　2005—2012年中国缺陷汽车召回数量及汽车产销量对比

数据来源：国家质检总局缺陷产品管理中心. 汽车产品安全与召回技术研究报告（2012年）[M]. 北京：中国标准出版社，2013：5.

---

❶国家质检总局缺陷产品管理中心. 汽车产品安全与召回技术研究报告（2012）[M]. 北京：中国质检出版社，2013：4.

2005—2012年，中国缺陷汽车产品召回次数的增长并不是阶梯状的稳步上升，而是一种不规则的增长态势，个别年份出现了召回次数回落的情况（如图4.2所示）。这说明中国在实施缺陷汽车产品召回制度的初期，政府对缺陷汽车产品的监管并不尽如人意，而汽车产品出现缺陷这件事在一定程度上又是难以控制的，因此召回次数没有呈现出逐年递增的趋势。

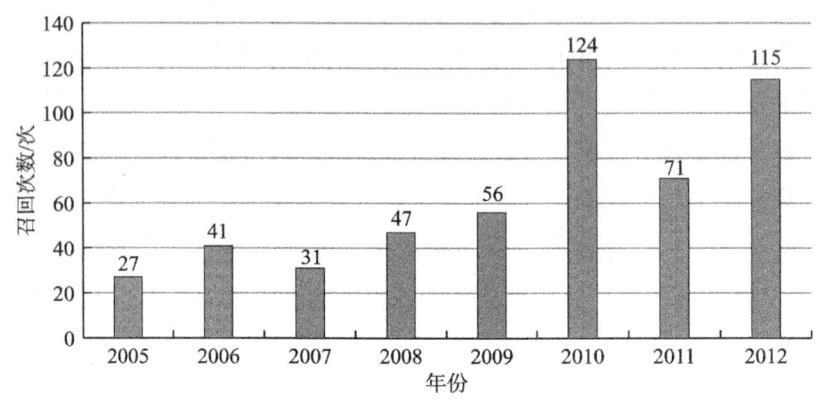

图4.2　2005—2012年中国缺陷汽车产品召回次数

数据来源：国家质检总局缺陷产品管理中心. 汽车产品安全与召回技术研究报告（2012年）[M]. 北京：中国标准出版社，2013：4.

比较召回次数和召回数量的变化趋势，可以发现两者的变化也并非完全一致——缺陷汽车产品召回数量多的年份实施召回的次数并不一定多——这是因为某年的缺陷汽车产品召回总量往往由个别大规模召回所决定，而非由召回次数所决定。比如2012年丰田在华实施了大规模召回，一次性召回137万辆缺陷汽车，就占当年中国缺陷汽车召回总量的43%，然而2012年中国缺陷汽车召回次数并不是历年最多（不及2010年）；反之亦然，2010年共实施缺陷汽车召回124次，然而当年的缺陷汽车召回总量并不是历年中最多的，明显低于2009年、2011年和2012年（如图4.3所示）。

2005—2012年中国缺陷汽车产品的召回率呈波动增长态势（如图4.4所示），其中2007年出现了一个小的峰值，这主要是因为当年本田汽车实施了一次大规模召回；2009年和2012年出现了两次较大的峰值则是因为丰田汽车从2009年起遭遇召回门事件，分别在这两年实施了大规模召回。虽然中国缺陷汽车产品的召回率总体呈上升趋势，但与发达国家相比仍有很大差距。以 2012 年为例，中国缺陷汽车召回率为 17%，而美国的缺陷汽车召回率高达 173%。由此可见，随着中国汽车工业的崛起，汽车产量已超越美国，但缺陷汽车产品的召回率却远低于美国，这反映出中国的缺陷汽车召回监管仍有不足。那么究竟是哪种品牌属性的缺陷汽车召回存在缺失？中国的汽车产品缺陷主要出现在哪里？哪些车型的缺陷较多？下文将进行具体分析。

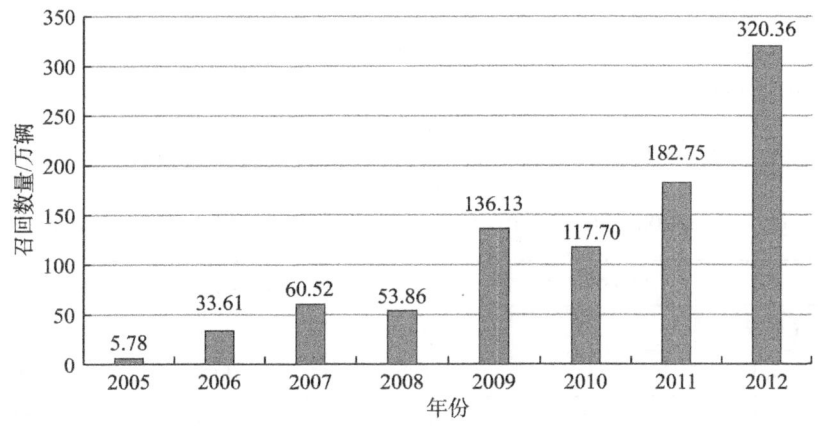

图 4.3　2005—2012 年中国缺陷汽车产品召回数量柱状图

数据来源：国家质检总局缺陷产品管理中心. 汽车产品安全与召回技术研究报告（2012 年）[M]. 北京：中国标准出版社，2013：4.

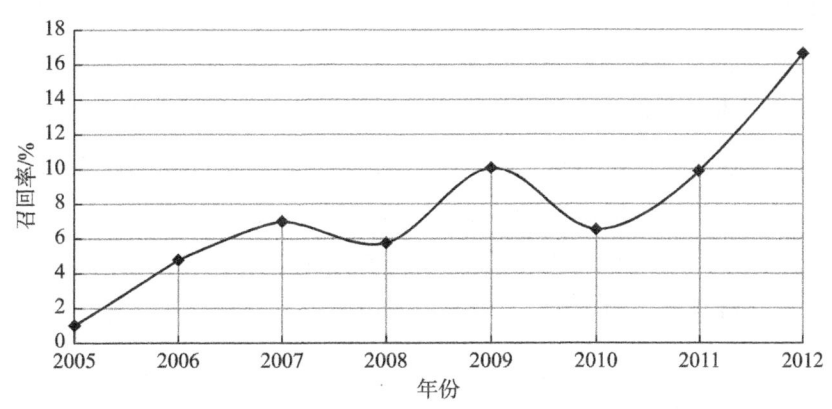

图 4.4　2005—2012 年中国缺陷汽车产品召回率波形图

数据来源：国家质检总局缺陷产品管理中心. 汽车产品安全与召回技术研究报告（2012 年）[M]. 北京：中国标准出版社，2013：4.

(二)《缺陷汽车产品召回管理规定》实施情况的具体分析

首先,从缺陷汽车产品召回的品牌属性分布情况分析。

本书将汽车产品的品牌属性分为三类:自主品牌、合资品牌和进口品牌。自主品牌是指国内汽车企业自主开发、拥有自主知识产权的汽车品牌;合资品牌亦称中外合资汽车品牌,是指国内汽车企业通过购买、引进外方产品技术平台,并在此基础上重新开发出知识产权归属于合资企业的汽车品牌;进口品牌专指汽车产品及相关知识产权等均由外国企业所拥有的汽车品牌。2005—2012 年,自主品牌、合资品牌与进口品牌汽车产品召回次数与涉及车辆数量的统计分析见表 4.1。

表 4.1 2005—2012 年中国缺陷汽车产品召回按品牌属性分类统计表

品牌属性	召回次数/次	占总次数比/%	召回数量/辆	占总数量比/%
自主品牌	31	6.05	475 316	5.21
合资品牌	163	31.84	7 924 007	86.92
进口品牌	318	62.11	717 238	7.87

数据来源:国家质检总局缺陷产品管理中心. 汽车产品安全与召回技术研究报告(2012 年)[M]. 北京:中国标准出版社,2013:17.

根据表 4.1 的统计数据可知:按缺陷汽车产品的品牌属性,召回次数由多到少排序依次为进口品牌、合资品牌、自主品牌;按各品牌属性涉及缺陷汽车产品的召回数量由多到少依次为合资品牌、进口品牌、自主品牌。中国自主品牌汽车在国内市场召回的次数和数量都是最少的。虽然自主品牌汽车的销量相比合资品牌要少,但远比进口品牌汽车销售量要多,可是自主品牌汽车不仅在召回的数量上少于进口品牌汽车,在召回次数上甚至不足进口品牌汽车的 1/10,说明自主品牌汽车产品的缺陷召回明显存在缺失。

其次,从召回的汽车产品缺陷总成分布情况分析。

在表 4.2 的统计数据中,主要将汽车总成系统分为 6 部分。其中,被称为汽车三大件的发动机、底盘、变速器分别属于发动机总成、车身结构总成和电子电器总成。

表 4.2 2005—2012 年中国缺陷汽车产品召回按汽车总成系统统计表

总成分类	召回次数/次	占总次数比/%	召回数量/辆	占总数量比/%
发动机	105	20.51	1 451 890	15.92
车身结构	106	20.70	598 934	6.57
转向系统	66	12.89	1 166 538	12.80
制动系统	60	11.72	938 854	10.30
传动系统	42	8.20	1 149 666	12.61
电子电器	133	25.98	3 810 679	41.80

数据来源：国家质检总局缺陷产品管理中心. 汽车产品安全与召回技术研究报告（2012 年）[M]. 北京：中国标准出版社，2013：12.

根据表 4.2 的统计数据可以得出以下结论：电子电器总成缺陷引发的汽车召回次数和召回数量均为最多；传动系统总成缺陷引发的汽车召回次数最少，仅占总次数的 8.20%；车身结构总成缺陷引发的汽车召回数量最少，仅占召回总数量的 6.57%。在各总成系统中，因电子电器问题实施召回的次数和数量均是最多的，主要由于以丰田汽车公司为首的日本汽车企业经常因电子车窗、喇叭故障这类小问题实施召回。丰田在"召回门"期间因电动车窗问题在中国实施过 5 次大规模召回，共涉及 200 多万辆汽车，仅此就占了因电子电器总成缺陷召回汽车数量的一大半。虽然汽车的任何一个零部件出现缺陷都有可能引发安全事故，但依据总成对汽车的重要性及导致汽车故障的可能性而言，电动车窗的问题与发动机故障、制动系统故障相比对汽车安全性的影响差别较大。也正因此，中国消费者诟病丰田实施"主动召回"名不副实。

最后，从召回的缺陷汽车类型分布情况分析。

根据表 4.3 的统计数据可以得出以下结论：中国汽车市场召回的主要车型为乘用车（M_1 类），俗称为轿车（包括 SUV 等越野车型）。2005—2012 年乘用车的召回次数占召回总次数的近 80%，而召回的乘用车数量更是占到了所有汽车类型召回总数的 99.42%，而剩下四类车型召回数量之和竟然连召回总量的1%都不到。M_2类和M_3类车属于客运商用车，N类和O类汽车属于货运商用车，所以这四类车型实际代表的是商用车。❶两类商用车相较而言，客运商用车召回次数要少于货运商用车，但客运商用车的召回数量则要高于货运商用车。这主要是因为国内使用的客运商用车多以国产车为主（比如公共汽车用的大多是国内自主品牌的），此类车型进口较少，但大型货运商用车进口车数量相对较多，由于进口车召回得要比国产车频繁，因此货运商用车的召回次数较客运商用车要多。不过，中国缺陷汽车产品召回制度是分步实施的，货运商用车开始实施召回要比客运商用车晚，所以召回的数量仍以客运商用车居多。

表4.3　2005—2012年中国缺陷汽车产品召回按汽车类型统计表

汽车类型	召回次数/次	占总次数比/%	召回数量/辆	占总数量比/%
M_1	409	79.88	9 063 394	99.42
M_2	5	0.98	6 165	0.07
M_3	10	1.95	42 742	0.47
N	88	17.19	4 260	0.05
O	0	0.00	0	0.00

数据来源：国家质检总局缺陷产品管理中心. 汽车产品安全与召回技术研究报告（2012年）[M]. 北京：中国标准出版社，2013：8.

出现商用车召回缺失的原因主要有三点：第一是因为中国汽车产业结构的调整。从2005年开始，中国的商用车产量呈现负增长，乘用车产量随即超过了商用车产量，至2012年底时商用车产量占国内汽车总产量的比例已不足20%，因此商用车的总体基数比乘用车小。第二是因为商用车适用

---

❶依据GB/T 15089—2001《机动车辆及挂车分类》，汽车类型分为：M_1类、M_2类、M_3类、N类、O类。M_1类车：包括驾驶员座位在内座位数不超过9座的载客汽车（乘用车、越野车等）；M_2类车：包括驾驶员座位在内座位数超过9座，且最大设计总质量不超过5吨的载客汽车（轻型客车）；M_3类车：包括驾驶员座位在内座位数超过9座，且最大设计总质量超过5吨的载客汽车（重型客车）；N类车：至少有四个车轮且用于载货的机动车辆（卡货车）；O类车：挂车（包括半挂车）。

汽车召回制度的时间相对较晚。如前所述，在规定实施时最先适用召回制度的是 M_1 车型即乘用车，随后商用客运车和商用货运车才分别于2006年和2009年逐步纳入汽车召回制度的适用范围，因此实施召回的时间短，相应的召回数量和次数也会少一些。第三是因为有的自主品牌汽车企业仍未形成主动召回的意识，对缺陷汽车产品召回制度仍在试探。中国汽车工业最早是从生产卡车等商用车开始，经过半个多世纪的发展，中国商用车的自主研发制造能力其实要高于乘用车制造水平，但是国内的商用车为了满足基础建设快速发展的需要仍以自产自销为主，并未进入国际市场，引入汽车召回制度。中国实施缺陷汽车产品召回制度后，有的自主品牌汽车企业不敢正视缺陷问题，有意规避召回，故此才会出现国产商用车召回缺失的情况。如果说前两点原因是客观因素的局限所致，那么第三点则是商用车召回少的根源所在。

(三) 中国缺陷汽车产品召回制度初见成效

2013年开始实施的《缺陷汽车产品召回管理条例》以国务院行政法规的形式巩固了中国缺陷汽车产品召回制度，推进了法治化进程，在具体召回实施中取得了明显的成效。

第一，中国缺陷汽车产品召回总体规模扩大。从2004至2013年召回制度实施的十年间，中国共实施缺陷汽车产品召回668次，累计召回缺陷汽车1475万辆。2013年中国实施缺陷汽车产品召回133次，占近十年召回总次数的1/5，召回缺陷汽车531万辆，更是超过了十年召回总量的1/3（详见表4.4）。虽然汽车召回数量和召回次数的变化与汽车保有量、汽车产品质量等多种因素有关，但召回规模的扩大也说明中国缺陷汽车产品召回制度取得了一定成效。国家监管部门明显加大了对缺陷汽车产品召回的监管力度，这主要得益于2013年开始施行的《缺陷汽车产品召回管理条例》，从国务院行政法规层面赋予中国缺陷汽车产品召回制度更强的约束力。

虽然2013年中国召回的缺陷汽车产品数量创历史新高，但与缺陷汽车产品召回制度成熟的国家相比仍有差距。如表4.5所示，从召回率（召回数量与销售量的比率）来看，中国的缺陷汽车产品召回率仍不及美国和日本的 1/6，不到澳大利亚的 1/5，与加拿大、韩国和英国也有不小的差距。因此，完善中国缺陷汽车产品召回制度还有很长的路要走。但是，从自身而言中国缺陷汽车产品召回制度还是取得了一些进步，因为从中国每年实施召回的数据变化就能发现召回是呈稳步增长的态势（如图 4.5 所示）。尤其是在 2013 年《缺陷汽车产品召回管理条例》实施后，外国品牌汽车企业实施的大规模召回愈加频繁，国内自主品牌汽车企业主动实施的召回也明显增多，更加印证了中国缺陷汽车产品召回制度已取得一定成效。

表 4.4　2004—2013 年中国缺陷汽车产品召回统计表

年份	召回次数/次	占总次数比重/%	召回数量/万辆	占总数量比重/%
2004	13	1.95	33	2.24
2005	27	4.04	6	0.41
2006	40	5.99	34	2.30
2007	31	4.64	60	4.07
2008	47	7.04	54	3.66
2009	56	8.38	136	9.22
2010	123	18.41	118	8.00
2011	85	12.72	183	12.41
2012	113	16.92	320	21.69
2013	133	19.91	531	36.00
总计	668	100.00	1475	100.00

数据来源：国家质检总局缺陷产品管理中心. 汽车产品安全与召回技术研究报告（2013）[M]. 北京：中国质检出版社，2014：2.

表 4.5　2013 年国内外缺陷汽车产品召回比较

国家	召回数量/万辆	汽车销量/万辆	召回率/%	召回次数/次
美国	2481	1588	159.24	674
日本	812	538	151.04	323
中国	531	2198	24.16	133

续表

国家	召回数量/万辆	汽车销量/万辆	召回率/%	召回次数/次
加拿大	167	178	95.71	238
澳大利亚	153	114	134.68	169
韩国	109	154	70.66	78
英国	92	260	40.81	154

数据来源：国家质检总局缺陷产品管理中心.汽车产品安全与召回技术研究报告（2013）[M].北京：中国质检出版社，2014：18-19.

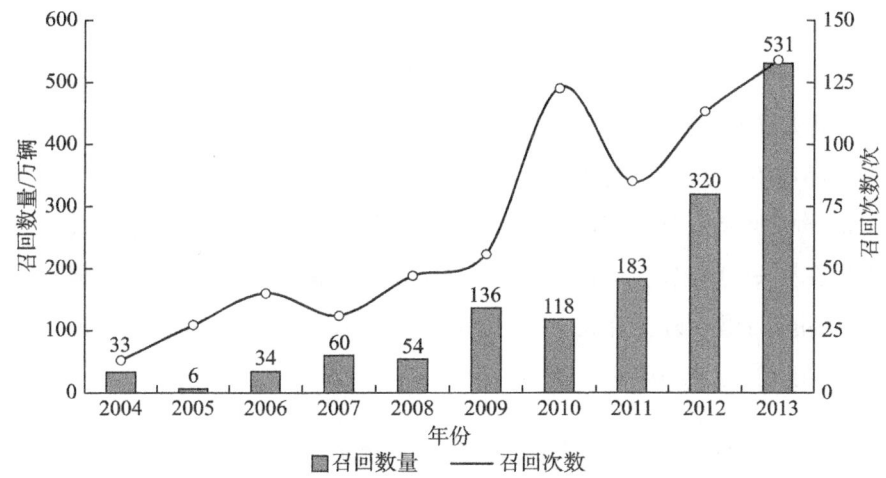

图 4.5 2004—2013 年中国缺陷汽车产品召回情况变化趋势图

数据来源：国家质检总局缺陷产品管理中心.汽车产品安全与召回技术研究报告（2013）[M].北京：中国质检出版社，2014：3.

第二，外国品牌汽车大规模召回频繁。2013 年度，外国汽车品牌频繁在中国汽车市场实施大规模召回，10 万辆以上的大规模召回有 11 次，其中还包括两次 100 万辆以上的超大规模召回。2013 年大众汽车连续在华实施多起召回，仅因 DSG 故障就在中国累计召回汽车 123 万辆。这一年成为中国实施召回制度以来大众汽车召回数量最多的一年。大众这次召回是外国汽车品牌重视中国市场，并实施大规模召回的典范，成为外国汽车品牌遵照中国消费者诉求而实施大规模召回的发端。在 2013 年底，通用汽车因燃油泄漏问题一次性召回 146 万辆缺陷汽车，不但超越大众汽车成为该年度中国汽车市场的召回"冠军",而且打破了丰田汽车在中国汽车市场的召回纪录。

第三,国内自主品牌汽车主动召回增多。2013年,国内自主品牌汽车企业针对自身产品缺陷实施主动召回的次数明显增多,而且也开始实施较大规模的召回。2004—2011年,中国自主品牌汽车的召回仅有24次,召回车辆13万辆;2012年,4家自主品牌汽车企业实施了7次召回,召回车辆34万辆;而2013年,共有7家自主品牌汽车企业实施召回28次,召回车辆52万辆。国内自主品牌汽车召回增多,既反映了在中国缺陷汽车产品召回制度的法治化进程中,自主品牌汽车企业的召回意识和社会责任在不断加强,同时也证明自主品牌汽车企业在中国汽车行业主管部门及社会的影响下,态度发生转变。2013年的江淮汽车召回正是在消费者投诉和媒体舆论等外界压力的影响下主动实施的,一次性召回近12万辆缺陷汽车,这对于自主品牌汽车而言已是不小的数目。在此次召回中,中国汽车行业主管部门也严格要求企业执行缺陷汽车产品召回制度。这次召回与大众汽车召回出现在同一时间节点,都发生在"3·15"期间,这也表明了中国汽车行业主管部门对国内外汽车品牌一视同仁,要求遵循统一的市场规则,加大缺陷产品监管力度的决心。

(四)中国缺陷汽车产品召回实践中出现的问题

通过上述分析,可以发现当时中国缺陷汽车产品召回中存在的主要问题是国内自主品牌汽车企业的召回意识还有待加强;外国汽车品牌实施缺陷汽车召回的活动虽然较为频繁,但有的召回行为有一定程度"作秀"成分;中国缺陷汽车产品召回制度的召回对象被放大到产品的一般质量问题,汽车企业隐瞒实际缺陷,借由小的瑕疵问题实施召回,从而蒙蔽消费者,真实缺陷无法得到解决。

第一,国内自主品牌汽车实施召回较少。2011年中国有汽车生产企业4491家,包括3551家整车制造企业和940家改装车制造企业。然而,其中在国家质检总局缺陷产品管理中心完成汽车召回信息备案的制造企业仅为331家,还不到全国整车制造企业的1/10。而且绝大多数品牌的车型自进入汽车市场之后,从未实施过召回。在主动实施召回的汽车企业中,绝大部分是中外合资品牌和进口品牌,而国内自主品牌汽车实施召回的情况较少。甚至有多家国内自主品牌的知名企业,至2012年都是零召回。这并不意味中国自主品牌汽车的产品质量过硬、安全性能好,由中国自主品牌汽车出口国外屡被召回的困境就能发现,其实是中国缺陷汽车产品召回制度的强制力不足,有的国内汽车企业在有意规避召回。

第二,有的外国汽车品牌实施召回的动机不纯。企业实施缺陷汽车产品召回本是一种人性化、富有人文精神的行为,但是外国汽车企业在中国市场实施召回的动机不纯。每年的国际消费者权益保护日前后("3·15"期间),总有较多的汽车企业扎堆实施召回。对汽车市场召回数据的统计并不能证明每年3月是汽车事故的多发期,因此不应该在此期间出现大量集中召回的情况。这一现象反映出,汽车企业在"3·15"期间实施召回并非完全出于保障消费者权益和维护社会公共利益的目的,还是一种策略。

第三,实际召回的对象往往并非缺陷产品。在中国缺陷汽车产品召回制度的实践过程中,一些汽车企业因为汽车产品的小瑕疵动辄就实施召回,而这些并不是存在安全隐患的真实缺陷问题。汽车企业为何会因一些小的瑕疵就大动干戈实施召回,值得推敲。有的假借所谓的"缺陷"之名而实施召回的案例背后都隐藏着汽车企业"移花接木"的真相,就是通过微不足道的瑕疵问题发起召回,实则是为解决严重的缺陷问题。这类情况的典型案例是丰田汽车于2009年至2012年在中国大陆实施的一系列召回。前文提到丰田"召回门"事件因在美国出现刹车失灵而起,但在中国实施召回的原因却是电动车窗这类小问题,由此可见,丰田汽车实施"中外有别式"的召回,无疑是为了蒙蔽消费者,掩盖汽车存在严重缺陷的真相。

二、《缺陷汽车产品召回管理条例》的制定过程

(一)起草阶段

2008年中国奶制品污染事件爆发后,《缺陷产品召回管理条例》随即被列入国务院立法计划。国家质检总局初步拟定了《缺陷产品召回管理条例(征求意见稿)》,并围绕管辖范围、缺陷和召回的定义、缺陷的调查和确

认、缺陷的风险评估及缺陷产品信息系统与公告制度等问题召开立法听证会。制定一部关于所有产品的召回法规，这在国外没有先例。国外对于召回制度的立法，散见于涉及不同产品的法律中，比如美国的《国家交通与机动车安全法》《消费品安全法》中都有专门涉及召回的条款，但是并没有统一的"召回法"。任何国家想要对覆盖所有缺陷产品的管辖范围、管理体制、企业责任、监督责任等进行一个完整的法律设计都并非易事。《缺陷产品召回管理条例（征求意见稿）》中涉及的产品过于广泛，产品的种类繁多且差异巨大，比如汽车和食品，从物质形态到管理方法上都存在很大差别。况且，我国负责监管各类产品的政府部门众多，仅涉及汽车召回管理的就有四部委，更不用说食品、药品还将涉及更多的部门，这些部门的职能、工作方法和手段也是各有特点甚至差别很大，相互协调存在一定难度。

从实际来看，缺陷汽车产品召回的实施机制建设有了一定基础，初步建立了缺陷汽车召回的信息系统、专家系统、检验系统和溯源系统，而其他产品类型的信息系统、检验机构、技术专家和人才队伍建设还未落实，所以从操作层面、技术层面和经费层面都存在诸多障碍。因此，针对所有缺陷产品的召回立法，不一定可行。在中国现行的法律法规中，其实已对召回做出了原则性规定，比如《中华人民共和国食品安全法》确立了国家食品召回制度，而《中华人民共和国侵权责任法》则明确了缺陷产品责任主体的召回义务。由于之前颁布的各项产品召回管理规定和办法都只是部门规章，因此召回的效力大打折扣，而这两部法律的出台填补了中国之前未将召回列入普通法的空白。既然上位法已有原则性规定，在现有条件下，需要分门别类对不同产品，按其紧迫性、必要性及已有的力量，通过逐个立法完善缺陷产品召回制度。应该先将汽车产品的召回做透、做精、做完善，使其在制度设计上更加具有普遍意义和典型示范作用，可被其他产品的召回借鉴。❶ 在率先确立的中国缺陷汽车产品召回制度带动下，我国相继颁布了多项与缺陷产品召回制度相关的法律法规（见表4.6）。

---

❶韩乐悟. 缺陷产品召回立法：欲树汽车召回"标竿"［N］. 法制日报，2010-07-19 (6).

第四章 制度深化
——中国缺陷汽车产品召回制度的更新

表 4.6 中国缺陷产品召回制度法律法规（2007—2011 年）

颁布时间	法律法规名称	颁布部门
2007-08-27	《食品召回管理规定》	国家质量监督检验检疫总局
2007-08-27	《儿童玩具召回管理规定》	国家质量监督检验检疫总局
2007-12-10	《药品召回管理办法》	国家食品药品监督管理局
2008-10-09	《乳品质量安全监督管理条例》	国务院
2009-02-28	《中华人民共和国食品安全法》	全国人民代表大会常务委员会
2009-09-17	《农业机械安全监督管理条例》	国务院
2010-12-26	《中华人民共和国侵权责任法》	全国人民代表大会常务委员会
2011-05-20	《医疗器械召回管理办法（试行）》	卫生部

（二）拟定阶段

2009 年中国的汽车产销量均突破千万辆大关，中国从此荣升为世界第一大汽车产销国。与此同时，中国的汽车召回数量也突破百万辆，缺陷汽车产品召回各项数据在同期出现大幅增长。可见，汽车总量的增加势必会带来缺陷汽车产品绝对数量的增加，这就要求中国加大对缺陷汽车产品的监管力度，进一步提升缺陷汽车产品召回制度的法律约束力，将部门规章"升级"为国务院行政法规。

之前的规定在召回程序、监管措施等方面仍存在不完善之处，尤其是规定作为部门规章，受法律层级的限制，对隐瞒汽车产品缺陷不实施召回等违法行为最高处罚 3 万元，过罚很不相称，影响召回制度的有效实施。❶消费者普遍认为汽车价格不菲，出现缺陷问题会给自身带来严重的经济损失，但汽车召回制度对企业的违规处罚金额与企业获得的高额利润相比是九牛之一毛。可消费者有所不知的是，按照《中华人民共和国行政处罚法》的规定，以部门规章形式出台的汽车召回制度在没有上位法特别规定的情

---

❶施京京. 我国进一步完善缺陷汽车召回管理《缺陷汽车产品召回管理条例》明年起施行［J］. 中国质量技术监督，2012（11）：18-19.

况下，处罚金额上限不得超过 3 万元人民币，要想加大处罚金额只能通过提升汽车召回制度的法律层级来实现。这就需要出台更高层级的缺陷汽车产品召回制度法规，进一步明确缺陷汽车产品召回主管部门，赋予其更强的监管职责，辅之以更为有效的监管措施，还要针对汽车召回管理实践中存在的实际问题进行制度法规内容上的改进。鉴于此，国家开始筹划制定约束力更严、权威性更强、层级更高的制度规则，以加大对缺陷汽车产品的监管力度。

在总结中国缺陷汽车产品召回制度实施经验的基础上，国家质检总局组织专家经过多次调研、论证，准备拟定《缺陷汽车产品召回管理条例》。中国汽车市场引入汽车召回制度后，广大消费者和汽车企业对召回的认识逐步加深，尤其是汽车生产企业对召回立法的态度已与《缺陷汽车产品召回管理规定》刚出台时有了天壤之别。企业当初对缺陷汽车产品召回立法存有抵触情绪，现在态度已转变为积极参与，并纷纷为制定新规建言献策。国内外汽车企业在表达自身利益需求的同时，更希望召回制度利于企业实施自主召回，而在强制召回的处罚上不应过严。尤其是国内汽车企业与跨国汽车企业间存在较大实力差距，如果处罚过严有可能导致国内汽车企业亏损甚至倒闭，更有可能波及整个自主品牌汽车产业。因此，汽车召回制度既要处罚得当，还要保护企业不受困于施之过苛的制度规则。在征求意见时，消费者代表也提出了许多建议，主要是希望缺陷汽车产品召回制度新规能够赋予消费者更多的监督权，比如通过投诉举报启动缺陷调查和召回程序等。消费者的很多建议都得到了监管部门的积极回应或采纳。

2010 年初，国家质检总局向国务院法制办就《缺陷汽车产品召回管理条例》立法相关事宜进行了汇报和沟通。2010 年 5 月《缺陷汽车产品召回管理条例》开始起草，国家质检总局邀请中央机构编制委员会办公室、国家发改委、工业和信息化部、商务部、公安部、交通运输部、环保部、卫生部、工商总局、海关总署以及国务院法制办参加了立法座谈会，加强与有关部门的沟通和协调，充分听取了各方的意见和建议。此后，国家质检总局以《缺陷汽车产品召回管理规定》为基础，结合报请国务院审议的《缺陷产品召回管理条例（送审稿）》，总结和吸收近年来中国缺陷汽车产品召回监管工作的实践经验，同时借鉴国外的成熟做法，召开了多次立法座谈会，邀请汽车产品的相关生产、销售企业、行业协会、检验机构、汽车专家、消费者代表等参会研讨，在听取建议和搜集整理相关材料并进行调研论证的基础上，于 2010 年 7 月形成了《汽车产品召回监督管理条例（征求意见稿）》（以下简称《召回监管征求意见稿》）。国家质检总局发函征求了国务院有关部门和地方质检部门意见，同时在网上将征求意见稿公示，广泛征求了社会各界意见：共收到 160 多份意见，其中国务院相关部门意见 9 份，地方质检部门意见 31 份，汽车企业及其他相关单位意见 14 份，消费者、媒体意见 100 多份。在对反馈意见进行归纳整理的基础上，经过进一步修改和补充，形成了《缺陷汽车产品召回监督管理条例（送审稿）》，并经国家质检总局局务会议审议通过。

《缺陷汽车产品召回管理条例》历经数载，几易其稿，终于在 2012 年 10 月 10 日国务院常务会议上通过，并于 2013 年 1 月 1 日起正式施行。这是中国首部以缺陷产品召回管理为内容的国家行政性管理法规。《缺陷汽车产品召回管理条例》的颁布迈出了中国面向产品市场后监管法治化道路的坚实一步，树立了中国缺陷汽车产品召回制度的一座丰碑。《缺陷汽车产品召回管理条例》的配套政策——《缺陷汽车产品召回管理条例实施办法》随后也于 2015 年出台，其更为详细地明确了汽车生产者实施召回的程序和政府部门的监管措施，并从信息系统建设、召回监督、违法行为查处等方面对缺陷汽车产品召回制度实施的内容、程序做出了进一步的细化操作和规范说明。

三、对《缺陷汽车产品召回管理条例》的解读与评价

（一）对《缺陷汽车产品召回管理条例》的解读

《缺陷汽车产品召回管理条例》全文共 3000 多字，与之前《缺陷汽车产品召回管理规定》的 6000 多个字相比，篇幅删减了近一半，条目由 46 条减少至 29 条，并且取消了章的设置。《缺陷汽车产品召回管理条例》在厘清汽车缺陷、召回、适用范围等基本概念的基础上，更加明确了生产者、

经营者、监督者、消费者各类主体的责任及其义务，细化了统一管理、信息共享、召回程序、过程监管和对违法行为的处罚等具体措施。总体而言，《缺陷汽车产品召回管理条例》简单明了、可读性强，便于消费者理解和有关部门参照执行。但对于汽车生产者（制造商）以及汽车经营者（销售、租赁、维修汽车产品的企业统称为经营者）而言，《缺陷汽车产品召回管理条例》有的内容仍显得过于宽泛、不够周全，有待做出具体要求。

《缺陷汽车产品召回管理条例》整体思路相对清晰，主要将《缺陷汽车产品召回管理规定》中重复过多的语言文字进行了高度的概括和凝练，并对《缺陷汽车产品召回管理规定》的缺失之处做出了补足。比如对《缺陷汽车产品召回管理规定》中争议较多的缺陷定义做出了一定修改，在导致缺陷的原因中增加了标识原因，以及对缺陷的限定增加了不符合行业标准的情况；还对经营者的概念做了修正，将制造商和进口商从经营者中剔除，合并称为生产者。这样更为准确，也能更好地对生产和销售主体做区分。《缺陷汽车产品召回管理条例》将《缺陷汽车产品召回管理规定》中的"指令召回"和"责令召回"两个概念统一为"责令召回"，保持法规的一致性。

《缺陷汽车产品召回管理条例》的出台意味着缺陷汽车产品召回制度从部门规章升级为国务院行政法规，立法层级的提升加大了这一制度对企业的约束力。同时，召回制度的威慑力大大加强，对生产者和经营者的要求也愈加严格，尤其是对于生产者隐瞒缺陷、拒不召回等严重违法行为将给予高额处罚，处以缺陷汽车产品货值金额1%以上10%以下的罚款，虽然没有原定的征求意见稿（2%以上50%以下的罚款）严格，但比起《缺陷汽车产品召回管理规定》中最高3万元的处罚有了很大进步。为了减少缺陷产品可能带来的损害，《缺陷汽车产品召回管理条例》还缩短了从确认缺陷到做出召回的反应时间。《缺陷汽车产品召回管理规定》中要求汽车制造商确认缺陷后，在10个工作日内停止销售缺陷产品，而《缺陷汽车产品召回管理条例》要求生产者确认汽车产品存在缺陷后，应当立即停止生产、销售、进口缺陷汽车产品，并实施召回。

《缺陷汽车产品召回管理条例》强化了监管部门的职责和调查权，政府

第四章 制度深化
——中国缺陷汽车产品召回制度的更新

监管部门认为汽车产品可能存在造成严重后果的缺陷时，可以直接开展缺陷调查。同时还扩大了汽车产品的召回范围，《缺陷汽车产品召回管理条例》第二十七条明确将轮胎纳入缺陷汽车产品召回的范围之内。《缺陷汽车产品召回管理条例》中还新增了建立缺陷汽车产品信息共享机制的内容，要求政府有关部门应当建立汽车产品的生产、销售、进口、登记检验、维修、消费者投诉、召回等信息的共享机制。❶ 这样更便于监管部门之间的信息交流与协作相统一。

（二）《缺陷汽车产品召回管理条例》与《召回监管征求意见稿》的比较

从初步拟定的《召回监管征求意见稿》到最后正式出台的《缺陷汽车产品召回管理条例》实际发生了很大变化，主要有以下几点。

一是名称上的变化。国家质检总局最初拟定的征求意见稿名称为《汽车产品召回监督管理条例（征求意见稿）》，而后在送审稿中则改为《缺陷汽车产品召回监督管理条例（征求意见稿）》。从这两个名称中反映出政府在缺陷汽车产品召回中的职责不仅是管理，更重要的是监督，因此在起草《缺陷汽车产品召回管理条例》时试图在名称中加以突显。但是，为了与《缺陷汽车产品召回管理规定》在名称上保持统一性，最终出台时还是去掉了"监督"一词，只保留了"管理"。不过，在《缺陷汽车产品召回管理条例》的内容中仍能发现增加了许多政府的监督职责，而不是过分强调政府的管理职能。

二是内容上的精简。《召回监管征求意见稿》是在《缺陷汽车产品召回管理规定》的基础上修改形成的，因此依然呈现出篇幅冗长、分章设置等特点。《召回监管征求意见稿》分为七章52条，共5000余字。《缺陷汽车产品召回管理条例》为了达到简洁明快、条理清晰的目的，最后取消了章的设置，而且许多文字简练精准，不过实施召回的具体时限要求显得相对模糊。这是因为在《召回监管征求意见稿》中依然保留了许多的缺陷汽车召回具体实施内容，而《缺陷汽车产品召回管理条例》中仅明确一些原则

---

❶ 施京京. 我国进一步完善缺陷汽车召回管理《缺陷汽车产品召回管理条例》明年起施行［J］. 中国质量技术监督，2012（11）：18-19.

性的关键环节,具体内容则是在之后颁布实施的《缺陷汽车产品召回管理条例实施办法》中做出明确规定。

三是监管的重点不同。《召回监管征求意见稿》注重对召回过程的监督,而最终出台的《缺陷汽车产品召回管理条例》更注重召回实施的结果。《召回监管征求意见稿》要求监管机构对召回过程实施监督,而《缺陷汽车产品召回管理条例》则是对召回实施情况(消除缺陷的结果)进行监督。一个是监督过程,另一个是监督结果,两者存在区别。《召回监管征求意见稿》中对存在召回范围、消除缺陷的方式等不符合要求的行为,有相应的依法处置说明。然而在条例中并未提及,这也是因为条例更注重召回的结果而非过程。《缺陷汽车产品召回管理条例》对隐瞒缺陷的具体情况并没有做出定性说明,即便出现了隐瞒缺陷的情形,如果没有判定依据,处罚的可能性依然很小,因此对隐瞒缺陷的处罚显得苍白无力。

四是召回对象的范围缩小。《召回监管征求意见稿》试图将召回范围扩大到真正意义上的缺陷汽车产品,而非仅限汽车整车,因此第三条明确说明:"本条例所称汽车产品,是指按照国家标准规定,由动力装置驱动或者牵引,用于在道路上行驶的汽车、汽车列车和挂车,以及轮胎、底盘、儿童安全座椅等涉及安全的重要零部件。"这将汽车零部件也纳入了召回范围之中。中国汽车产业起步较晚,汽车整车组装用的重要部件有的是进口的国外汽车零部件,因此整车尚具一定的竞争力。但是,有的国产的汽车零部件不具备国际比较优势,只能靠价格低廉在国内市场立足。因此,《缺陷汽车产品召回管理条例》最终出台时仅将汽车轮胎纳入缺陷召回范围,而非所有汽车零部件,也是为了保护这一弱势产业。

五是处罚力度上的差异。《召回监管征求意见稿》对处罚的档次划分较细、分级较多,处罚金额共分为5个档次:第一档处罚5万~50万元;第二档处罚50万~100万元;第三档处缺陷汽车产品货值金额的2%~20%的罚款;第四档处缺陷汽车产品货值金额的2%~50%的罚款;第五档处缺陷汽车产品货值金额的5%~50%的罚款。而最后的《缺陷汽车产品召回管理条例》中仅分为3个档次:第一档处罚5万~20万元;第二档处罚50万~100万元;第三档处缺陷汽车产品货值金额的1%~10%的罚款。可以看出,

《缺陷汽车产品召回管理条例》的处罚力度相比《召回监管征求意见稿》有所减轻，而且处罚金额的区间也有缩小。这是因为缺陷汽车产品召回制度的主要目的不是惩戒，而在于督促企业自觉实施召回。当然提高处罚额度能大幅提升制度的强制约束力，但从中国自主品牌汽车企业的状况来看，许多汽车企业的规模不大，如果出现汽车缺陷问题，高额处罚很可能让其一蹶不振。因此，处罚金额既要起到警示的目的，同时不至于给尚处于发展阶段的自主品牌汽车企业造成毁灭性的打击，《缺陷汽车产品召回管理条例》最终设置的处罚额度相对合理。

（三）对《缺陷汽车产品召回管理条例》的评价

应当说《缺陷汽车产品召回管理条例》与之前的《缺陷汽车产品召回管理规定》相比有很多进步之处。

第一，召回的适用范围进一步明确。《缺陷汽车产品召回管理条例》与《缺陷汽车产品召回管理规定》相比，对"缺陷"的界定更为准确和全面。《缺陷汽车产品召回管理条例》指出："缺陷是指由于设计、制造、标识等原因导致的在同一批次、型号或者类别的汽车产品中普遍存在的不符合保障人身、财产安全的国家标准、行业标准的情形或者其他危及人身、财产安全的不合理的危险。"这一说法，与其他国家关于汽车产品召回原因的界定相一致，也与《中华人民共和国产品质量法》关于产品缺陷的界定相衔接。《缺陷汽车产品召回管理条例》对缺陷的种类划分是在《缺陷汽车产品召回管理规定》中已有的设计缺陷、制造缺陷基础上补充了标识缺陷。另外，《缺陷汽车产品召回管理规定》中只将不符合有关汽车安全的国家标准之情形认定为缺陷，而《缺陷汽车产品召回管理条例》中将不符合行业标准的情形也列入缺陷范围。此外，《缺陷汽车产品召回管理条例》明确了缺陷汽车召回活动的具体内容，包括修理、旧车换新车及退货等，这与汽车"三包政策"相衔接，并且由生产者承担消除缺陷的费用和必要的运送缺陷汽车产品的费用。《缺陷汽车产品召回管理条例》明确指出，召回及其监督管理适用于在中国境内生产、销售的汽车和汽车挂车，具体指载客汽车、载货汽车、汽车挂车等；不适用于汽车以外的机动车、摩托车、汽车列车、拖拉机运输机组、轮式专用机械车等车型。❶但《缺陷汽车产品召回管理条例》适用于汽车整车所装备轮胎的召回,而《缺陷汽车产品召回管理规定》中没有明确对汽车轮胎的召回管理。轮胎作为汽车最重要的组成部件,如果出现缺陷极有可能危害人身财产安全,因此把轮胎纳入召回范围是条例的一大进步。

第二,召回的强制约束力明显增强。《缺陷汽车产品召回管理条例》中明确了监管部门有权实施"强制性召回",大幅提升了缺陷汽车产品召回制度的法律效力。而在《缺陷汽车产品召回管理规定》中,只明确了两种召回程序,即制造商主动召回和监管部门指令召回,但在《缺陷汽车产品召回管理规定》实施期间,并没有对生产厂商执行过指令召回程序。《缺陷汽车产品召回管理条例》明确指出国家监管部门可以对产品缺陷展开调查分析。为了保证召回顺利实施,《缺陷汽车产品召回管理条例》还明确了相应的处罚标准,如"未按照规定保存有关汽车产品、车主的信息记录;未按照规定备案有关信息、召回计划;未按照规定提交有关召回报告",则处以5万元以上20万元以下的罚款;如"生产者、经营者不配合产品质量监督部门缺陷调查;生产者未按照已备案的召回计划实施召回;生产者未将召回计划通报销售者",则处以50万元以上100万元以下的罚款;如"未停止生产、销售或者进口缺陷汽车产品;隐瞒缺陷情况;经责令召回拒不召回",则由质量监督部门责令改正,拒不改正的,处以缺陷汽车产品货值金额1%以上10%以下的罚款,没收违法所得,情节严重的,还将由相关部门吊销生产许可证。

第三,召回程序趋于明晰。首先,《缺陷汽车产品召回管理条例》明确了召回启动程序。生产者获知汽车产品可能存在缺陷,应当立即组织调查分析,在确认汽车产品存在缺陷后,应当立即停止生产、销售、进口缺陷汽车产品,并实施召回;国务院产品质量监督部门经缺陷调查认为汽车产品存在缺陷,应当通知生产者实施召回。生产者认为其汽车产品不存在缺陷的,可以在规定期限内向国务院产品质量监督部门提出异议。国务院产

---

❶ 张利华.《缺陷汽车产品召回管理条例》解读——消费者篇[N]. 中国标准导报,2013-03-15(3).

品质量监督部门组织论证、技术检测或者鉴定确认汽车产品存在缺陷的，应当责令生产者实施召回，生产者应当立即停止生产、销售、进口缺陷汽车产品，并实施召回。其次，《缺陷汽车产品召回管理条例》制定了召回实施程序。生产者实施召回，应当按照国务院产品质量监督部门的要求制定召回计划，并按照召回计划实施召回。对实施召回的缺陷汽车产品，生产者应当及时采取修正或者补充标识、修理、更换、退货等措施消除缺陷。国务院产品质量监督部门应当对召回实施情况进行监督。最后，《缺陷汽车产品召回管理条例》制定了召回报告程序。生产者应当按照国务院产品质量监督部门的要求提交召回阶段性报告和召回总结报告。

第四，增强监管部门的缺陷调查权。虽然汽车召回是由企业实施的，但实际上不少汽车召回都是在国家监管部门进行缺陷调查后，汽车企业才实施的"主动"召回，因此监管部门的缺陷调查不可或缺。为此，《缺陷汽车产品召回管理条例》中明确了国务院产品质量监督部门具有开展缺陷调查的权力，可以进入生产者、经营者的生产经营场所进行现场调查，查阅、复制相关资料和记录，向相关单位和个人了解汽车产品可能存在缺陷的情况。生产者和经营者应当配合缺陷调查，提供调查需要的相关资料。《缺陷汽车产品召回管理条例》还对信息的记录和保存等方面做出时限要求，如："生产者应当建立并保存汽车设计、制造、标识、检验等方面的信息记录及初次销售的车主信息记录，保存期不得少于10年。经营者应当按照国务院质监部门的规定，建立并保存汽车相关信息记录，保存期不得少于5年。"

虽然，国务院新出台的《缺陷汽车产品召回管理条例》有了很大进步，但是依然存在些许不足，主要可以总结为以下几点。

第一，部分细节比较模糊。《缺陷汽车产品召回管理条例》中对召回管理的一些工作细节并未做出详细的说明，之前《缺陷汽车产品召回管理规定》中的很多内容也都被省略了。比如《缺陷汽车产品召回管理规定》中有9个附件，这些附件是召回管理工作中提交各项报告、备案材料、制定召回计划时的格式参照标准文件，而《缺陷汽车产品召回管理条例》中省去了这些附件，那么在召回具体工作中是继续沿用这些附件格式还是没有统一的格式要求，这就不得而知了，《缺陷汽车产品召回管理条例》也未说明。《缺陷汽车产品召回管理条例》中缺少对召回效果的评判，只说对生产者消除缺陷的效果进行评估，但对如何评估及对效果不好的情况如何处置并没加以说明。《缺陷汽车产品召回管理规定》中对召回缺陷产品未达到预期目的的情况，可责令企业重新实施召回，若造成损害再度发生的要进行处罚，但是如此重要的内容《缺陷汽车产品召回管理条例》中却省略了。针对产品缺陷发布预警信息是完善缺陷产品监管体系中的重要环节，然而《缺陷汽车产品召回管理条例》中没有对此进行相关规定。《缺陷汽车产品召回管理条例》中关于操作程序的内容也过于粗略，缺少对具体实施细节的必要说明。

第二，缺少召回时限要求。《缺陷汽车产品召回管理条例》试图提高召回效率的初衷虽好，但是取消了原先《缺陷汽车产品召回管理规定》中对缺陷调查、提交召回报告、实施召回计划等必要的时间限定，而是用了"立即""同时""并"这些模糊的字眼，这样反而会降低召回的效率。比如《缺陷汽车产品召回管理条例》中要求"生产者确认汽车产品存在缺陷的，应当立即停止生产、销售、进口缺陷汽车产品，并实施召回"，这个"立即"和"并"到底是多长时间？通常来讲，应该是指在确认汽车产品存在缺陷的当天，但在实践中是不可能做到的。因为，生产者确认缺陷后要先向监管部门提交报告，再拟定实施计划，征得监管部门同意并且备案后，才能按照实施计划开始召回。

第三，对经营者的约束不足。在《缺陷汽车产品召回管理条例》中对销售、租赁、维修汽车产品等经营者的责任要求不够严格，责任过于集中在汽车生产者身上。现在汽车行业都是"四位一体"的汽车销售模式，即4S❶经销模式。4S店作为经营者同样应该担负汽车产品进入流通市场后的质量安全责任。目前的4S经销模式是将生产者直接与销售者绑定在一起，汽车生产厂家向4S店提供汽车整车和零配件，厂家委托4S店代其进行销售和售后服务，并且4S店只能销售其代理品牌的汽车，这样就将汽车产品的生产与销售市场无缝衔接在了一起。缺陷汽车产品召回制度是对汽车产品

---

❶ 4S包括整车销售（sale）、零配件（sparepart）、售后服务（service）、信息反馈（survey）。

第四章 制度深化
——中国缺陷汽车产品召回制度的更新

实施市场后监管的重要制度，《缺陷汽车产品召回管理条例》中缺陷汽车产品召回的责任主要集中在生产者身上，而经营者的责任反倒减少了，现实则是更需要加强对经营者责任和义务的制度约束。

第四，不够重视生产者的权利。《缺陷汽车产品召回管理规定》中有"制造商对主管部门的决定等具体行政行为有异议的，可依法申请行政复议或提起行政诉讼"的权利，而在《缺陷汽车产品召回管理条例》中却只字未提。《缺陷汽车产品召回管理规定》中有很多涉及具体召回管理操作程序的细节在《缺陷汽车产品召回管理条例》中都被简化了，变成了一些非常概括的用语，比如"国务院产品质量监督部门认为汽车产品可能存在会造成严重后果的缺陷的，可以直接开展缺陷调查"。这个"认为"用词主观，没有任何说明，应该加以比较客观的评判标准，比如有消费者对汽车产品的投诉或者汽车产品导致了交通安全事故等，判定缺陷如果过于主观将导致《缺陷汽车产品召回管理条例》在实施过程中行政执法的权威性和可信度降低。除此之外，在《缺陷汽车产品召回管理条例》的执行层面，涉及汽车缺陷调查该如何启动，启动后如何保证调查的公开和透明这些内容仍存在制度性缺失。比如消费者只能投诉，而没有通过起诉启动缺陷调查及申请公开听证的权利。❶

随着《缺陷汽车产品召回管理条例》的颁布实施，中国汽车行业主管部门在监管缺陷汽车产品召回时逐渐由被动转为主动，汽车企业在应对刚刚"升级"的制度时，态度也发生了明显的转变。中国缺陷汽车产品召回制度从确立初期的举步维艰逐渐走向成熟，中国汽车召回也由此进入了强势时代。❷虽然中国缺陷汽车产品召回的次数和数量逐年增多，但每年召回的缺陷汽车产品数量与中国汽车年产销量全球第一的市场规模仍不相称，而且国内外汽车企业很少在中国市场因受监管部门影响而实施大规模召回。2013年"3·15"晚会曝光了两个汽车品牌的汽车缺陷问题，一个是国外知名品牌，另一个则是中国自主品牌。中外汽车品牌同时被曝光，显示出中

---

❶王营．区别对待源于制度之殇——丰田踏板门在华无赔偿 [J]．家用汽车，2013 (2)：154．

❷张静．汽车召回进入强势时代 [J]．汽车观察，2013 (4)：112-113．

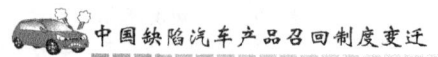
中国缺陷汽车产品召回制度变迁

国汽车行业主管部门对缺陷汽车产品绝不姑息、一视同仁的态度。

第二节 外国品牌汽车对新规的反馈——以大众DSG召回事件为例

大众DSG召回事件是中国汽车史上具有里程碑意义的事件，代表中国缺陷汽车产品召回制度的进步和中国汽车市场以及汽车社会的日趋成熟。大众DSG召回事件是外国汽车品牌在中国汽车市场的首次"被动召回"，政府监管部门对缺陷汽车产品召回的主动干预自此之后成为常态。

一、还原大众DSG召回事件

大众汽车作为最早在华开展合资业务的国际汽车制造商，被称为中国汽车工业最成功的国际合作伙伴。从2009年开始，大众汽车在华产销量双双突破百万辆，中国便成为大众汽车在全球最大的单一销售市场，同时大众汽车也成为中国市场销量最高的外国汽车品牌。DSG是大众汽车对自己买断的双离合变速器技术的专有称谓，其英文全称是"direct shift gearbox"，中文意为"直接换挡变速器"。大众汽车在华车型配备的DSG分为两种：一种是湿式DSG；另外一种是干式DSG。两者相比，干式DSG的结构比较简单、生产成本低，大众汽车公司因此认为干式DSG更为"先进"。2007年9月，大众汽车自动变速器（大连）有限公司成立，并于2009年底建成开始试生产。2010年，DSG已基本实现了在中国的本土化生产。DSG存在的安全隐患也最早在中国市场显现出来，并大规模爆发。

大众汽车DSG变速器动力中断的故障问题最早于2009年就已爆出，当时中国首次曝光了一汽大众2009款迈腾轿车的DSG变速器存在安全隐患。随后，DSG技术存在安全隐患的问题也开始引起社会各界的广泛关注，国内消费者对大众汽车的投诉不断增多。然而，大众汽车并未就DSG故障在中国采取行动，而是最先在美国实施了缺陷召回。2009年8月20日大众汽车北美公司宣布在北美地区召回搭载了6速湿式DSG变速器的车型，共计1.6万辆。美国召回的大众汽车存在的DSG故障与中国曝光的一汽大众

第四章 制度深化
——中国缺陷汽车产品召回制度的更新

2009 款迈腾 DSG 问题如出一辙，可见大众的 DSG 变速器存在的安全隐患并非中国特有。时隔一个月，大众汽车公司才宣布于 2009 年 9 月 18 日，在中国召回部分装备了 6 速湿式 DSG 变速器的国产迈腾、进口奥迪和进口大众车型，涉及车辆共计 2760 辆。大众汽车此次召回的原因与在美国实施的召回基本一致，属于同一缺陷问题引发的召回。2009 年 11 月大众公司因 DSG 问题在全球范围召回 1.7 万辆装备了 DSG 变速器的车型。大众汽车在其召回文件中承认，DSG 变速器设备存在问题，离合器温度信号可能出现错误，导致离合器突然断开，使车辆失去驱动力，可能造成危险。至此，大众汽车因 DSG 问题在全球范围的召回暂告一段落。然而这其实只是大众 DSG 召回事件的开端，DSG 变速器的安全隐患并未完全解决，召回事件也未画上句号。

2009 年大众汽车在中国的召回规模还很小，涉及车辆仅限国内曝光的一汽大众 2009 款迈腾及大众在全球范围召回的进口车型，只占大众汽车使用 DSG 变速器车型的一小部分。其实很多搭载了 DSG 变速器的大众汽车并没有被召回，甚至与问题车型（一汽大众 2009 款迈腾）搭载了同一型号 DSG 变速器的车型也未被召回，这给大众车主留下了极大的安全隐患，并且让人困惑不已，消费者和媒体普遍认为大众汽车的选择性召回是不负责任的行为。大众汽车没有全面召回 DSG 车型的原因，主要由于召回成本过高会造成巨大损失，并且它不愿承认号称世界技术最先进的双离合变速器 DSG 竟存在设计缺陷的事实。虽然大众汽车对这次因曝出缺陷问题而召回的 6 速湿式 DSG 变速器进行了改进，但是 DSG 技术存在的安全隐患并没有得到根本解决，不久后搭载 7 速干式 DSG 双离合变速器的车型也出现了动力中断等同样的故障问题，大众汽车因此遭遇信任危机。大众汽车公司为了挽回声誉，在 2010 年至 2011 年间，相继将一汽大众和上汽大众全系 DSG 变速器的质保期从 2 年 6 万公里延长至 4 年 15 万公里，到 2012 年又再次将质保期延长至 10 年 16 万公里。

然而，中国台湾地区于 2012 年 12 月 27 日宣布，率先开始召回大众汽车配备 7 速干式 DSG 变速器的车型，共计 10 535 辆。同时，台湾地区 DSG 车型的变速器质保期从 4 年延长至 5 年不限里程。这与其在大陆只延长质保不召回的处理方式形成了鲜明对比。截然不同的处理方式随即便引发了大陆消费者的严重不满，媒体纷纷指责大众汽车在大陆拒不召回，是对大陆实行区别对待。大众汽车在中国台湾地区主动召回成为大众 DSG 事件全面升级的导火索，并预示着大众汽车在大陆的大规模召回即将爆发。2013 年 3 月 20 日，大众汽车公司终于决定在中国召回多款国产和进口大众 DSG 缺陷汽车，共计 38 万辆；2013 年 7 月 3 日，大众汽车公司还对中国市场进行了一次补充召回，主要涉及 DSG 缺陷的进口大众汽车和奥迪汽车，共计 3863 辆；2013 年 11 月 14 日大众汽车再次召回多款装载了 7 速干式 DSG 变速器的车型，共计 64 万辆。至此，这个曾因"拒不召回"而在中国市场备受指责的德国车企，于 2013 年在华累计召回配备 DSG 变速器的汽车超过 100 万辆（详见表 4.7）。

表 4.7　大众 DSG 缺陷在全球召回情况

发布时间	召回国家/地区	召回事件	召回数量/辆
2009 年 8 月	美国	召回部分装备了 6 速 DSG 变速器的大众车型	16 000
2009 年 9 月	中国	召回部分装备 6 速 DSG 变速器的 2009 款国产迈腾及进口奥迪 TT、进口大众汽车	2 760
2009 年 11 月	德国	德国大众召回部分装备 DSG 变速器的车型	17 000
2009 年 11 月	澳大利亚	DSG 温度信号错误，召回装备了 6 速 DSG 的大众车型	4 591
2009 年 12 月	英国	因 DSG 温度信号错误，召回装备了 6 速 DSG 的大众车型和斯柯达品牌车型	4 008
2012 年 12 月	中国台湾	召回 2008 年 1 月至 2011 年 6 月期间生产的 7 速干式 DSG 变速器车型	10 535
2013 年 3 月	中国	大众宣布自 2013 年 4 月 2 日起，召回部分进口和国产大众 DSG 问题车型	384 181
2013 年 7 月	中国	补充召回部分涉及 DSG 缺陷的进口大众和奥迪汽车	3 863
2013 年 11 月	中国	召回部分涉及 DSG 缺陷的进口和国产大众、部分进口奥迪、部分国产斯柯达汽车	640 309

续表

发布时间	召回国家/地区	召回事件	召回数量/辆
2013年11月	德国	召回配有7挡DSG（DQ200）的大众汽车	257 000
2013年11月	全球	召回配有7挡DSG（DQ200）的大众汽车	1 600 000
2013年11月	澳大利亚	召回奥迪A1、A3和TT均配备了7挡DSG的车型	1 549

二、大众DSG召回事件的特征

（一）召回不及时

缺陷汽车召回本应是生产者对消费者高度负责任的主动行为，也是生产者维护产品使用者生命财产安全应尽的义务。然而，DSG故障在中国曝光后，大众汽车公司并未立即召回，而是一再拖延处理，不积极实施主动召回。2009年大众DSG故障就已在中国市场出现，但是大众汽车拒不承认DSG存在问题，反而声称这是中国市场出现的特例，属于DSG在中国"水土不服"的现象（由于中国道路拥堵严重而频繁换挡所致）。与此同时，大众汽车却在北美地区实施召回，而且召回原因与中国境内曝光的DSG故障如出一辙，事实证明DSG确实存在安全隐患，并非中国市场特有。于是，大众汽车迫于压力不得已在中国市场象征性地召回了被曝光的车型和部分进口车型。由此可见，大众一直没有积极面对DSG故障隐患，对中国市场的DSG缺陷汽车召回不及时。

大众汽车2009年虽然在中国召回了搭载6速湿式DSG的车型，但并不是所有的DSG车型，因此安全隐患并未根除。随着大众DSG技术全面应用到合资自动挡车型，中国市场的DSG安全隐患越来越大。2010年开始，大众汽车DSG故障层出不穷，车主的投诉和媒体的披露日渐增多，很多专家直指DSG存在设计缺陷。2010—2012年，7速干式DSG车型故障频发，大众汽车公司依然没有及时采取召回措施，而是通过延长质量担保期的方式一再拖延处理。作为召回主体的生产者，及时召回可以将缺陷产品对消费者的危害风险降至最低，同时可以防止事态扩大，减少大规模召回的成本。然而大众汽车公司一再错过时机，直至 2013 年被媒体曝光，接到质检总局的通知后才肯召回。大众汽车 DSG 问题耗时三年才完成的召回，不论对消费者而言，还是对生产者来说，都未免来得太迟。

(二) 召回不彻底

如前所述，大众汽车公司对 DSG 故障首次召回是在 2009 年，然而这次召回并不彻底。由于先前一汽大众 2009 款迈腾汽车因 DSG 故障被曝光，所以首次召回只限这款国产车型，召回的其他车型均为德国大众公司宣布在全球范围内召回的进口车型。大众汽车在中国市场实施的选择性召回，涉及数量少、规模小。2009 年 11 月德国大众公司因 DSG 问题在全球范围内实施召回，并在召回文件中承认 DSG 变速器设备存在问题，可能导致离合器突然断开，使汽车失去驱动力，从而造成危险。随后，大众汽车公司虽然声称通过全球召回初步解决了 6 速湿式 DSG 的故障隐患，但实际上并未根治 DSG 技术的设计缺陷（大众汽车公司一直不承认 DSG 存有设计缺陷）。从事后大规模爆发的 7 速干式 DSG 故障隐患可以看出，至少 DSG 技术并非像大众汽车公司宣扬的那般"成熟"。

时隔三年，大众汽车公司于 2013 年 3 月 20 日才开始在中国召回搭载 7 速干式 DSG 的车型。此次召回的规模和数量都比 2009 年要大很多，即便如此，大众汽车这次大规模召回依然不彻底。因为，召回的 38 万辆 7 速干式 DSG 车型并不是全部的 7 速 DSG 车型，只是其中一部分而已。既然已经发现 7 速干式 DSG 存在安全隐患，为什么不进行一次性全面召回？这让消费者心生疑惑。果不其然，2013 年 11 月 14 日"东窗事发"，大众汽车在中国进行了第二次大规模召回，再次召回 64 万辆装载 7 速 DSG 变速器的车型。大众汽车在第一次大规模召回时曾承诺，可以彻底解决 DSG 的安全隐患问题，时隔不足 8 个月，大众汽车再次因 DSG 问题而被召回，可见问题并没得到解决。这个曾因"拒不召回"而备受瞩目的全球汽车业巨头，成了中国汽车市场 2013 年的"召回冠军"，其中因 DSG 变速器召回约 102 万辆，占到其当年召回总量的 80% 以上。值得注意的是，两次大规模召回的车型还有重合。大众汽车通过媒体确认，2013年首次召回的车辆中，约有8万辆需要再次被召回。言下之意，这些大众车在第一次被召回后，需要第二次被召回去解决同样的故障问题。

（三）召回存差别

从中国开始实施缺陷汽车产品召回制度起，外国汽车品牌在中国实施的有差别的召回，就一直备受诟病。大众汽车DSG问题召回就是一个典型例子。2009年首次曝光出现DSG故障问题的是中国一汽大众的2009款迈腾汽车，然而并未被立即召回。率先召回的反而是美国，大众汽车公司在美国实施召回后，迫于压力才开始在中国市场召回，而且大众汽车在中美两国因DSG问题召回的车型、数量、规模均不在同一级别。与此形成极大反差的是，大众汽车2009年在中国市场的销量达到了140万辆，而在日渐萧条的美国汽车市场销量仅为46万辆。❶

2010年起，大众汽车公司一直声称由于DSG缺陷不涉及安全问题，因此没必要召回。于是，2010—2012年，一汽大众、上汽大众只延长了DSG变速器的质保期。在2013年中国实施大规模召回之前，大众汽车公司率先在我国台湾省召回了配备7速DSG变速器的车型，同时对台湾省DSG车型的变速器质保期也进行了延长。这与大陆只是延长质保期的处理方式形成鲜明对比，随即便引发了大陆消费者的严重不满，媒体纷纷指责大众汽车公司不在大陆召回是对中国内地实行区别对待。

三、对大众DSG召回事件的评价

（一）政府监管部门主动应对和积极介入

笔者认为对中国汽车行业主管部门在大众DSG事件中的主动监管和积极应对需予以肯定。《缺陷汽车产品召回管理条例》刚实施，大众汽车便被迫展开DSG召回，政府监管部门功不可没，如果没有行使制度权力的监管

---

❶ 新浪汽车. 大众汽车销量再创新高 2009年销售629万辆车［EB/OL］.（2010-01-13）［2022-04-22］. http://auto.sina.com.cn/news/2010-01-13/1841558723.shtml.

主体介入，制度只能是一纸空文。在中央电视台曝光大众汽车DSG问题后，国家质检总局次日便发布公告，通知大众汽车公司就DSG变速器故障实施召回。大众汽车公司如果不履行法定义务，质检总局将责令其召回。随后，大众汽车官方发表声明回应：将实施主动召回以解决DSG问题。大多数消费者一直关切何时召回，认为不召回就是监管不力，这种看法失之偏颇。针对大众汽车7速干式DSG故障隐患问题，国家质检总局从2012年3月便进行跟踪调查，缺陷产品管理中心向社会公开征集大众汽车DSG变速器相关故障信息1万多条，回访用户3000余人，开展现场调查12次，并对掌握的DSG故障件进行缺陷工程分析，组织专家论证7次。❶ 在未得出结论前很多监管工作并不能有效开展，这也易被消费者误解为政府无作为，这就好似看足球比赛"人们只关注临门一脚和比赛输赢，却不在乎进球前的传带球和那耗时90分钟才能完成的比赛过程"。大众汽车在正式召回前，曾被质检部门多次约谈，但大众汽车始终未召回，有的媒体便指责相关监管部门为何需要约谈这么多次，而不直接责令大众汽车召回，监管部门也因此受到了质疑。在监管制度变迁的过程中，从召回制度的实施到消费者获得受益需要靠决策主体（主要是监管部门）推进，有时还需要与阻碍制度变迁的利益团体博弈，虽然制度不能及时反映出受益者（这里主要是消费者）的预期结果，可也不能因此就否认决策主体的效力，这并非决策主体懈怠，而是制度生效存在一定的滞后性。大众汽车在中国市场的汽车销售量较大，为避免损失和方便解决缺陷，汽车企业在实施召回前肯定会权衡利弊，并且任何一家企业在万不得已时都不会轻易决定实施大规模召回。

然而，普通消费者并不能理解相关监管部门的苦衷，对其中隐忧也并不知情。大众DSG变速器问题所涉及的汽车品牌有：上汽大众、上汽大众斯柯达、一汽大众及一汽大众奥迪。这些均是上汽集团和一汽集团持有主要股份的中外合资品牌。真要责令召回的话，上汽集团和一汽集团的损失比大众汽车公司外资部分更为惨重，可谓是"伤敌八百，自损一千"。大众汽车公司作为跨国集团，其市场占有率是全球性的，中国市场受到冲击虽

---

❶ 朱祝何. 质检部门第一时间开展执法检查 [N]. 中国质量报，2013-03-18 (1).

然会产生很大影响，但不会伤其根基；而有的自主品牌汽车企业一旦失去本土市场，就可能损失很大。

（二）社会组织监管缺陷产品召回的潜力巨大

缺陷产品的安全监管问题，不仅是政府监管部门的任务，也是社会管理的内容。在大众DSG事件中除了政府监管部门以外，社会团体也为促使大众汽车公司的最终召回发挥了一定作用，并且社会团体对缺陷产品的监管，有待发挥更大的潜力。大众DSG故障隐患出现后，首先由消费者发现并开始维权，当然离不开律师的法律援助。以蒋苏华为代表的多名律师协助消费者联名向政府监管部门提交关于大众DSG问题的投诉和召回请求。在事件进展过程中，由于对大众DSG技术的不熟悉，消费者相对于大众汽车公司属于信息劣势一方，因此以清华汽车工程开发研究院副院长宋健教授为代表的汽车业界专家，通过行业媒体发表对大众DSG安全隐患的看法和见解，给予消费者维权提供了技术参考。政府监管部门介入后，组织行业专家对DSG故障进行了缺陷工程分析，调查工作有力地促进了制造商主动召回。大众汽车召回的直接导火索是由消费者协会引燃，中央电视台"3·15"晚会对大众DSG的曝光迫使大众汽车公司不得不实施召回。这个过程的每一关键环节都离不开社会组织的参与，可见社会组织在缺陷汽车产品召回的监管领域潜在的能力很大。

随着网络和传播技术的不断发展，"第四种权力"在汽车社会中发挥了越来越重要的舆论导向和媒体监督作用。在大众DSG事件中，舆论媒体更是成为推动大众汽车召回的先锋。大多数人都是因为2013年中央电视台的"3·15"晚会才知晓大众DSG存在的安全隐患问题，并开始关注事态的进展，"3·15"晚会也成了大众DSG召回的前奏。中央电视台"3·15"晚会已经逐渐成为中国消费者最信赖的守护消费品质的舆论阵地，起到了警示产品质量的良好舆论导向作用。除了大众汽车公司，还有很多国际知名品牌的产品质量问题都是在这里被曝光后才得以解决。其实早在大众DSG问题首次出现时，媒体就开始关注此事，并且经过漫长的"舆论拉锯战"。这些舆论总结起来分为两派：一派声讨大众，一派则支持大众。声讨大众并要求大众汽车召回的舆论占主流，他们认为：大众汽车公司以"DSG技术不涉及安全问题"为由拒绝召回，是在隐瞒事实真相、回避问题，属于对消费者不负责任的做法；支持大众一派的观点则认为：被曝光存在问题的7速干式DSG，其实并未在国内引起较大事故，大众汽车作为世界一流汽车品牌，能够拿出切实有效的解决方案已是一种进步，没必要穷追猛打。笔者认为，不用争论孰对孰错，舆论出现针锋相对很正常。其实大众DSG事件本身从发生、发酵到最终召回的整个过程，已经凸显了中国汽车社会的日渐成熟。❶

（三）缺陷汽车产品召回制度发挥了强制约束力

大众汽车DSG问题在2012年就曾面临召回，但根据当时《缺陷汽车产品召回管理规定》的条款，严重隐瞒汽车缺陷的厂商最高罚款3万元，对于大众汽车公司这样资金雄厚的跨国企业而言，3万元的违规成本太低，惩罚力度明显不够严厉。因此，大众汽车公司不惜冒着被处罚的风险隐瞒缺陷问题，拒不召回。但在《缺陷汽车产品召回管理条例》出台后，加大了处罚力度，大众汽车公司若再不召回，即将面对处缺陷汽车产品货值金额1%以上10%以下的罚款。《缺陷汽车产品召回管理条例》的出台和实施，给政府监管部门有效处理汽车产品质量安全问题，尤其是对解决危及公共安全的汽车产品缺陷问题，提供了有效的途径和依据。但是缺陷汽车产品召回制度法规仍然存在不足，如在召回程序的实施细节上不够全面和清晰，企业实施召回依然有漏洞可钻。大众汽车在华大规模召回前采取了延长质量担保期的处理方式，这是与2013年10月实施的《家用汽车产品修理、更换、退货责任规定》（俗称"汽车三包"政策）相关联的，在以条例为主的缺陷产品监管制度法律法规体系中，"汽车三包"对长期维护消费者权益不受侵害具有同样重要的保障作用，因此有效发挥"汽车三包"政策的作用对更好地实施缺陷产品监管意义重大。

---

❶陈喆. 大众DSG事件表明汽车社会更成熟［J］. 中国汽车界，2012（6）：35.

第四章 制度深化
——中国缺陷汽车产品召回制度的更新

（四）大众汽车为外国汽车品牌在华召回垂范

中国早已成为世界主要的汽车市场，2014年全国民用汽车保有量达到1.5亿辆，约占全世界的10%。❶汽车保有量的迅速增长也给中国汽车市场带来了一些质量安全问题，消费者维权投诉汽车企业的情况时有发生，2014年投诉1.4万件，涉及质量安全的问题占40%。❷而由消费者发现汽车问题主动维权，最终能够成功维权，并让汽车企业实施召回的案例非常少。外国汽车企业主动承认产品缺陷，并从消费者利益出发，及时解决缺陷问题的情况更是少之又少。大多数情况是，外国汽车企业凭借技术优势和对召回制度规则的较强掌控能力，把许多原本需要召回才能解决的危机"消弭于无形"，消费者由于信息不对称，只能为被动接受汽车企业治标不治本的解决方案。之前所述的丰田召回门事件就是一个例证，丰田汽车在美国召回超过上千万辆汽车，耗费十几亿美元才通过和解方案，而在中国却实施区别对待，先是否认缺陷涉及安全问题，最后又以小规模的召回和赔偿收场。大众DSG召回事件是中国实施《缺陷汽车产品召回管理条例》后，国际知名汽车企业首次在华实施大规模的受影响召回。受影响召回并不是强制召回，也不是完全意义上的主动召回，而是在政府主管部门缺陷调查下，制造商被动实施的召回。❸大众汽车公司虽然一再拖延召回，但最终还是实施了召回，并且承担了巨额的召回成本。

---

❶2014年国民经济和社会发展统计公报［EB/OL］.（2015-02-26）［2022-04-22］. http://www.stats.gov.cn/tjsj/zxfb/201502/t20150226_685799.html.

❷中消协：2014年全国消协组织受理汽车产品投诉情况分析［EB/OL］.（2015-03-19）［2022-04-22］. http://m.cca.cn/zxsd/detail/24967.html.

❸王琰，等. 汽车召回现状及缺陷模式研究［J］. 汽车工程，2008（11）：1018-1022，1027.

第三节 中国自主品牌汽车对新规的反馈——以江淮汽车"生锈门"事件为例

中国缺陷汽车产品召回制度实施后，自主品牌汽车在国内市场的召回并不多见，这并不意味着自主品牌汽车的缺陷问题少。2013年"3·15"期间，江淮同悦轿车就因车身出现锈蚀的缺陷问题而被媒体曝光。江淮同悦轿车成为中国自主品牌汽车不及时采取主动召回，最终迫于压力不得不实施召回的代表。

一、还原江淮汽车"生锈门"事件

2008年9月，江淮汽车股份有限公司（以下简称"江淮汽车公司"）在成都车展上正式发布了紧凑型轿车"同悦"。江淮同悦轿车上市伊始便迅速成为紧凑型轿车市场的明星车型，销量在同级别自主品牌家用轿车中名列第一。截至2011年底，江淮同悦轿车累计销售11万多辆。然而，在同悦轿车取得销量佳绩的背后却存在工艺不达标、设计不合理的隐忧。2013年"3·15"晚会曝光了江淮同悦轿车的侧围外板生锈的缺陷问题。报道称，"同悦轿车为了节约成本，采用价格相对便宜的普通钢板代替防腐性能较好的镀锌板，造成车身钢板生锈和车漆鼓包，许多同悦轿车的车身及底盘附近的钢板均已出现锈穿的严重情况"[1]。这给广大的同悦车主带来了极大安全隐患，此事件引起了巨大反响。江淮同悦轿车的车身锈蚀问题被曝光后，江淮汽车公司便于2013年3月16日进行了回应，表示已向国家质检总局申请对部分同悦轿车实施召回。国家质检总局于2013年3月19日发布了《安徽江淮汽车股份有限公司召回部分同悦轿车》的新闻和公告（详见附录3）。

同悦轿车召回给江淮汽车公司带来了一定损失。首先，召回给汽车企业造成了直接损失。江淮汽车公司2012年年度报告称，由于受同悦轿车召回影响等，报告期内公司实现净利润4.95亿元，同比下降20.31%。据公

---

[1] 中国网. 用普通钢板代替镀锌板 汽车车身不断生锈［EB/OL］.（2013-03-16）[2022-04-22]. http：//jiangsu.china.com.cn/html/2013/bgt_0316/92664.html.

第四章 制度深化
——中国缺陷汽车产品召回制度的更新

司测算，并经审计确认本次召回预计产生2.03亿元的费用，占净利润的近40%。❶其次，召回对汽车企业的市值带来了负面效应。江淮汽车公司的股价在"3·15"后节节下挫，仅3月份就下跌了约30%。江淮汽车公司及其母公司江汽集团不得不采取回购和增持股份的措施来稳定局势。最后，也是最为重要的，召回对自主品牌汽车企业的信誉影响极大。舆论媒体诟病江淮汽车的制造工艺低劣，江淮汽车销量因此迅速下滑，随后指责声逐渐蔓延到了国内自主品牌汽车的整体质量水平，所有国内自主品牌汽车的销量和企业市值几乎无不受其影响。江淮汽车"生锈门"事件给国内自主品牌汽车带来了负面效应，但是江淮汽车公司及时应对、主动申请召回的负责态度，最后还是赢得了业界人士和广大消费者对自主品牌的支持。

二、江淮汽车"生锈门"事件的特征

（一）存在隐性召回

江淮汽车公司就同悦轿车车身生锈问题曾发出一份内部文件，文件的名称是《关于同悦、和畅车市场主动服务的通知》（以下简称《通知》）。此份"文件"是一份主动为生锈车主服务的内部通知，服务的车辆是在2011年10月17日之前生产的同悦及和畅汽车。这份内部通知既是"主动服务"，也算是一种"隐性召回"。这个通知的第一条即为"对同悦车身部分位置涂胶"，而涂胶位置与车主反映的锈蚀部位一致，采取的工艺流程也与防锈处理方案雷同。从通知内容可以分析得出江淮汽车公司接到市场上大量关于车身锈蚀问题的投诉后，已发现涂装工艺存在问题，因此发出这份内部文件，对同悦、和畅车型及时采用"涂胶"等方式进行防锈处理。❷《通知》是2011年9月28日发出的，并被注明为"预防处理"。之后生产的同悦轿车在出厂前应该已做了技术改进，因此召回车辆中2012年产的同

---

❶新浪财经.江淮汽车：召回费用计入2012年报业绩将受冲击[EB/OL].（2013-03-21）[2022-04-22].http://finance.sina.com.cn/stock/s/20130321/045914901717.shtml.
❷中国质量万里行投诉部.江淮同悦"生锈门"引发车主集体投诉[J].中国质量万里行，2011（12）：26-28.

悦轿车并不在列。同悦轿车从 2009 年开始出现车身锈蚀问题直至召回前，已通过"主动服务"维修处理 6579 辆，占同悦缺陷车型总量的 5.5%，江淮汽车公司因锈蚀问题返修同悦轿车企图蒙混过关的做法属于典型的隐性召回。

（二）召回效率不高

江淮汽车"生锈门"事件被媒体曝光后，虽然回应会对已销售的同悦轿车实施召回，但许多消费者的车辆并未被及时召回，而是一直处于等待召回的状态，部分车主反映甚至需要排两三个月的队才能轮到召回。由于出现锈蚀状况的同悦轿车较多，车身锈蚀问题在环境潮湿的南方地区会越来越严重。消费者好不容易等到了召回，又需要自己把车送往 4S 店，然后自行选择交通工具回家，可 4S 店却不提供代步工具及消费者往返的路费，并称国家没有相关法律支持。实际上，《缺陷汽车产品召回管理条例》中要求生产者应当承担消除缺陷的费用和必要的运送缺陷汽车产品的费用。既然江淮汽车公司承诺服务网点会对锈蚀车辆采取包括免费更换车身等措施在内的服务，那么就应该承担消除缺陷的相应费用，包括运送缺陷汽车产品的费用。结果漫长和烦琐的召回过程给消费者带来了诸多不便，江淮汽车公司没有给予消费者提供满意的服务，降低了召回效率。

（三）召回不够规范

江淮汽车公司实施的召回，主要采取分类维修的措施解决缺陷问题，即按照锈蚀程度的不同（分成未锈蚀、已锈蚀、锈蚀严重三类）运用不同的维修策略来处理。但是这种召回措施有违公平原则，区别对待的做法使很多客户不满意。不论车身锈蚀的程度如何，应尽可能地减小缺陷造成的损失和风险。由于同悦轿车的锈蚀问题大多是在使用两三年后才出现的，并且使用时间越长，锈蚀程度会愈加严重。虽然部分轿车暂时未出现锈蚀情况，或锈蚀不严重，并不代表汽车本身不存在缺陷问题，而是因为使用时间较短，或者行驶环境并不潮湿，缺陷问题还未暴露出来。既然缺陷是在同一批次、型号或者类别的汽车产品中普遍存在的系统性问题，那么就绝非个例,因此应采用同样的处理方法解决同类缺陷问题。车主们希望厂家召回全部缺陷车辆并免费更换车身外壳,或者接受消费者合理补差价的要求以置换新车。江淮汽车公司考虑到召回成本,按照严重情况分类处理缺陷的措施并不符合召回规范的要求。

三、对江淮汽车"生锈门"事件的评价

在中国缺陷汽车产品召回制度日趋成熟之时,依然存在相关部门监管职能不清、监管条理不顺、社会监管难发挥作用等不足之处。但总的来讲,在缺陷汽车产品召回制度变迁过程中,中国自主品牌汽车开始主动实施召回以及政府监管部门对自主品牌汽车企业态度的转变,标志着中国缺陷汽车产品召回制度对自主品牌汽车开始发挥效力,缺陷产品召回监管工作取得了一定成效。

(一)政府在监管制度中的职能定位不清

监管主体在缺陷产品监管中扮演了过多角色,其职能定位不够清晰,并且由于地方政企不分等情况依然存在,政府与汽车企业间的关系复杂,导致地方政府对产品安全的监管职能无法在实践中得到充分发挥。在这里首先要将政府分为中央政府和地方政府两个层级来分析,虽然中国对缺陷汽车产品采取的是中央一级监管模式(由国家监管部门直接负责监管),但在实际监管活动中少不了地方监管部门的参与和配合,并且地方监管部门能对监管实施产生一定影响。政府在缺陷产品召回制度中的首要角色是公共政策的制定者,即决策者身份,这一角色主要由中央政府承担,如缺陷产品召回行政法规是由国务院颁布出台;在对缺陷产品的监管过程中,国家监管部门是对具体缺陷产品召回等活动实施监管的主体(监管者),地方监管部门是国家监管部门的协助者,同时国家监管部门与地方监管部门之间存在一种委托代理关系;❶自主品牌汽车企业是缺陷产品召回制度中的监

---

❶ 如《缺陷汽车产品召回管理条例》第五条规定:"国务院产品质量监督部门根据工作需要,可以委托省、自治区、直辖市人民政府产品质量监督部门、进出口商品检验机构负责缺陷汽车产品召回监督管理的部分工作。"

管客体（被监管者），由于地方政府与当地国有企业（自主品牌汽车企业多属此类）的政企分离不彻底，地方政府仍然会干预自主品牌汽车企业的经营决策，因此两者的利益被捆绑在了一起。在这种相互交织的关系中，政府角色众多：监管制度的决策者、监管制度的实施者、监管对象的利益相关者等。政府监管部门在对江淮同悦轿车等自主品牌汽车的监管中，要提升积极开展缺陷调查的意识，对召回实施的效果也没有进行有效监督和评估，就是因为监管主体间的各种职能权力相互影响、定位不清所致。

（二）缺陷汽车产品召回的监管条理不顺

在缺陷产品监管工作中，由于中央与地方的监管部门之间、地方政府与地方监管部门之间的关系条块分割，地方政府与自主品牌汽车企业间政企不分等情况的存在，政府与企业间的关系在一定程度上仍没有理清，地方保护主义没有根除，因此，缺陷汽车产品召回的监管条理依然不够清晰。国家与地方的监管部门之间存在垂直管理的关系（条条关系）；地方政府与地方监管部门之间则是属地管理的关系（块块关系）；政府监管部门与自主品牌汽车企业之间是监管主客体的关系；地方政府与自主品牌汽车企业之间又是一种委托代理关系（政府拥有产权，委托企业管理者经营）。这中间过多的关系交叉导致监管实施出现一定困境，尤其是在政企分离不彻底时，地方政府不仅是企业的所有者而且还在影响企业的经营决策，因此需要采取中央一级监管模式来规避地方保护。从公共治理的角度看，中央政府的监管部门与地方政府之间没有隶属关系，在出现分歧时国家监管部门的实践活动难以在地方展开，这时往往会委托地方监管部门协助配合，当负责机构运行的地方政府领导（政务官员）与负责管理细节的监管部门工作人员（事务官员）之间出现矛盾，会令政府内部的管理出现混乱。❶此时地方监管部门无法违背地方政府的上级的指示，难以对企业实施有效监管，于是地方监管部门被置于两难境地，最终导致无法对自主品牌汽车的缺陷问题开展有效监管。江淮同悦轿车的车身钢板锈蚀问题主要出在涂装工艺上，

---

❶ 凯特尔. 权力共享：公共治理与私人市场 [M]. 孙迎春, 译. 北京：北京大学出版社，2009：125.

按照国家标准车身涂漆厚度应该在6微米以上,而江淮同悦轿车的车身表面油漆厚度最薄处仅有2微米,这种不符合国家标准的问题却逃过了监管部门的"法眼",就是地方监管乏力的一个表现。

(三) 社会监管主体的作用难以充分发挥

在江淮同悦轿车召回事件中,社会公众的作用很大,消费者协会的监督和"3·15"活动的媒体曝光成为江淮同悦轿车最终召回的直接诱因。消费者投诉和举报历来是发现汽车产品缺陷最快和最直接的途径,在同悦轿车"生锈门"事件中也不例外。当车主们发现同悦轿车出现车身生锈和车漆鼓包等问题后,首先找到了汽车经营者,但在"生锈门"事件初期,汽车生产者和经营者并没有主动召回的意愿,而是采取免费维修等安抚策略应对消费者。当部分消费者因汽车没能得到免费维修,并在屡次要求赔偿未果后,才开始向监管部门投诉和举报。这个程序看似合乎情理,但也反映了一个现实问题,即社会对缺陷产品的监督作用难以充分发挥,并且缺少消费者诉求召回的有效途径。随着中国家用车消费者的日渐增多,汽车已成为一种特殊消费品。消费者作为汽车产品的使用者,理所应当地成为汽车产品安全质量的直接监督者。在最早实施汽车召回制度的美国,所有消费者针对汽车缺陷的投诉都必须被政府监管部门记录下来,并在美国高速公路交通安全管理局网站上公之于众,但在中国以消费者为核心的社会公众并没能发挥出社会监管主体的作用,并且消费者对缺陷产品的举报和投诉也没能及时反映给政府监管部门。

(四) 中国自主品牌汽车实施召回的突破

江淮同悦轿车自上市以来就力争成为国内小型轿车市场上低价家庭轿车的领跑者,果真一经问世便博得了众多中低收入消费群体的青睐。江淮同悦轿车存在缺陷问题本来无可厚非,毕竟连造价不菲的世界知名品牌汽车也有可能出现缺陷问题。江淮汽车作为当年国内汽车销量排名前十的企业,汽车年产销量达50万辆以上,多年来从未实施过召回,结果这次迟迟不召回导致最终召回时付出了更高昂的代价。不过此次江淮汽车与同时被曝光的大众汽车的傲慢态度相比，则显得更加诚恳，很快又提振了消费者对自主品牌汽车企业的信心。现在国家愈加重视缺陷产品监管工作，自主品牌汽车开始实施主动召回，这不得不算是自主品牌汽车企业在中国缺陷汽车产品召回制度实施后的一次突破。

第五章

制度均衡
—— 中国缺陷汽车产品召回制度的完善思路

　　中国缺陷汽车产品召回正在制度深化阶段，尚未达到稳定的制度均衡状态，制度新规在政府的强制推行下已经确立并稳固。尽管新规的实施取得了一定成效，但在具体召回实践中依然存在些许不足：政府在监管中的职能定位还不够清晰；企业仍存在不积极承担召回义务的情况；社会监管力量并没有得到充分的发挥；中国缺陷汽车产品召回制度的法律法规还不完备；配套制度及制度实施机制仍不健全等。为了解决上述问题，本章将提出完善中国缺陷汽车产品召回制度的具体对策：采用多中心治理的监管模式，让政府、市场、社会等多方主体共同参与对缺陷汽车产品的监管；完善缺陷产品监管制度规则，从制度的纵向、横向及与制度外部规则的结合这三个维度构筑起中国缺陷产品召回制度法律体系；制度不单指正式规则，还应包括制度的非正式约束和制度的实施，有必要增强人们对缺陷的认识、培养全社会的召回意识、引入信用管理，并且不断健全和强化缺陷产品召回制度的实施机制。

第一节　多元治理的缺陷汽车产品监管模式

　　政府在市场后监管阶段应该让行业协会和消费者协会这些社会组织发挥更大的作用，通过对监管主体职能的分散，弱化政策制定过程中政府与各种利益集团之间的"权力—利益"关系。唯有通过对政府监管职能和市场、社会监管职能的合理分配，才能完成缺陷产品监管结构的调整。

一、政府监管的核心地位

尽管在利益多元化和价值多元化的现代社会，对于任何一个国家的政府来说，保持对社会尤其是经济领域的干预职能都是不可或缺的，但这种职能的行使方式和行使范围，却在不同类型的政府体制中存在着明显的差别。当代行政改革的目的在于通过缩减政府职能的范围来转换政府的管理模式，那么就要对政府的监管职能给以重新界定。

首先，政府应该是职责有限的政府。政府职责的有限性在于政府行为同样需要成本，而政府的资金也是有限的。政府应该尽量提高效率，用有限的经费办更多的事，如果政府的规模、职能、权力过大，就将成为一个低效的无限政府，因此要对政府的具体职能范围进行限定。在对缺陷产品监管职责的重新划分中，政府的监管职责依然居于核心，但这一核心地位并不是唯一主体地位，只是说明政府监管职责在多元主体中的重要性和关联性所在。缺陷产品涉及社会公共安全和公共利益，必须由政府严加监督，而缺陷产品召回等职责的具体实施主要由市场主体承担。政府的关联性主要体现在政府居于缺陷产品多元监管主体网络的中心位置，政府将企业、消费者、行业协会、消费者协会等市场主体和社会组织连接起来。政府犹如网络中枢起着纽带作用，因此不可或缺，否则缺陷产品监管网络必将散乱。同时，既然是职责有限政府，就要加大行政问责力度，倡导依法问责、科学问责和规范问责，对于缺陷产品重大事故，政府势必要承担缺陷产品监管不到位的相应责任。

其次，政府的职责应以服务为主，而非以管理为主。在新公共管理运动的浪潮下，政府提倡的是服务质量和顾客满意度。在缺陷产品监管中，政府要维护的公共利益主要是产品的消费者权益，消费者既是企业的顾客也是政府的顾客，因此政府应与企业怀有同样的"顾客至上"理念服务消费者。国际上的社会治理奉行多元主体共治的思路，政府与多元行为主体间的信息交流最为直接，因此政府承担着信息传递的重任。为了消除企业与消费者之间的信息不对称，政府应该规范企业公开信息的行为，尤其是

第五章 制度均衡
——中国缺陷汽车产品召回制度的完善思路

督促企业及时披露缺陷产品信息，同时发挥政府收集信息和公开发布信息的便利与优势，构建公共信息服务平台。除此之外，政府还应帮助消费者对缺陷产品实施监督，遇到严重的缺陷产品案件，政府应向受侵害的消费者提供相应的社会救济和保障。

再次，政府应由直接管理转变为以监督为主的间接管理。具体到政府对缺陷产品的监管职能，重点在于"监督"而非"管理"。政府依法监督有关企业通过修理、更换等措施召回缺陷产品，消除产品缺陷对社会公共安全的危害与威胁，保护了社会公众利益，在转变政府监管职能的过程中履行了政府管理公共事务的责任与义务。❶ 政府通过登记、备案等形式对产品缺陷进行调查与核实，并对产品危害和缺陷产品召回效果进行评估，这些工作主要是以监督为主。当企业违反缺陷产品召回制度，不履行召回义务或者侵犯消费者权益时，政府才应直接对企业的不端行为进行纠正，但这种管理也是建立在监督的前提下，主要体现在保证企业遵守制度法规。

最后，政府应极力推动监管制度的不断完善。中国缺陷产品监管制度建设中最重要的莫过于健全制度法律法规体系，政府在这项工作中的职责任重而道远。政府通过制定相应的市场规则，规范和监控有关企业对缺陷产品实施召回，在微观层面促进企业遵规守法、改善生产经营管理、提高产品质量水平、防止企业消极行为的出现。不过要明确一点，国务院是国家权力机关的执行机构而非立法机关，因此制度的主要立法工作仍要由全国人大来完成。政府具有制定政策法规的职责，行政法规同样具有法律效力，但比普通法律层级低。有关行政监管权力的法律规定通常都比较抽象、原则化，因此政府监管部门需要对其进一步具体化、细节化。当前，中国政府出台了多部有关缺陷产品召回的行政法规，但需要配以很多辅助性的政策支持。政府在中国缺陷汽车产品召回制度形成过程中既要担负起完善制度的重任，还要扮演好制度维护者的角色。

---

❶ 汪立昕. 政府管制中有关缺陷产品管理制度的问题研究 [J]. 世界标准信息, 2004 (6): 6-14.

二、企业监管的责任义务

企业作为最主要的市场主体，在市场资源配置中起着至关重要的作用。当企业的权利变大的同时，责任也更大。政府对缺陷产品的监管相对于企业自身的监督和控制而言，在能力和范围上都存在局限性，而企业的自我监督和管控才是最基础的产品质量控制行为。生产企业是缺陷产品的责任主体，因此必须承担应有的社会责任和召回义务。汽车企业对社会整体应负的责任具体包括健康、安全、环境保护等。实施缺陷产品召回的是企业，因此需让企业转变观念，尤其是让自主品牌汽车企业充分认识到主动召回是承担责任的体现。市场经济时代是一个消费者主权的时代，汽车企业要对消费者负责，企业第一要素就是保证产品的质量安全；汽车企业要把环保的责任放在一个非常重要的位置，在节能减排、环境保护方面有很大的发展空间；汽车企业要勇于承担法律责任，严格守法、依法经商，积极参与立法，通过参与立法活动将切身利益诉求表达出来。

企业在承担责任的同时必须具备自我监督控制的能力。

从企业自我监督、控制质量的角度看，企业要有发现缺陷的能力，必须有一定的技术水平做支撑，不然难以通过调查、测试及时发现缺陷。尤其是自主品牌汽车企业，在与外国企业竞争中，必须通过完善内部管理适应新的召回制度，企业内部应建立相应的缺陷调查和召回部门，负责企业内的缺陷产品监管工作。企业通过发现缺陷、解决缺陷的过程不仅可以提升产品质量水平，同时也有益于改善企业的生产经营管理模式。企业实施缺陷产品召回不仅需要一定的技术水平，还要有一定的经济实力，不然很容易陷入一蹶不振的境地。因此，要适应缺陷产品召回制度，企业必须根据自己的规模，设计发展战略，避免大规模缺陷产品的出现。从产品质量管控的源头规划发展战略，更加注重技术研发和质量提升的资金投入，改变以往为了占据价格优势而降低成本投入的低端发展策略。尤其是中国自主品牌汽车企业，要通过对产品质量的管控提升品牌声誉，树立企业诚信形象。企业内部通过对缺陷产品实施自我管控，不仅是在提升产品质量，也是履行社会责任、践行管理道德、维护企业诚信的过程。

第五章 制度均衡
——中国缺陷汽车产品召回制度的完善思路

从企业间相互监督、行业自律的角度看，企业间的相互监督有利于相互促进，从而推进整个产业的发展。当企业发现缺陷产品而不及时采取措施时，其他企业应从行规的角度予以"惩治"。当然，这种"惩治"并非政府对企业实施处罚的形式，而是以一种非正式约束的形式，是一种无形的规则。比如行业协会可以取消违规企业参评行业奖项的权利，拒绝其参加行业内举办的交流、展出等活动。这对企业的发展会造成极大影响，无形中给缺陷产品生产者带来压力，从而更加重视产品质量。行业内如果形成了这种良好的风气，非正式约束的效果就会实现，企业和行业的自律同时也会减轻政府监管的压力。在这种相互监督之下，企业将更加重视对缺陷产品管控能力的提高，以便在市场竞争中占得先机。

三、社会监管的权利保障

制度设计应以普通消费者的公民权利为本位，政府不仅要激发企业的社会责任感，还需要社会各种组织共同参与监管，而不是由政府包办一切。缺陷产品安全问题是关系社会稳定和市场秩序的一个重要问题。中国的产品质量安全监管继续沿用传统的监管理论及其工作模式，实践证明已不符合时代要求。因此，必须建立起以社会为主体的多元监管网络，发挥社会组织在缺陷产品监管中的重要作用。在对大众DSG召回事件的评价中，本书已论述过消费者在社会监管中的重要性及其潜在的能力，分析了消费者监管缺陷产品召回的实现方式。消费者应充分享有对市场信息的知情权、参与权、监督权。政府应提倡、鼓励消费者直接对缺陷产品进行监督，在社会监督的基础上培育以实现公共服务为目的的社会非营利组织对缺陷产品实施监管，也就是说不仅停留在监督层面，还要由社会来参与管理。

首先，消费者作为产品的使用者，理应获得有关产品缺陷及召回信息的知情权。由于消费者与企业间的信息并不对称，企业占有绝对的信息优势，因此需要赋予消费者获取相关信息的权利，政府和企业必须履行及时公开缺陷信息的义务。在中国缺陷汽车产品召回实践中，出现了汽车企业隐匿召回的不端行为，蒙蔽了消费者的视听。对这种行为应在缺陷产品召回法规中明令禁止，否则消费者的知情权就无法得到保障，同时应当赋予消费者投诉企业信息不公开行为的权利。政府和企业在发布缺陷产品召回信息及发出缺陷产品预警信息时，应重视结果而不是形式。有些信息的发布渠道不为人知，消费者无法获知，因此消费者的知情权应建立在政府和企业明确的告知义务上。

其次，消费者要直接参与对缺陷产品的监管。因为对缺陷产品实施召回的最终目的是维护消费者的合法权益，如果缺少了消费者，那么缺陷产品召回就失去了应有的意义。在提倡社会管理创新的时代，需要社会实现自我管理，尤其是关乎消费者、公民乃至整个社会利益的问题时，社会监管更能发挥直接作用。从社会约束企业行为和维护公民权益的角度看，消费者协会等非营利性质的社会组织应具有更多的监管职能，尤其是在政府职能向社会分散和转移的过程中，对缺陷产品的监管职能更应该交还给社会。香港特区政府就通过授权逐步将部分政府监管职能转移给社会团体，其中香港消费者委员会就很好地分担了政府的监管职能。❶

最后，消费者对缺陷产品的监督权应得到有效提升。相比政府而言，消费者更容易直接对缺陷产品进行监督，因为消费者是缺陷产品的直接使用者，而政府则是通过消费者和企业获知产品的缺陷信息。应该加强缺陷产品召回制度的消费者投诉举报机制建设，尤其是通过消费者投诉启动缺陷产品召回程序的机制。由于消费者相对于企业来说处于弱势方，而政府掌握信息并启动缺陷调查又需要一定的成本，因此消费者通过投诉举报，启动缺陷调查预案，不仅能让消费者变弱势为强势，还能缩短缺陷产品召回的反应时间，降低政府的成本投入。政府如果将缺陷调查和缺陷认定的职能转交给社会专业技术机构，并为其支付一定的费用，要比政府自己承担这一任务的成本投入小、效率高，关键是可缩短从发现缺陷到消除缺陷的反应时间，能减少因产品缺陷带来的不必要损失。

---

❶ 戴昆峰，等. 中国香港特区政府产品质量监管规则及可借鉴经验[J]. 上海质量，2009（12）：66-69.

第二节　加快构筑中国缺陷产品召回制度法律体系

市场监管法在市场经济体制发展过程中，发挥着越来越重要的作用，是社会主义市场经济的重要法律。❶ 市场监管法治化建设中必不可少缺陷产品召回的法律法规以及相关规则、配套政策，因此构筑中国缺陷产品召回的法律体系是实现市场监管法治化进程中的重要任务。2018年我国政府进行了机构改革调整，在国家质量监督检验检疫总局、国家工商行政管理总局、国家食品药品监督管理总局的基础上组建了国家市场监督管理总局，于是国务院于2019年对《缺陷汽车产品召回管理条例》进行了修订，将第五条和第六条中涉及主管部门的内容依据新调整的部门做了删减，其余内容保持不变。但是，这一法规从2013年施行至今已十年，仍需要在纵向提升法律层级、横向拓宽范围，以及与制度内外部政策的关系上进一步完善。

一、纵向提升法律层级

中国缺陷汽车产品召回制度仍是以国务院行政法规的形式出台，但这项制度不能仅停留在行政法规层级。行政法规主要是政府管理行政事务、行使行政权力参照的法律依据，其法律层级要低于普通法律。国外学者认为，在应对缺陷等产品安全问题时，政府的直接管制不是影响企业安全决策的唯一因素，渐渐增加的由法院来规范的产品责任在促进产品安全中也发挥了重要的作用。❷ 司法解决途径更关注对市场经济运行中违法行为的后果进行司法裁定或者制裁，是在危害已经构成后的权利主张和损害赔偿。换言之，通过司法途径解决消费者与企业间的汽车产品缺陷纠纷问题，将给生产企业形成良好的产品缺陷责任意识带来重要影响，所以制定更高层级的缺陷汽车产品召回制度法律能给消费者获得责任赔偿提供更为有效的

---

❶顾功耘. 市场监管法律制度的改革与完善［M］. 北京：北京大学出版社，2014：1-6.

❷维斯库西. 反垄断与管制经济学［M］. 陈甫军，等，译. 北京：中国人民大学出版社，2010：228.

权利保障。在美国，生产商因缺陷汽车产品引发恶性事故后，不仅会因违反缺陷产品召回法律而受到政府处罚，还将面临大量的民事诉讼赔偿。在中国汽车市场，消费者维权艰难的境遇没有得到根本改变，企业的民事责任成本远小于政府的规制成本，这是司法途径解决缺陷产品出现困难的根源，仅靠行政法规作为缺陷产品召回制度的法律支撑是绝对不够的，所以要将缺陷汽车产品召回法规提升至普通法律，通过提升制度的法律层级来进一步增加强制约束力。

纵向提升缺陷产品召回制度法律层级主要可以通过两种方式。第一种方式，是在相关法律和各类产品的安全法中全面引入缺陷产品召回的内容，借此提高缺陷产品召回制度的法律层级。第二种方式，是为缺陷产品召回制度单独立法，不过前提是要将适用召回制度的产品类型做一个限定，针对可能出现缺陷的产品类型制定统一的缺陷产品召回法。我国也曾起草过《缺陷产品召回管理条例》，试图对所有产品类型制定缺陷产品召回法，但至今仍未成形，主要因为不同类型的产品千差万别，是否有必要制定涉及全类产品的召回法律存在争议。现行的中国缺陷汽车产品召回制度并非国家立法机关颁布的普通法律，而国外的缺陷汽车产品召回制度多出现在普通法律中，比如美国的《国家交通与机动车安全法》和日本的《公路运输与车辆法》。故此，笔者认为可以效仿美国，通过制定各类产品的安全法全面引入缺陷产品召回制度，如制定涵盖缺陷汽车召回内容的机动车安全法，针对消费品制定统一的消费品安全法等。

目前我国关于缺陷产品召回的内容散见于普通法律的个别条文中，有的仅涉及产品缺陷责任，有的只借鉴召回制度，并没有建立统一的缺陷产品召回制度；之前在侵权责任法中有关缺陷产品召回的内容，如今只在《中华人民共和国民法典》的第一千二百零六条中有所体现，而且主要涉及产品的侵权责任问题；《中华人民共和国产品质量法》虽然规定了生产者应承担产品缺陷的赔偿责任，但并无对生产者实施缺陷产品召回的相关要求；《中华人民共和国大气污染防治法》中明确了国家建立机动车和非道路移动机械环境保护召回制度，但这也只涉及汽车缺陷召回的一个方面。

如果不能单独制定涵盖缺陷汽车召回内容的机动车安全法，可以借鉴

第五章 制度均衡
——中国缺陷汽车产品召回制度的完善思路

日本把缺陷汽车产品召回内容引入与之息息相关的道路交通安全法中，通过修订《中华人民共和国道路交通安全法》，增设汽车生产企业实施缺陷汽车产品召回的义务和承担汽车产品缺陷责任的相应条款，从而巩固缺陷汽车产品召回制度的法律地位，并让《缺陷汽车产品召回管理条例》与之相衔接，共同构成中国缺陷汽车产品召回制度法律体系。除此之外，如果不能单独制定统一的消费品安全法，那么至少应该让缺陷产品召回制度在产品质量安全监管最重要的普通法律《中华人民共和国产品质量法》中得以明确，通过修订《中华人民共和国产品质量法》实现在普通法律中建立针对一般产品的缺陷召回制度的目的。与此同时，缺陷产品召回制度作为国际市场规则，还应反映在对进出口商品监管的普通法律中，因此可以修订《中华人民共和国进出口商品检验法》以增设对进出口商品实施缺陷产品召回的相关条款，这样更有利于中国产品在国际市场中竞争和更为有效地监管国外进口商品。

二、横向拓宽立法范围

目前，《缺陷汽车产品召回管理条例》的适用范围只包括汽车整车和汽车轮胎，并非真正意义上的汽车产品，更不用说所有的机动车类型。因此，中国缺陷汽车产品召回制度的适用范围需要进一步扩大，并由汽车带动其他产品类型的缺陷产品召回制度立法。

（一）真正将汽车零部件纳入召回范围

《缺陷汽车产品召回管理条例》的名称明确了召回对象为"汽车产品"，这就意味着这项制度不仅适用于整车，也应该包括汽车零部件。可目前《缺陷汽车产品召回管理条例》仅将汽车轮胎纳入了召回范围，而实际上影响汽车安全的许多重要零部件仍未直接列入召回范围。汽车是一个非常复杂的机电系统，由成千上万个零件组成，其中被称为汽车三大件的发动机、底盘、变速器，都是汽车非常重要的零部件。这些汽车部件一旦出现问题，很容易引发交通事故。随着中国汽车保有量的快速增长，汽车零部件销售市场竞争也愈加激烈，但汽车零部件缺陷产品一直在一定程度上困扰着中国汽车市场的发展。因此，真正对所有汽车零部件实施缺陷汽车产品召回制度尤为重要。成熟的国外汽车产品召回制度，还很重视弱势群体在汽车使用方面的安全保障问题，如在汽车中安置的儿童座椅也属于可召回的汽车产品。中国对这方面仍没有具体要求，必须尽快将缺陷汽车产品召回范围扩展到包括汽车零部件及儿童安全座椅在内的所有汽车产品。

（二）召回对象从汽车扩展到所有机动车

美国的《国家交通与机动车安全法》涉及的缺陷产品召回对象不只包括汽车，还包括其他机动车类型。机动车是以动力装置驱动或者牵引，上道路行驶的供人员乘用或用于运送物品以及进行工程专项作业的轮式车辆，包括汽车及汽车列车、摩托车及轻便摩托车、拖拉机运输机组、轮式专用机械车和挂车等，但不包括任何在轨道上运行的车辆。❶ 目前，条例的适用范围还没有完全覆盖所有机动车类型，摩托车、拖拉机运输机组、轮式专用机械车等机动车类型仍不在缺陷产品召回范围。据公安部统计，2021年全国机动车保有量达3.95亿辆，其中汽车3.02亿辆❷，但仍有近1亿辆机动车类型并非汽车。中国作为发展中国家，虽然汽车保有量的增速很快，但中国也是农业大国，拖拉机运输机组、三轮农用运输车等机动车类型在农村的使用依然非常广泛，因此，有必要在提升缺陷汽车产品召回制度法律层级时，将其适用范围扩大至所有机动车类型。

（三）加速其他产品的缺陷产品召回制度立法

中国以汽车产品作为缺陷产品召回制度的试点已经取得一定成果，如何把这一成果推广到其他产品领域，则是下一阶段缺陷产品召回制度立法的重要任务。目前，食品、药品、医疗器械、消费品等产品类型已经制定了相应的缺陷产品召回法规，只有《中华人民共和国食品安全法》中明确

---

❶何树林.谈机动车假牌假证违法行为的查处与治理［J］.政法学刊，2011（1）：115-119.

❷2021年全国机动车保有量达3.95亿 新能源汽车同比增59.25%［EB/OL］.（2022-01-12）［2022-04-22］.http://www.gov.cn/xinwen/2022-01-12/content_5667715.htm.

第五章 制度均衡
——中国缺陷汽车产品召回制度的完善思路

了国家建立食品召回制度,其他产品类型的缺陷产品召回制度多以部门规章形式出台,有些应尽快升级为国务院行政法规,有些则应该进一步升级至普通法律,以提升其权威性和约束力。在总结中国缺陷汽车产品召回制度的经验和借鉴国外缺陷产品召回制度立法的基础上,笔者认为除了汽车、食品、药品、医疗器械这些产品类型需要单独制定召回制度法律外,可以参照美国、欧盟、澳大利亚等国家或地区的做法,对所有消费品进行统一的召回制度立法,将电器、家具、服饰、生活日用品、儿童玩具等产品类型都涵盖在内。2019 年 11 月 21 日,国家市场监督管理总局已出台了《消费品召回管理暂行规定》,但这一暂行规定仍需提升法律层级,国家曾于 2013 年启动过消费品安全法的立法研究工作,下一步制度升级可以通过制定消费品安全法确立消费品的缺陷产品召回制度。

三、协调内外部的关系

(一)缺陷汽车产品召回制度内部的统一完善

一方面,国家法规之间需要协调配合予以完善。《缺陷汽车产品召回管理条例》在执行过程中需要配备实施细则和相关办法予以补充。为了进一步明晰缺陷汽车产品召回监管程序,国家有关部门制定了《缺陷汽车产品召回管理条例实施办法》,两者相互配合并保持统一才能达到更好的效果。机动车排放污染问题一直受各国重视,机动车环境保护召回是防治汽车排污超标的重要手段。国家市场监督管理总局已于 2021 年出台并施行了《机动车排放召回管理规定》,正式把汽车排放超标问题列入缺陷范围。排放召回也是国际通行做法,其实在美国、欧洲、日本等地早已实施。这一新规定弥补了国内无汽车排放缺陷应用召回制度的缺憾,使中国缺陷汽车产品召回制度得到进一步完善。

另一方面,国家法规与地方性法规之间需要统一。由于中国各地的立法水平存在差距,相对于国家立法进程而言,东部地区立法超前,这就出现了地方性法规与行政法规之间发生冲突的情况。如前所述,在丰田汽车召回事件中,因为《浙江省实施〈中华人民共和国消费者权益保护法〉办法》中规定了召回赔偿，所以丰田仅对浙江省消费者进行赔偿，而对其他省份的消费者区别对待。这就需要国家对缺陷汽车产品召回内部法律法规进行统一，保持一致，尤其是国家法规不应落后于地方立法的进程，只有这样才能让所有国民享受同等的待遇，彻底消除缺陷产品召回制度给消费者带来的地域差异和歧视。

（二）缺陷汽车产品召回制度与外部法律衔接

一是与其他法律相衔接。中国缺陷汽车产品召回制度目前缺少与民事法律和刑事法律的必要衔接，应在民事诉讼的赔偿责任和企业承担的刑事责任方面多下工夫，对严重的汽车缺陷问题应明确如何追究企业和重要责任人的刑事责任。要在缺陷汽车产品召回制度中明确规定哪些行为应追究民事责任和刑事责任，依据《中华人民共和国民事诉讼法》和《中华人民共和国刑法》中的哪些具体条款执行，追究相关责任者的民事和刑事责任。

二是以技术法规作为支撑。近几年先后实施的《汽车产品安全风险评估与风险控制指南》《汽车产品缺陷线索报告及处理规范》《缺陷汽车产品召回效果评估指南》《汽车产品召回预警规则》《汽车产品召回过程追溯系统技术要求》等国家标准，为更好地开展缺陷汽车产品召回工作提供了指导和建议，也使制度的执行有了标准可以遵循。但是，在产品的安全技术法规和强制性标准方面，中国与美国、欧盟、日本等发达国家或地区相比还存在差距。中国仍要继续加快国家标准化进程，尤其是关于产品安全强制性标准的制定工作必须向发达国家看齐，努力缩小国家技术标准间的差距。与此同时，政府要吸收采纳汽车行业标准中关于人身、财产安全的重要标准作为国家强制性标准；鼓励企业采用国际先进标准，并制定超前的技术标准，以带动行业技术标准的发展。

（三）缺陷产品召回制度与其他制度安排相互配合

对缺陷产品的监管不能仅依赖缺陷产品召回这一项制度来实现，要有市场内的制度和社会监管制度与之形成一系列的制度安排，才能汇成缺陷产品监管制度体系。缺陷产品召回制度与标准制度、产品质量认证制度是

第五章 制度均衡
——中国缺陷汽车产品召回制度的完善思路

确保产品质量安全、共同构成产品质量监管法律制度体系的三大基石，只有按照严格的产品质量认证制度实施缺陷产品召回制度，才能行之有效地把缺陷产品抵挡在市场大门之外。

与欧美相比，当时中国的产品召回制度配套体系还不健全，作为产品召回制度重要组成部分的产品召回保险制度有待进一步完善。❶ 缺陷产品召回往往会给企业带来巨额成本和缺陷产品责任索赔，外国企业常通过购买召回保险来转嫁风险、降低成本。然而当时我国产品召回保险制度尚未构建，企业投保的主动性和积极性也有待提高。❷ 因此，政府要鼓励生产企业购买召回保险，并对国内的召回保险公司给予一些政策扶持，如政府监管部门与保险公司开展合作，共同为投保企业的产品召回风险进行评估、为召回赔偿定损等。除此之外，还需要消费者举报投诉制度等社会监管制度予以配合。消费者作为产品的使用者是最先发现产品缺陷的群体，完善消费者举报投诉制度能够及时发现缺陷产品并反映给政府监管部门，是下一步有效实施缺陷产品召回等处置措施的前提。

（四）缺陷汽车产品召回制度需要配套政策的支持

如前所述，美国各州都有柠檬法。这类法律是针对二手车的偶然性缺陷问题而制定的，但后来也适用于系统性缺陷问题。中国从2013年起便出台了汽车三包政策，并于2021年更新为《家用汽车产品修理更换退货责任规定》。这项中国政策与美国的柠檬法有许多近似之处。"汽车三包"政策可以与缺陷产品召回制度互为补充，进一步健全缺陷产品监管制度体系。汽车三包政策目前只针对家用汽车也就是私家车，但还有很多企事业单位、政府机关的"商用车"和"公车"不包括在汽车三包范围内，因此还有完善的空间。另外，汽车三包主要针对汽车的一般质量问题和偶然性缺陷问题，对于系统性缺陷问题，如何与缺陷产品召回制度对接还需要进一步设

---

❶ 王贺洋. 产品召回保险若干问题研究 [J]. 西南农业大学学报（社会科学版），2007（1）：14-17.

❷ 任向英. 我国产品召回保险的发展现状及前景探析 [J]. 江西财经大学学报，2005（2）：44-46.

计。除此之外，政府为鼓励汽车企业主动实施缺陷产品召回，还可以给予企业一些扶持政策。

第三节　加强对缺陷汽车产品监管的非正式约束

在一切社会，从最原始的直至最先进的，人们无不在自己身上施加种种约束，以此来为自己与他人的联系提供结构。在我们与他人的日常互动中，不论是在家庭内部，还是在外部的社会交往中，支配结构的绝大部分是由行事准则、行为规范以及惯例来界定的，这些被称为非正式约束。非正式约束包括声誉、普遍接受的行为准则，以及因重复交易而产生的惯例。❶

一、对缺陷的重新认识

产品缺陷的概念在本书的开头已做过介绍，但在这里又需要对缺陷进行重新认识，这并不是重复的概念介绍，而是因为政府、企业及消费者各行为主体间对缺陷在认识上存在差异，如果观念无法得到统一，那么在非正式约束中就很难形成好的行为规范。目前对缺陷的认识主要存在以下几点分歧。

首先，我国《产品质量法》对判断缺陷产品实行了双重标准：一是存在不合理危险的标准；二是不符合强制性标准。这种双重标准造成对缺陷产品认定的困难。❷ 虽然立法时可能考虑两种标准可以互为补充以防遗漏，但实际上适得其反，会使概念变得更加模糊。存在不合理的危险这一判断标准是国际上对缺陷统一的概念界定，而违反相应的国家标准及行业标准这一内容则是我国独有的。笔者认为应该仅保留前半部分，而将后半部分删除。这样主要是出于两点考虑，一方面是为了与国际达成认识上的统一，

---

❶ 诺思. 制度、制度变迁与经济绩效 [M]. 上海：格致出版社，上海三联书店，上海人民出版社，2014：50-51，87.

❷ 任向英. 我国产品召回保险的发展现状及前景探析 [J]. 江西财经大学学报，2005（2）：44-46.

第五章 制度均衡
——中国缺陷汽车产品召回制度的完善思路

另一方面是为了消除双重评判标准带来的分歧。因为在当时的情况下，中国的技术标准水平落后于发达国家的标准和国际标准，甚至部分标准落后于一些外国企业的标准。以汽车技术标准为例，有的跨国汽车企业的技术标准高于中国的汽车行业标准和国家强制标准。更为重要的是，一些企业因产品缺陷引起责任事故时会依据后半部分的缺陷评判标准为自己开脱，因为很有可能汽车产品存在缺陷但却符合相应的强制性国家标准和行业标准的情况，所以后半部分判断标准显得多余。

其次，产品的缺陷有可能是系统性的，也有可能是偶然性的。这两类缺陷有不同的处置措施。系统性缺陷是指由于系统性原因所造成的，是某一批次、型号或类别的产品中普遍存在的相同的或者近似的缺陷；偶然性缺陷是指由于随机性、偶然性因素所造成的，仅存在于少数产品中的零星的、分散的缺陷。在中国法律法规中并未对这两类缺陷加以区分，缺陷产品召回制度法规中的缺陷仅指系统性缺陷。现实生活中，产品的偶然性缺陷大量存在，却得不到解决，而有的企业又通过对出现偶然性缺陷的产品进行召回来扰乱视听。比如前文所述的丰田汽车召回事件中，丰田并未因在美国出现的系统性缺陷在中国实施大规模召回，而是有选择地假借偶然性缺陷问题在中国实施小规模汽车召回。由于国内对缺陷的认识不清晰，消费者被缺陷产品的生产商所蒙蔽，而政府对此却无法可依。系统性缺陷主要采用缺陷产品召回制度予以解决，而偶然性缺陷应主要通过司法（在美国适用柠檬法）途径解决。

最后，科学上暂不能发现的产品安全问题是否属于缺陷？在这一问题上的认识需要统一。这类缺陷被称为发展缺陷，是指产品在制造或投入流通时，根据当时的科学技术水平难以发现产品具有不合理的危险性，随着科技的进步又被证明产品存在着不合理的危险性。发展缺陷属于相对缺陷，不属于已明确的缺陷。因为它是以科学技术发展水平来衡量的缺陷，如果当时的科技水平难以发现问题即被视为无缺陷产品，而科技水平发展到足以认识这一缺陷时，它又可能出现设计缺陷、制造缺陷、指示缺陷等。因此，对它的认定比较难，目前许多国家并未将其算作一种缺陷类型。依据各国产品责任法的普遍要求，产品存在造成人身、财产安全损害的，生产者都应依法承担赔偿责任,而各国法律往往将发展缺陷作为制造者承担产品责任的免责理由。我国《产品质量法》第四十一条就将产品的发展缺陷作为厂商承担产品责任的免责理由。产品召回制度虽为一项补救性措施,但更应具有一种预防作用(功能),它重在防微杜渐,因此对预防性法律规制的范围,应该采用适当扩张的态度,才能更为有效地防止产品危害的发生。❶笔者认为,发展缺陷主要来源于产品的研发设计和制造工艺,即主要表现为系统性缺陷,而产品召回制度存在的目的就是要消除产品中存在的系统性缺陷。因而,消除产品中存在的发展缺陷也是产品召回制度的主要目的之一。

二、培养全社会的缺陷产品召回意识

非正式约束是人们在长期交往中形成的,具有持久的生命力,并构成代代相传的文化的一部分。它主要包括价值信念、伦理规范、道德观念、风俗习惯、意识形态等因素。诺思在近些年的研究中,越来越重视人们的信念、认知、心智构念和意向性等非正式约束在人类社会制度变迁中的作用。诺思指出:"人类的演化是由参与者的感知所支配的;选择—决策是根据这些感知做出的,这些感知能在追求政治、经济和社会组织的过程中降低组织的不确定性。"❷从根本上来说任何集体行动带来的收益都具有"公共产品"的性质。个人对公共产品的提供所产生的直接作用微乎其微,在集体行动的逻辑中,正是由于每个人都认为自己的作用微乎其微,集体的目标才难以实现。❸结合诺思和奥尔森(Olson)在制度非正式规则上的论述,我们可以发现,形成有效的非正式约束必须依靠一定的选择性激励,改变错误的思想和观念,具体到缺陷产品监管和召回实践中,是要培养全社会正确的缺陷产品召回意识。

第一,对企业而言,生产者作为召回的责任主体必须严格遵守制度法

---

❶ 徐士英. 产品召回制度:中国消费者的福音 [M]. 北京:北京大学出版社,2008:16—17.

❷ 诺思. 理解经济变迁过程 [M]. 北京:中国人民大学出版社,2013:50.

❸ 奥尔森. 集体行动的逻辑 [M]. 陈郁,等,译. 上海:格致出版社,2019:8.

第五章 制度均衡
——中国缺陷汽车产品召回制度的完善思路

规,不能有蒙混过关的思想。有的企业对缺陷产品召回意识淡薄,对召回制度存有误解,往往担心召回影响企业声誉、损害企业利益。从长远角度来看缺陷产品召回应被看作是企业的自救行为,召回制度作为最后一种防护手段,有助于企业避免遭受重大创伤,提高企业的国际竞争力。企业可以通过召回挽回声誉,分析产生缺陷的原因,并采取措施以保证不再因同样的缺陷导致新的召回;为新产品配以新的序列号、产品型号、风格包装和颜色,以防止待召回产品、已维修产品和已达到安全标准的新产品之间产生混淆;增加广告的投放量,告诉消费者产品缺陷已经得到纠正。中国自主品牌汽车企业的经营管理者的信念及决策意向性是推进中国缺陷汽车产品召回制度变迁的一个关键因素。在中国汽车行业内,有的企业召回意识不强,如果整个行业无法形成良好的非正式规则,就会出现制度毫无约束力的状况。随着召回制度的深化,国内外汽车企业正在顺应制度变迁的趋势,自主品牌汽车也开始意识到召回的意义:不仅体现为对消费者权益的保障,更是履行企业社会责任、维护社会公共安全的职责。召回作为一种更人性化、更富有人文精神的企业文化行为,对企业声誉和品牌价值不仅无害反而有益。然而,在中国缺陷汽车产品召回实践中,还存在自主汽车品牌"零召回"、外国汽车品牌实施"作秀"式召回、"中外有别式"召回等有违召回制度的"潜规则"行为。其归根结底是由于当时中国汽车市场的不成熟,以及全社会对召回制度的认识不统一,未形成有益于制度发展的行为规范和准则。

第二,对消费者和社会而言,随着中国缺陷汽车产品召回制度的实施,从消费者到全社会都对这一制度日渐熟悉,主观认识上也已发生了极大转变。在遇到缺陷产品问题时,消费者以前并不了解这种制度,更多的是避谈召回,既不想遇到缺陷问题,也不想面对召回。如今,在汽车产品消费过程中遇到缺陷问题时,消费者会积极提出召回的诉求。但在除汽车以外的产品领域,消费者仍然更多的是采取与经销商、生产商协商或通过向消费者协会投诉,提出退换货或赔偿的要求。部分消费者混淆了缺陷与假冒伪劣产品之间的关系,将召回的缺陷产品等同于企业质量差的产品,没有认识到召回体现的是企业诚信。因此,仍需要对全社会进行召回观念的宣传。产品召回是一项复杂的系统工程，需要全社会形成合力，共同参与。在现实生活中，企业产品召回意识不强、消费者认识不足、社会认同度低等，均影响召回制度的顺利推进。因此，要注重舆论引导，拓宽宣传渠道，充分发挥广播、电视、网络等媒体的宣传、引领作用，向社会公众广泛深入地开展宣传教育活动，普及产品召回知识，引导社会正确认知，提高消费者自我保护意识，为产品召回制度建设营造良好的社会氛围。❶

第三，就政府而言，政府部门作为缺陷产品召回的监管主体，有义务对缺陷产品和召回制度向全社会进行宣传，改变人们认识上的差异。企业对召回的认识非常透彻，因此会利用对产品瑕疵实施召回来掩盖产品的重大缺陷问题，政府应严格纠正市场上类似的召回"潜规则"，促使企业形成良好的召回动机，防止侵害消费者利益的行为出现。政府应在以人为本的思想指导下，以提高社会总福利为目标，以维护社会公平为原则向社会公众提供公共服务，正确引导中外企业在缺陷产品监管中贯彻这一理念。汽车行业主管部门对自主品牌汽车企业的态度也需要转变，不能仅认为召回会给企业带来损失，就因此持有包庇企业的态度，更应看到自主品牌汽车企业要在市场上与国外企业竞争必须适应制度规则，因此保护主义观念需要改变。一般意义上，政府在保护民族产业方面，存在两种相互"竞争"的逻辑：一种逻辑是直接保护，或者称之为结果性保护，即直接给予民族产业优惠政策，试图通过限制竞争对手来保护被保护者，从而发挥政府在资源配置中的作用，本质上是以"国家逻辑"代替"企业逻辑"；另一种逻辑是间接保护，或者称之为程序性保护，即为民族产业创造良好的竞争环境，使民族产业通过竞争来学习，在竞争中提高，在竞争中打败竞争对手，政府只创造良好的竞争环境，本质上是让企业遵守"企业逻辑"。显而易见，政府应摒弃"国家逻辑"，而应奉行"企业逻辑"。不然，很有可能在政府长期"保姆式"的政策干预下，民族企业不思进取、过度依赖政府，结果在面对国外企业时缺乏竞争力，最终被市场淘汰。

---

❶ 黄培东. 缺陷产品召回机制在行政监管中的应用［J］. 中国质量技术监督，2012（8）：52-54.

三、在缺陷汽车产品召回制度实施中引入信用管理

从欧美国家实施缺陷汽车产品召回制度多年的情况来看，汽车企业对缺陷产品实施的主动召回行为不但不会影响企业在公众心目中的形象，反而会提升企业的信誉度，给消费者留下负责守信的美名。然而，有的汽车企业对缺陷产品召回带来的信誉提升认知不足。因此，为了引导和促进汽车企业保障汽车产品安全，有必要在缺陷汽车产品召回过程中引入信用管理，约束企业遵纪守法、诚信经营，形成积极主动实施召回的意识，并由汽车市场辐射其他行业，带动全社会的诚信意识和信用水平的提升。

（一）引入信用管理的依据

市场信用环境的好坏对国家经济的发展起着举足轻重的作用。根据西方经济理论和发达国家的历史经验，人均国内生产总值高于2000美元的国家就进入信用经济发展阶段，信用经济成分将在经济增长中做出主要贡献。[1]经过改革开放后多年持续、稳定和高速的发展，中国在2006年人均国内生产总值达到了2042美元，正式跨入了信用经济时代。[2]时任国务院总理李克强在2014年4月的国务院常务会议中指出：要建立守信激励和失信惩戒机制。对违背市场竞争原则和侵犯消费者、劳动者合法权益的市场主体建立"黑名单"制度，对失信主体在投融资、土地供应、招投标等方面依法依规予以限制，对严重违法失信主体实行市场禁入。[3] 2014年，国务院部署加快建设社会信用体系、构筑诚实守信的经济社会环境，原则上通过了《社会信用体系建设规划纲要（2014—2020年）》，规定"加强各类生产经营主体生产和加工环节的信用管理，建立产品质量信用信息异地和部门间共享制度。推动建立质量信用征信系统，加快完善产品质量投诉举报咨询服务平台，建立质量诚信报告、失信黑名单披露、市场禁入和退出制度"。

---

[1] 许进. 完善个人信用促进社会和谐 [N]. 经济参考报, 2008-01-04 (4).
[2] 全国信用标准化技术工作组. 中国社会信用体系建设法规政策制度精编 [M]. 北京：中国标准出版社, 2007：5.
[3] 石梦菊, 等. 劳工标准与企业生存能力的关系研究 [J]. 中南财经政法大学学报, 2014 (3)：150-156.

建立并完善社会信用体系及相关政策法规,是推动市场经济有序发展的根本保障。中国各级政府部门为建立和完善社会信用体系积极探索,进行了大量有益的尝试,围绕信用信息采集与披露、信用档案记录、信用担保、信用评级、信用监管与诚信教育等方面制定了多层次、多角度、不同范围的政策法规(见表5.1),为中国社会信用政策法规体系的建立奠定了基础。这些信用政策法规主要来自中央政府、各行业部门、地方政府发布的政策文件,其中不乏与汽车企业信用及产品质量信用有关的政策文件,但并无直接针对汽车产品安全和缺陷产品召回的信用政策。

表 5.1 社会信用体系建设中与缺陷汽车产品召回相关的政策文件

发布日期	政策法规名称	发文单位
2005-11-25	关于印发《商会协会行业信用建设工作指导意见》的通知	全国整顿和规范市场经济秩序领导小组办公室
2006-04-24	关于印发《行业信用评价试点工作实施办法》的通知	全国整顿和规范市场经济秩序领导小组办公室
2006-06-23	关于印发《道路运输企业质量信誉考核办法(试行)》的通知	交通运输部
2006-07-19	关于深入开展"诚信兴商"活动的意见	全国整顿和规范市场经济秩序领导小组办公室
2006-10-24	关于加强企业质量信用监管工作的意见	国家质量监督检验检疫总局
2006-11-23	关于加强中小企业信用担保体系建设意见的通知	国务院办公厅
2006-12-25	关于印发《机动车维修企业质量信誉考核办法(试行)》的通知	交通运输部
2007-01-15	关于加强行业信用评价试点管理工作的通知	全国整顿和规范市场经济秩序领导小组办公室

资料来源:全国信用标准化技术工作组.中国社会信用体系建设法规政策制度精编[M].北京:中国标准出版社,2007:26-221.

目前,国家已确立了食品和药品的召回制度,为了保障食品和药品安全也出台了《关于加快食品安全信用体系建设的若干指导意见》《国家食品药品监督管理局食品安全信用体系建设试点工作方案》《药品安全信用分类

第五章 制度均衡
——中国缺陷汽车产品召回制度的完善思路

管理暂行规定》等政策文件。汽车产品作为一种特殊的消费品，一旦出现缺陷问题将可能给消费者的人身、财产安全造成极大的损害。加之中国已成为汽车产销大国和汽车保有量大国，汽车缺陷问题愈加严重，因此在实施缺陷汽车产品召回制度的基础上应在信用管理上获得与食品和药品同样的重视。交通运输部虽已出台了《道路运输企业质量信誉考核办法（试行）》和《机动车维修企业质量信誉考核办法（试行）》，但缺少针对机动车生产企业的信誉考核办法。鉴于上述原因，笔者认为有必要出台针对汽车产品安全信用管理和汽车产品生产企业质量信誉考核办法等相关政策。

（二）对缺陷汽车产品召回实施信用管理

市场化运作要求政府、行业协会、企业、消费者等共同参与信用管理体制建设。政府监管部门对建立汽车产品安全信用管理体制进行总体框架设计，负责全面指导与管理工作；行业协会对缺陷汽车产品召回信用管理体制建设工作进行配合，在信用管理实施中提供服务并进行监督；企业作为第一责任人应切实抓好企业内部信用体系建设工作，重视企业形象和信誉度，把信用价值与企业价值有机联系起来；消费者对汽车产品安全信用管理发挥社会监督的作用。强化信用管理，运用信用记录、信用披露、信用约束等手段，加大失信主体违法违规行为的成本，以求形成主体自治、行业自律、协同监管、社会共治相结合的管理格局，从而营造公平竞争、促进经济建设发展的良好环境。

第一，制定汽车产品安全信用标准。国家市场监督管理总局应会同有关部门以现行汽车产品安全的法律法规和技术标准为基础，共同制定汽车产品安全信用基础标准。汽车产品安全信用标准中应有涉及缺陷汽车产品召回的内容，为提高企业对信用价值的认识，结合 ISO 9000 质量管理体系等国际标准，建立企业信用管理标准和产品质量信用标准。

第二，收集汽车产品安全信用信息。汽车产品安全信用信息收集制度包括综合反映汽车生产企业和汽车产品安全信用的各类信息的收集原则、收集方式、收集渠道、收集内容及具体收集要求等。汽车产品安全信用信息主要来自政府、行业、社会三方面：政府获取的主要是监管部门的基础监管信息；行业提供的主要是行业协会的评价信息；社会信息来源则包括新闻媒体的舆论监督信息、信用调查机构的调查报告、认证机构的认证情况及消费者的投诉意见等。

第三，建立汽车产品安全信用评价体系。建立起政府、行业和社会三者结合的汽车产品安全信用评价体系，具体应当包括汽车产品安全信用评价机构的选择、评价指标、评价原则、评价方法的确定、评价等级的划分和评价结果等。分指标对汽车产品的安全信用打分，根据最终评价汇总得到的结果进行分级，可按好、中、差划分。信用评价分级可以鼓励企业加强信用管理，通过努力提高产品质量，减少缺陷产品，正面对待缺陷问题，积极实施主动召回。

第四，开展汽车产品安全信用信息披露。政府监管部门和行业协会应定期对缺陷汽车产品召回实施情况进行信息公布，供社会随时查阅汽车产品安全信用状况。目前，国家市场监督管理总局缺陷产品管理中心网站和汽车召回网站已开辟专栏及专项汽车产品安全信息管理系统，综合披露汽车产品安全信息，但仍需要进一步完善政务信息公开。如美国高速公路交通安全管理局网站完全公布消费者对汽车的投诉意见和缺陷调查的进展情况及相关数据等信息，而中国对消费者的投诉情况及投诉较多的车型实施的缺陷调查情况等信息都没有向公众公开。可以结合网络电商的运营模式，通过互联网直接向消费者（汽车用户）的移动终端推送汽车产品的缺陷及召回等相关信息。

第五，实施汽车产品安全信用分类监管。政府监管部门、社会各类监管组织依据信用等级状况，对汽车产品生产经营企业实行分类监管。根据各企业实施缺陷汽车产品召回的情况，划分汽车产品安全信用等级，根据不同的等级确定不一样的监管力度，充分发挥信用差异对企业的奖惩功能。对长期守法的诚信企业要宣传、支持和表彰，在年检、抽检、进出口报关中，给予高信任度的企业一定便利，并且建立保护措施和长效激励机制；而对于严重失信的企业，尤其是违反缺陷汽车产品召回制度的企业，实行重点监管，采取信用提示、警示、公示、退出市场直至取消市场准入等方式，同时限期召回缺陷汽车产品并施以其他相应行政处罚方式，构成犯罪的依法追究刑事责任。

(三) 对汽车产品生产企业实施信誉考核

笔者认为应参照《道路运输企业质量信誉考核办法（试行）》和《机动车维修企业质量信誉考核办法（试行）》，单独制定《汽车产品生产企业质量信誉考核办法》，遵循公开、公平、公正的原则，考核汽车产品生产企业的信誉等级，并将汽车产品生产企业实施缺陷汽车产品召回的情况纳入信誉考核的指标。参照《道路运输企业质量信誉考核计分标准》和《一、二类汽车维修企业质量信誉考核计分标准》设计该考核计分标准（详见附录4《汽车产品生产企业实施缺陷汽车产品召回信誉考核计分标准》），根据企业信用指标反映的不同情况可将汽车产品生产企业的信誉等级分为守信、基本守信、警示、失信4个级别，分别用A级、B级、C级和D级表示，并将失信企业列入黑名单，根据失信程度可划分为一般失信行为、较重失信行为和严重失信行为。

(1) 守信（A级）。这类汽车产品生产企业在信誉考核期内未发生因汽车产品缺陷而引发的交通安全事故，也未出现受缺陷调查影响而实施召回的情况。企业严格遵守缺陷汽车产品召回制度相关法律法规和诚实守信原则，积极主动实施缺陷汽车产品召回，并且具有良好的企业信誉。考核总分在85分（包括85分）以上的，信誉等级评为A级。对守信企业，应加大扶持和保护力度，减少抽检频次，优先推荐守信企业申请国家名牌产品、免检产品、优先办理出口快速核验等。根据企业自愿原则，对守信企业进行公示，以鼓励企业诚信生产与经营，稳定产品质量，保持信用水平。❶

(2) 基本守信（B级）。这类汽车产品生产企业在考核期内未发生过因汽车产品缺陷而引发的致人伤亡的严重交通安全事故，也未出现受缺陷调查影响而实施召回的情况。企业基本上能够兑现缺陷汽车产品召回的承诺，信誉较好。考核总分在70分（包括70分）至84分之间的，信誉等级评为B级。根据基本守信企业的信用状况，监管部门应有针对性地做好监督和服

---

❶ 企业质量信用监管制度问答 [J]. 监督与选择，2008 (3)：68-69.

务，帮助和扶持企业不断增强召回意识，加强产品安全管理，促进企业提高产品质量，督促提高信用水平，在下一考核期上升为守信企业。❶

（3）警示（C级）。这类汽车产品生产企业在考核期内发生过因汽车产品缺陷引发的致人伤亡的严重交通安全事故，存在隐瞒缺陷后受缺陷调查影响才实施召回的情况。企业因违反缺陷汽车产品召回相关法律法规行为受到警告，并且存在未兑现缺陷汽车产品召回承诺的记录，但未造成重大的危害和损失。考核总分和加分合计在60分（包括60分）至69分之间的，信誉等级评为C级。这类企业应列为监管重点，加大监督抽查和检查力度，及时分析企业的失信风险，对风险较大的企业进行预警或黄牌警告，在出口检验监管过程中要严格审查。对于正享受质检部门扶持政策和获得质量奖励的企业，应依照有关规定给予撤销或暂停。政府监管部门对这类企业的失信行为应给与相应处罚，并帮助其尽快整改，如在随后一年考核期内无违法违规行为，信用水平通过考核，可调升到基本守信等级。

（4）失信（D级）。这类汽车产品生产企业在考核期内发生过多次因汽车产品缺陷引发的致多人伤亡的特大交通安全事故，曾出现隐瞒产品缺陷、拒不召回等恶劣情形。这类企业存在严重违反缺陷汽车产品召回制度相关法律法规的行为，由于未实施缺陷产品召回而给社会及消费者造成重大危害和损失的情形。考核总分在60分以下的，信誉等级评为D级。将失信企业列入黑名单，向社会披露和曝光其违法、违规行为，严格禁止其继续生产和销售缺陷汽车产品的行为，对于情节特别严重、造成恶劣社会影响的企业，所在地方政府及有关部门应依法予以取缔。政府监管部门在对待失信企业时，应采取零容忍态度，全方位提高失信成本，制定奖惩措施，让守信者处处受益、失信者寸步难行，对失信行为严惩不贷。当出现缺陷汽车产品后企业未实施主动召回的，监管部门应责令其召回，并进行行政处罚；将隐瞒产品缺陷、出现缺陷产品拒不实施召回等违反缺陷汽车产品召回制度法规的不良行为应记录下来，把这些企业列入黑名单，作为市场退出管理的重要依据。

---

❶企业质量信用监管制度问答［J］．监督与选择，2008（3）：68-69.

政府可对汽车生产企业实施黑名单制度，如果企业生产了缺陷汽车产品但未及时召回应予以警示，当因汽车缺陷而引发安全事故或出现违反缺陷汽车产品召回制度相关法律法规行为时，将企业列入黑名单，依据失信情节严重程度责令其或限期整改或停产停业，直至退出市场。黑名单对失信行为等级的划分和处理措施见表5.2。

表 5.2　黑名单等级

等级	失信状况	处理措施
一级	一般失信行为	记录并通报失信行为，依法向社会披露和曝光企业违法、违规情节
二级	较重失信行为	取消或暂停企业的生产经营资格，严格禁止企业生产和销售缺陷汽车产品
三级	严重失信行为	对于情节特别严重、造成恶劣社会影响的企业，及时报告当地政府，会同有关部门依法取缔，并进行行政处罚，涉及犯罪行为的将依法追究其刑事责任

第四节　强化中国缺陷汽车产品召回制度的实施机制

制度发挥效用不仅需要法律保障，还需要完备的制度实施机制。政府实施的行政监管应侧重于对市场行为过程的监督，更加注重侵害行为形成前的预防。行政监管在某种意义上可弥补法律框架和法律执行之间的断层，监管者在事前和事后都能创设及执行法律，只要发现足够高的预期损害程度，就可以开展执法程序。❶ 因此，政府在监管企业实施缺陷汽车产品召回时，应加强产品风险预警、缺陷调查确认、启动快速召回程序、召回效果评估等制度实施机制的建设。

一、完善产品伤害监测风险预警机制

产品伤害监测和风险预警机制是政府监管部门主动进行产品缺陷相关

---

❶笪素林，等. 监管型政府：必要与可能［J］. 江海学刊，2004（4）：88-94.

信息收集和预警的实施机制。政府通过设立风险监测系统收集信息,根据监测信息进行分析评估及时处置产品缺陷问题,并发布产品缺陷风险预警。这实际是市场后监管环节与市场前监管环节的有效衔接,对产品缺陷风险实施及时控制和预防。汽车产品缺陷往往出现在汽车的某一部件上,而汽车零部件供应商往往不是直接实施召回的责任主体,因此设立产品伤害监测风险预警机制可以在发现缺陷汽车产品后,对缺陷汽车零部件供应商实施缺陷追溯,进行责任追偿,对使用同一零部件的汽车企业发出预警,将有助于整车生产企业控制风险,减少召回带来的损失。

进行产品伤害监测及时向社会发布产品缺陷风险预警,有利于宏观掌握全国的产品安全状况,有利于提高消费者的危机意识,有利于企业提升产品质量。及时锁定、预警和控制缺陷产品造成的危害事故,提前做好应对预案准备,可以防止事故再度发生和进一步蔓延。政府通过监测产品伤害信息,准确掌握产品设计或生产过程中出现的影响人身安全的各种因素,为监管部门开展缺陷产品召回提供信息来源,准确捕捉产品缺陷,有利于缺陷产品召回制度的有效实施。

产品伤害信息可以通过多种渠道获取,比如消费者投诉、医院信息反馈、交通事故检测信息反馈等。目前,中国开展的产品伤害监测试点工作主要采用全国伤害监测报告卡、产品伤害案例电话回访调查和产品伤害现场调查三种方式进行信息采集。①伤害监测报告卡是进行产品伤害信息采集工作的重要手段,是数据加工处理的实际信息来源。②产品伤害案例回访调查,主要用于验证产品伤害信息群体的真实性和有效性,从而为基于产品伤害数据的宏观产品质量分析奠定基础;其次,对重点产品伤害案例伤害过程涉及的产品、使用者、环境等信息进行核实和完善,为产品伤害案例后续分析和调查工作提供真实有效的信息。③现场调查由国家市场监督管理总局授权缺陷产品管理中心,负责布置每周各试点地区地方质监局产品伤害现场调查的工作任务。地方市场监督管理局负责组织、实施和完成产品伤害现场调查任务。

二、健全缺陷产品的调查确认机制

在缺陷产品调查确认机制中,先要通过多种途径去采集缺陷信息,更

第五章　制度均衡
——中国缺陷汽车产品召回制度的完善思路

全面地了解产品事故状况，包括市场调查、专家经验、人员访谈、问卷调查、审核文件等，通过以上途径采集到的信息，可以供缺陷产品召回实施中的各个环节分析使用。政府监管技术部门要提升缺陷调查能力，应注意提高缺陷信息采集、分析、研判的科学化、精确化及自动化水平。在获取缺陷产品信息后，参考国内外的相关法律和标准，再确认此产品是否存在缺陷。❶

首先，听取缺陷产品利益相关方的意见。由于确认产品是否存在缺陷以及评定缺陷等级，是采取补救措施或惩罚措施的事实性前提，既关系消费者的权益，也关系生产者、销售者的利益，因此，监管机构应先听取生产者、销售者和消费者的意见，必要时举行听证。目前的制度设计中缺少必要的缺陷确认听证环节，听取意见的方式既可以是正式的行政听证程序，也可以是其他相对自由的非正式的、不公开的听证形式，关键在于必须是获得利害关系人意见的有效途径。

其次，在充分听取相对人意见的基础上，在专家委员会所提供的技术支持下，做出确认产品是否存在缺陷的决定。确认产品存在缺陷，还要根据缺陷产品的危害程度对缺陷进行分级，以此作为采取召回或其他补救措施的依据。根据产品缺陷的严重程度来确定缺陷的等级。产品缺陷可分为严重缺陷、一般缺陷、无缺陷三个等级，属于严重缺陷的情况存在可能致人死亡的风险，而一般缺陷则相对风险较低，如果利益相对人对该决定不满意，应为利害关系人提供相应的救济手段，以保障其合法权益。在相应的救济程序上，应采用穷尽行政救济原则，最后再由司法程序保障其最终救济。具体而言，利害关系人可以向监管机构申请复核，对复核决定仍不服的，可以提起行政复议。

最后，缺陷产品确认信息的发布。产品被确认存在缺陷后，生产者或监管机构应当在监管机关指定的媒体和网站上向社会及时公布有关缺陷产品的相关信息，以防止和避免缺陷损害的发生进一步扩大。对于一般产品缺陷需要企业发布官方公告，对于严重缺陷不仅需要企业发布公告，还需要监管机关通过官方媒体发出风险预警。

---

❶黄国忠. 产品安全与风险评估［M］. 北京：冶金工业出版社，2010：95-96.

三、建立缺陷产品的快速召回程序

从国外缺陷产品召回制度的实践来看，快速召回程序被普遍采用并发挥着重要的作用。美国消费产品安全委员会推出召回快速通道，即如果企业主动向美国消费品安全委员会报告其产品的潜在缺陷，并在此后20个工作日内自愿与美国消费品安全委员会合作，提交并执行合乎美国消费品安全委员会要求的召回计划。美国消费品安全委员会的工作人员便可以不作出"实质性产品危害"的结论，而直接进行召回确认、发布信息并开展补救措施，使召回程序大大简化，也使企业及美国消费品安全委员会更早地启动"纠正措施"计划，减少可能出现的损害。召回快速通道是美国消费品安全委员会鼓励企业诚信自律和提高工作效率的一种途径。❶

实施缺陷汽车产品的一般召回程序通常要经过许多流程，完成一次召回耗费的时间较长，从发现产品缺陷到最后实施召回往往要等待几个月甚至更长时间（如图5.1所示）。而针对较严重的缺陷问题，有必要启动快速召回程序，因为与一般召回程序相比，快速召回程序简化了许多步骤，节省了宝贵时间。然而，中国缺陷汽车产品召回制度中仍没有设立这一机制。快速召回程序能够有效激励生产企业实施自主召回，企业发现缺陷问题往往较消费者要早，在发现缺陷后直接向监管部门递交召回计划，由监管部门确认后即可实施快速召回。这样省略了一般召回程序中的许多环节，只需要三步就能完成。快速召回程序能够提高召回效率，及时消除产品缺陷，同时也减少了企业和政府的负担，为实施缺陷产品召回开辟了一条简易、便捷的快速通道。❷

快速召回程序虽然可以提高缺陷汽车产品召回的速度，但有时使用不当也同样会使企业蒙混过关，从而损害消费者的利益。快速召回程序通常是由企业发起，往往在消费者对缺陷产品还不知情的时候就已实施召回，因此快速召回程序对消费者来说并不是完全公平的，因为生产企业与消费者在较短时间内处于信息不对称的地位。如果在设立快速召回程序时，不严格规定生产企业对其的使用范围，则会出现本应启动一般召回程序却实

---

❶ 杨志花，等. 欧美玩具召回制度解析 [J]. 中国标准化，2009（5）：29-31.
❷ 付廷峰，等. 缺陷产品召回程序的分析与思考 [J]. 质量探索，2012（8）：53-54.

施了快速简易召回程序,使消费者蒙在鼓里,所以应对企业使用快速召回程序的相关义务作出明确限定,比如只有在产品刚投放市场仍未形成较大规模影响时方可采用这一程序。

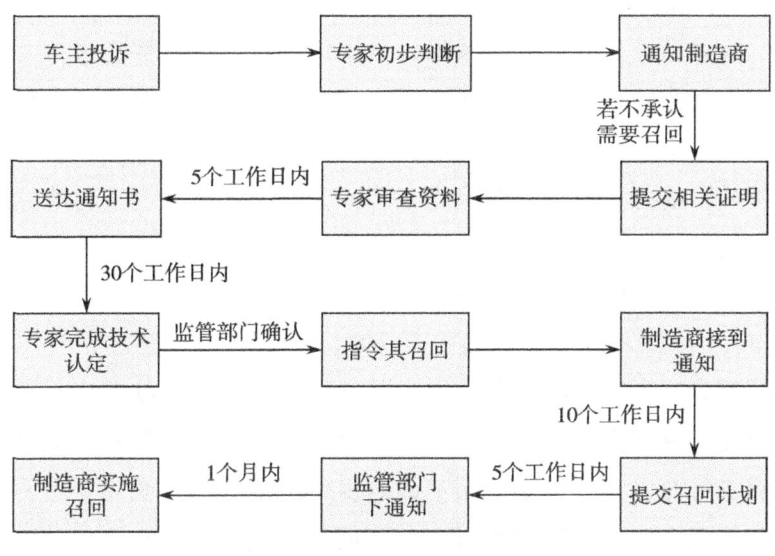

图 5.1 汽车召回程序示意图

四、开展缺陷产品召回的效果评估

(一)建立评价指标体系

国外对缺陷汽车产品召回普遍采取召回效果评估机制,通常选取以下评估指标:召回率、召回耗时、召回完成率、消除缺陷措施的有效性、客户满意度等。

召回率是年度召回车型数量与年度该车销售量的比值,是以统计学理论评价召回实施情况的主要指标。建立在统计基础上的召回率指标能够很好地体现召回法规实施情况和制造商实施召回的主动性。召回率主要应用于整体评价召回实施的效果,既可以用来评价一个国家的汽车召回实施效果,也可以用来评价某一汽车品牌的召回情况,还可以用于和其他召回指标对比或进行相关度分析。

召回耗时是实施缺陷产品召回所消耗的时间,指从生产企业发布召回公告之日起至召回结束的时间。这一指标主要用于评价企业实施缺陷汽车产品召回的速率,也可以结合召回规模对企业实施的召回效果进行评判。

召回完成率是指已召回的缺陷产品数量占应召回的缺陷产品总数量的百分比。这项指标是评价召回效果时最常用的指标。召回完成率主要用于评价召回是否按照召回计划完成,考察实际召回与召回计划的差距,评价召回实施的效率。

消除缺陷措施的有效性是指通过专家复审、技术检测、排查,检验缺陷问题是否已解决。这项指标主要是评价维修措施能否彻底修复故障、消除安全隐患,不能仅仅是暂时解决表面问题或是掩盖实际问题,更不能因为召回维修给汽车带来其他问题甚至贬值。

客户满意度是监管机构通过调查对已实施过召回的缺陷汽车用户了解到的满意度。这项指标也是衡量召回效果的常用指标。客户满意度被广泛应用于服务行业,当然也被应用于政府提供的公共服务当中。客户满意度是一个相对概念,是客户体验与客户预期的匹配程度。在评价缺陷产品召回效果时,主要是通过调查召回实际效果与客户预期的差距。

(二) 建立评估机构

政府监管部门应组织聘请有较好技术、人力、信息资源条件的且与缺陷相对人无利害关系的第三方评估机构参与实施缺陷产品召回评估工作,对召回实施情况进行实时监督,并对生产者消除缺陷的效果进行评价。"与生产者无利害关系"主要是指:不是生产者的股东或雇员;不是与生产者有共同利益或竞争关系企业的雇员;与生产者无合同关系等。

著名经济学家斯蒂格利茨(Stiglitz)曾说:"不要把市场与政府对峙起来,而应该是在二者之间保持恰到好处的平衡,因为存在着许多中间形态的经济组织。"❶ 这些中间形态的经济组织,既包括同一行业自发结合形成的行业自律组织,又包括为政府实施市场监管提供重要评判依据的各类市

---

❶ 斯蒂格利茨. 社会主义向何处去:经济体制转型的理论与证据 [M]. 长春:吉林人民出版社,1998:303.

场中介组织,我们将其统称为市场的社会性监管组织。在市场监管多元化监督主体架构中,要寻求政府的强制力量、市场自发调节和中间组织自我约束之间的平衡点,必须充分发挥第三方市场监管机构的作用,实现政府与第三方监管机构尤其是行业自律组织在市场监管中的有机配合,实现多中心治理的监管格局。❶ 因此,通过建立评估机构可以完善除政府和市场外的第三方监管。

(三) 召回效果的评价

不论在国内还是国外的缺陷汽车产品召回中,都存在一个突出问题——召回完成率低。美国的相关研究表明,只有约一半的缺陷汽车车主进行了召回维修,还有很多汽车未召回,这中间既有生产制造商的责任——它们没有及时有效地通知车主,也有消费者自身的责任——认为不是严重的缺陷问题没有必要被召回。❷ 国外相关数据显示,大多数召回事件中的召回完成率都很低,如美国消费产品安全委员会称召回完成率通常为2%~50%,1993年美国消费产品安全委员会参与的176起召回事件的平均完成率只有11%。❸

政府作为召回实施过程中的监督执法者应改变这种局面,既要督促生产者开展积极有效的召回活动,同时也要正确引导消费者配合企业履行召回义务,更重要的是对召回维修效果实施评估。企业对缺陷产品实施召回后,监管机构应当对产品的处置过程进行监督。生产者应根据不同缺陷类型采取相应的处置措施,如修理、更换标识、销毁或无害化处理等。召回完成并对缺陷产品实施处置后,生产者应及时向监管机构提交召回总结报告,监管机构组织专家对召回实施情况和效果展开评估。❹ 如没有达到召回预期目的,生产者还应继续或再次实施产品召回和消除产品缺陷的处置。

---

❶崔向华. 市场秩序的监管与维护 [M]. 北京:中国人民大学出版社,2012:224.

❷BAE Y K,HUGO B S. Do vehicle recalls reduce the number of accidents? The case of the U. S. car market[J]. Journal of policy analysis and management,2011(4):821-862.

❸赵涛,等. 国外缺陷产品召回管理研究 [J]. 天津大学学报 (社会科学版),2005 (6):435-439.

❹赵银翠. 缺陷产品监管程序研究 [J]. 世界标准信息,2008 (4):53-57.

最直接地评价缺陷产品召回效果的方式是通过统计召回完成率和调查客户满意度来衡量。召回完成率可以分解为销售商召回完成率和最终消费者召回完成率两个指标，这两个指标统称为销售渠道召回完成率，上述指标间的关系为：召回完成率＝销售商召回完成率×最终消费者召回完成率。调查客户满意度需要考虑的因素有：热线电话的等待时间、零部件更换的时间、顾客对召回程序的满意度、顾客对完成维修产品的满意度等。❶根据"满意""基本满意""不满意"等级别划分来评判召回的实施效果考察。

最后需要说明的是，以上这些制度的实施机制建设都离不开人力、财力、物力的投入，更需要给予监管部门及技术机构相应的职能权力。中国缺陷汽车产品召回制度的具体实施与国外成熟的做法相比，在人、财、物、权上都有一定的差距。如美国高速公路交通安全管理局直接隶属于美国交通部，现有工作人员650名，每年的经费达两亿多美元。与此相对应的是，中国将汽车召回的管理部门置于一种科研辅助职能的位置，具体负责召回管理工作的缺陷产品管理中心隶属于国家市场监督管理总局下属的中国标准化研究院这一科研机构，其无论在行政层级、管理人员数量、技术人员数量、缺陷调查技术的提供能力等诸多方面都无法与美国高速公路交通安全管理局相比。因此，缺陷汽车产品召回需要得到更多支持。首先，要有专业的人才队伍，有懂汽车、懂召回、懂法律的人。其次，要有适当的经费支持，因为聘请专家、信息搜集、缺陷调查、技术检验都需要经费支持。最后，缺陷产品管理中心作为政府监管缺陷汽车产品的职能部门，应直接隶属国家市场监管总局，提升相应的行政层级。❷

---

❶路琨，等. 企业缺陷产品的召回管理机制［J］. 经济管理，2004（23）：22-26.
❷陈炜，等. 制度变迁视角下的大众汽车召回事件评析——兼论缺陷产品监管制度的发展［J］. 青海社会科学，2014（1）：102-107.

第六章

结 语

  2004年中国缺陷汽车产品召回制度以《缺陷汽车产品召回管理规定》形式出台，标志着中国开始以汽车产品为试点实施召回制度。2012年颁布的《缺陷汽车产品召回管理条例》意味着中国已经把缺陷产品召回制度作为产品安全市场后监管的重要制度安排。2015年制定的《缺陷汽车产品召回管理条例实施办法》健全了中国缺陷汽车产品召回制度的实施机制。随着制度、规则的不断完善，中国缺陷汽车产品召回制度实施的成效显著。2021年，我国共实施汽车召回232次，涉及车辆873.6万辆，分别比上年增长16.6%和28.8%（见图6.1）。截至2021年底，我国已累计实施汽车召回2423次，涉及车辆9130万辆。❶ 不论是缺陷汽车产品的召回次数还是召回的数量增长都很快，与发达国家间的差距在不断缩小。通过对这一制度的回溯与考察，在最后有必要进行归纳总结，得出中国缺陷汽车产品召回制度变迁的一般性规律和一些概括性结论。

---

  ❶质量发展局．市场监管总局关于2021年全国汽车和消费品召回情况的通告［EB/OL］．（2022-03-11）［2022-04-22］．https：//www.samr.gov.cn/zw/zh/202203/t20220311_340340.html．

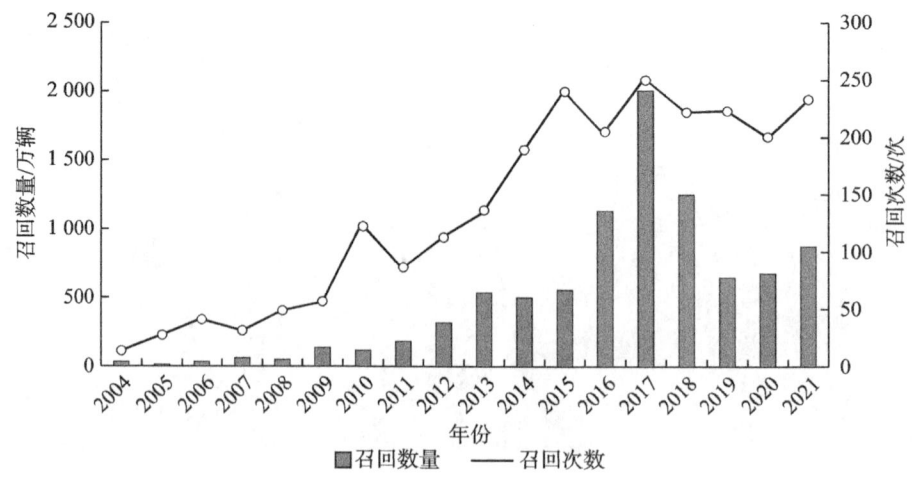

图 6.1　2004—2021 年汽车产品召回的次数与数量

数据来源：质量发展局. 市场监管总局关于 2021 年全国汽车和消费品召回情况的通告［EB/OL］.（2022-03-11）［2022-04-22］. https://www.samr.gov.cn/zw/zh/202203/t20220311_340340.html.

本书通过对中国缺陷汽车产品召回制度早期变迁轨迹的考察，认为这一制度在中国的形成过程既借鉴了国外成熟的经验，也充分考虑到了中国的实际国情，最终形成了独具特色的召回模式，是国家理性设计的结果；这项新的制度在经历了初创阶段、深化阶段后，仍未完全成型，需要进一步完善才能达到制度均衡阶段；中国缺陷汽车产品召回制度的变迁过程是在政府主导下进行的，整体上呈现出一种渐进式的变迁过程，而且对中国的产品质量监管制度体系存有一定的路径依赖。

第一，从制度设计的层面来看，中国缺陷汽车产品召回制度虽与很多国家有相似之处，但形成了独具中国特色的召回模式，应该说是独树一帜的，这是国家理性设计的结果。

世界上大多数国家都是基于汽车产品的"型式认证"前提，才建立起各自的缺陷汽车产品召回制度，日本、澳大利亚、欧盟均是如此，中国也不例外。不过"型式认证"也有细微之分，比如日本实施的是独特的分类"型式认证"，澳大利亚实施的是政府强制"型式认证"，欧盟实施的是第三方"型式认证"，中国最终选择了类似澳大利亚的政府强制"型式认证"。发达国家的汽车安全技术标准普遍达到了国际标准水平甚至要高于国际标

第六章 结 语

准,因此发达国家的汽车产品质量相对较高,而且汽车企业的召回意识较强,所以会自觉实施召回。日本、澳大利亚和欧盟国家的缺陷汽车产品召回制度都是建立在"型式认证,自愿召回"的原则之上,唯有美国采取"自愿认证,强制召回"原则。中国在制度设计之初也同样奉行"型式认证,自愿召回"原则,然而制度形成不可能完全按照最初设计的方向演进,往往会受到制度变迁过程中各种因素的干扰,有时一个事件就可能改变制度的变迁轨迹。在丰田"召回门"事件中,丰田对中国汽车市场的区别对待就对中国缺陷汽车产品召回制度的变迁造成了很大影响。中国汽车行业主管部门意识到如果不对制度设计及时做出调整,则会使召回制度丧失约束力,如同一纸空文,于是开始借鉴美国经验,让制度朝着强制召回的方向转变,政府在召回实践中加大了监管力度,开始积极介入缺陷调查,由政府直接干预迫使汽车企业实施召回。

中国缺陷汽车产品召回制度的变迁是监管部门理性设计的选择。中国在引入缺陷汽车产品召回制度之初,充分考虑到中国汽车工业的水平与国外有较大差距,汽车产品质量偏低,汽车企业实力较弱,如果采用强制召回原则势必对中国自主品牌汽车造成毁灭性的打击,因此奉行自愿召回原则。但在制度具体实施中又发现,由于中国的汽车安全标准低,进入中国市场的门槛就相对容易,这样一来出现产品缺陷的几率就会增大。加之中国社会对召回的认识不足,自主品牌汽车企业的召回意识淡薄,一味奉行自愿召回原则的最终结果就是汽车出现了缺陷问题,企业也不愿实施召回。因此,政府意识到中国缺陷汽车产品召回制度设计过多顾虑汽车企业的后果反而会导致制度失效,这样既不利于中国汽车产业的发展,也无法约束外国汽车企业。于是,中国缺陷汽车产品召回制度及时进行了深化调整,国务院通过出台行政法规提升了制度的法律层级。与此同时,政府还从实施环节加大了监管力度,而这从中国近几年受缺陷调查影响召回的汽车数量和次数上的增长就能看出实效。这种召回制度设计上的调整应当说是中国汽车行业主管部门在充分考虑实际国情的基础上做出的正确选择。

第二,从制度变迁的角度来看,中国缺陷汽车产品召回制度尚未实现制度均衡,主要表现为制度的正式规则、非正式约束、实施机制仍不完善。

中国缺陷汽车产品召回制度还没有以国家普通法律的形式出现，未成为产品质量安全监管的基础性制度。从中国缺陷汽车产品召回制度初创阶段到中国缺陷汽车产品召回制度的深化阶段，召回制度一直是以部门规章和行政法规的形式出台，而不是以国家权力机关制定的法律形式出现。美国、日本等国都将缺陷汽车产品召回制度引入机动车安全法中，中国目前并没有机动车安全法，而《中华人民共和国道路交通安全法》中也未涵盖缺陷汽车产品召回制度，这项制度的法治化进程因此还未完成。只有召回制度以全国人大及其常委会通过的法律形式出现，中国缺陷汽车产品召回制度才能达到制度均衡状态。

中国汽车市场还没有形成遵守缺陷汽车产品召回制度约束的良好风气。制度的约束力不仅要依靠正式规则的强制力，也要依靠非正式规则的约束来体现。在国外缺陷汽车产品召回制度完善的市场，汽车行业已形成了良好的召回习惯。企业间的相互制约及行业组织对召回行为的鼓励早已成为缺陷汽车产品召回制度的非正式规则。目前，个别中国汽车企业依然存有尽可能不召回或少召回的心态，仍没有养成主动召回的责任意识。只有当汽车企业不再逃避缺陷问题，积极实施主动召回之时，中国缺陷汽车产品召回制度才能进入制度均衡阶段。

中国缺陷汽车产品召回制度的实施机制仍不健全。判断一个制度是否有效，除了看制度的正式规则和非正式约束是否完善之外，还要看制度的实施机制是否健全，离开了实施机制，任何制度都形同虚设。如前所述，中国缺陷汽车产品召回制度的规则基本与国际惯例一致，但在操作层面还有一定差距，比如缺陷的调查与确认就是一项非常重要的实施机制，缺陷确认是实施召回的前提，目前仍缺少快速的缺陷调查和确认机制，以实现缺陷问题的快速处理与解决。围绕中国缺陷汽车产品召回制度的实施机制还有许多工作要做，因此在没有完善的实施机制做保障时，制度就未达到均衡阶段。

第三，通过对中国缺陷汽车产品召回制度变迁过程的考察，可总结出这一过程具有政府主导、渐进式变迁和路径依赖这三个主要特征。

中国缺陷汽车产品召回制度的变迁过程完全是在政府主导下进行的，

第六章 结 语

从制度规则的制定到制度的实施推行,都是中国汽车行业主管部门在起关键性作用。中国加入世贸组织后,汽车产品面临着市场后监管制度缺失的困境,因此政府及时引入了缺陷汽车产品召回制度。这项制度实际在国际市场早已通行,许多国家和企业都在实施,但由于当时中国汽车企业的经验不足,仍没有掌握这项国际市场规则。当市场完全开放后,中国汽车企业不得不面临与外国汽车企业的正面较量,而中国汽车企业仍无利用国际市场规则与外国汽车企业抗衡的实力。因此,为了更好地规范中国汽车市场秩序,同时为了尽快让我国汽车企业适应国际市场规则,我国以部门规章的形式出台了《缺陷汽车产品召回管理规定》。但在中国缺陷汽车产品召回制度实施初期,有的汽车企业仍然体现出不愿接受新制度的抵触情绪。虽然有的汽车企业没有立即接受和适应新制度,但政府并未因此而退缩,反倒及时改变了行动策略。我国也开始加快缺陷汽车产品召回制度的法治化进程,加大力度推行制度的实施,采取一视同仁的态度监管中外汽车企业,而且收效甚好。可见,政府监管部门的主导力量是推进中国缺陷汽车产品召回制度前进的主要动力。

从中国缺陷汽车产品召回制度变迁的轨迹来看,这是一种渐进式的变迁过程。首先,制度规则的制定过程就能够体现出这种渐进性。中国不像美国通过直接颁布法律建立缺陷汽车产品召回制度,而是先制定层级较低的法规,经过一段时间的试行,逐步提升法律层级,稳固这项制度。中国缺陷汽车产品召回制度的正式规则最初只是部门规章,而后升级为国务院行政法规,下一步则可通过修订已有的相关法律(如《中华人民共和国道路交通安全法》)或制定新的法律,将缺陷汽车产品召回制度纳入普通法律条文中。其次,中国缺陷汽车产品召回制度的适用范围也不是一步到位,而是逐步扩大的渐进过程。国家根据汽车产品种类,分步骤来实施缺陷汽车产品召回制度。制度适用范围最早从轿车扩展到乘用车,然后把商用车也纳入其中,现在已扩展至所有汽车类型,下一步需要将所有汽车零部件都纳入制度适用范围。再次,中国在对汽车企业实施监管时也是一种由松到严的渐进过程。如前所述,中国刚引入汽车召回制度时,自主品牌汽车企业的召回意识相对淡薄,有的不愿意实施召回,政府并未通过大力处罚企业来实现监管目的，而是在等待时机成熟、让企业逐渐适应这项制度后，通过颁布新规逐步加大监管力度。

中国缺陷汽车产品召回制度从建立之初就对产品质量监管制度环境存有路径依赖，但在及时借鉴国外的缺陷汽车产品召回制度后，又及时摆脱了路径依赖。中国在加入世贸组织前，政府对汽车产品的监管主要集中于市场前，而缺陷汽车产品召回制度是一项市场后监管制度，因此对缺陷汽车产品召回制度的设计是依据市场前的产品认证制度进行的。由于政府较重视汽车产品的质量认证而非缺陷召回，结果导致有的中国汽车企业只重视进入市场的准入门槛，而忽视进入市场后的产品安全监管。当中国自主品牌汽车出口至国外时，才强烈地感受到来自缺陷汽车产品召回制度的威力。另外，中国缺陷汽车产品召回制度借鉴了许多国家的成熟经验，同样也会产生对参照制度的路径依赖。中国借鉴了美国的缺陷汽车产品召回制度，但完全效仿美国召回制度的做法——奉行"自我认证，强制召回"原则，似乎又背离了中国当初的制度设计，因此中国及时对这一制度做出了调整，实施政府强制认证、企业主动召回的同时，保留了政府责令召回的权力。从实际情况来看，中国缺陷汽车产品召回制度变迁的路径选择是正确的，通过不断调整进入了正确的路径，并沿着良性循环的方向发展。

参考文献

一、专著类

[1] 奥尔森. 集体行动的逻辑[M]. 陈郁, 等, 译. 上海: 格致出版社, 2019: 8.

[2] 奥斯本. 改革政府: 企业家精神如何改革着公共部门[M]. 周敦仁, 译. 上海: 上海译文出版社, 2021: 51.

[3] 波斯纳. 法律的经济分析[M]. 蒋兆康, 译. 北京: 中国大百科全书出版社, 1997: 445-449.

[4] 布雷耶. 规制及其改革[M]. 李洪雷, 等, 译. 北京: 北京大学出版社, 2008: 1-10.

[5] 陈华忠. 海峡两岸强制性产品认证制度研究[M]. 厦门: 厦门大学出版社, 2012: 12-14.

[6] 程虹. 制度变迁的周期: 一个一般理论及其对中国改革的研究[M]. 北京: 人民出版社, 2000: 209-217.

[7] 崔向华. 市场秩序的监管与维护[M]. 北京: 中国人民大学出版社, 2012: 224.

[8] 董春华. 中美产品缺陷法律制度比较研究[M]. 北京: 法律出版社, 2010: 74, 146, 211.

[9] 窦志铭, 等. 商品流通领域质量监管模式研究[M]. 北京: 人民出版社, 2010: 7.

[10] 顾功耘. 市场监管法律制度的改革与完善[M]. 北京: 北京大学出版社, 2014: 1-6.

[11] 国家质检总局缺陷产品管理中心.汽车产品安全与召回技术研究报告(2012年)[M].北京:中国标准出版社,2013:4-17.

[12] 国家质检总局缺陷产品管理中心.汽车产品安全与召回技术研究报告(2013年)[M].北京:中国质检出版社,2014:2-3,18-19.

[13] 黑尧.现代国家的政策过程[M].赵成根,译.北京:中国青年出版社,2004:22.

[14] 黄国忠.产品安全与风险评估[M].北京:冶金工业出版社,2010:95-96.

[15] 金圣荣.谁想干掉丰田?美国式阴谋伏击的真相[M].北京:新世界出版社,2010:102-104,122-125.

[16] 卡拉布雷西.法和经济学的未来[M].北京:中国政法大学出版社,2019:148-156.

[17] 凯特尔.权力共享:公共治理与私人市场[M].孙迎春,译.北京:北京大学出版社,2009:125.

[18] 诺思.理解经济变迁过程[M].北京:中国人民大学出版社,2013:50.

[19] 诺思.制度、制度变迁与经济绩效[M].上海:格致出版社,上海三联书店,上海人民出版社,2014:7-13,50-51,87.

[20] 全国信用标准化技术工作组.中国社会信用体系建设法规政策制度精编[M].北京:中国标准出版社,2007:5,26-221.

[21] 施蒂格勒.产业组织和政府管制[M].潘振民,译.上海:上海三联书店,1996:211.

[22] 史普博.管制与市场[M].余晖,等,译.上海:格致出版社,2017:45.

[23] 斯蒂格利茨.社会主义向何处去:经济体制转型的理论与证据[M].长春:吉林人民出版社,1998:303.

[24] 王赟松.消费品安全监管概论[M].北京:清华大学出版社,2012:1,30.

[25] 维斯库西.反垄断与管制经济学[M].陈甬军,等,译.北京:中国人民大学出版社,2010:1-10,228.

[26] 徐士英. 产品召回制度：中国消费者的福音[M]. 北京：北京大学出版社,2008：16-17.

[27] 袁方. 社会研究方法教程[M]. 北京：北京大学出版社,2012：1.

[28] 张世煜. 我国产品质量安全监督管理[M]. 北京：中国质检出版社, 2012：7, 139-141.

[29] 张云. 我国缺陷产品立法研究[M]. 北京：经济管理出版社,2007：1-3.

[30] 赵晓光,等. 欧美产品召回制度[M]. 北京：清华大学出版社,2008：10-11.

[31] 郑卫华,等. 美国汽车召回管理[M]. 北京：清华大学出版社, 2008：11.

[32] 植草益. 微观规制经济学[M]. 朱绍文,等,译. 北京：中国发展出版社,1992：1-2.

[33] 中国共产党第十九届中央委员会. 中共中央关于制定国民经济和社会发展第十四个五年规划和二〇三五年远景目标的建议[M]. 北京：人民出版社,2020：20.

[34] 周宇. 消费者保护之研究[M]. 台北：台湾学生书局,1976：26-27.

[35] 邹东涛,等. "入世"：机遇与挑战（中国加入WTO的宏观分析与行业对策）[M]. 北京：人民出版社,1999：102-118, 140.

二、期刊类

[1] 蔡玉巧. 国外缺陷产品管理制度介绍[J]. 世界标准信息,2002 (2)：12-17.

[2] 蔡玉琴. 如何运用汽车的冻结和召回战役[J]. 航天技术与民品,1996 (2)：43-46.

[3] 陈炜,等. 制度变迁视角下的大众汽车召回事件评析———兼论缺陷产品监管制度的发展[J]. 青海社会科学,2014 (1)：102-107.

[4] 陈喆. 大众DSG事件表明汽车社会更成熟[J]. 中国汽车界,2012 (6)：35.

[5] 程虹,等. 我国宏观质量管理体制改革的路径选择[J]. 中国软科学, 2009(12)：169-177.

[6] 崔艳. 地方立法对峙"丰田"[J]. 浙江人大,2010 (6)：22-24.

[7] 笪素林,等. 监管型政府：必要与可能[J]. 江海学刊,2004 (4)：88-94.

[8] 戴昆峰,等. 中国香港特区政府产品质量监管规则及可借鉴经验[J]. 上海质量,2009（12）：66-69.

[9] 杜雷,等. 论政府管制改革的价值取向：有效管制[J]. 云南行政学院学报,2004(6)：16-19.

[10] 杜志华. 欧盟通用产品安全法律制度初探[J]. 现代法学,2003（6）：179-182.

[11] 段增旭. 浅析产品的一致性控制[J]. 汽车实用技术,2010（4）：9-13.

[12] 范炜烽. 制度变迁视角下政府职能的系统分析[J]. 江汉论坛,2008（11）：83-86.

[13] 付廷峰,等. 缺陷产品召回程序的分析与思考[J]. 质量探索,2012（8）：53-54.

[14] 高松,等. 影响汽车召回响应率的因素解析[J]. 汽车工业研究,2006（1）：27-28.

[15] 苟铭. 质检记忆60年足迹[J]. 中国质量技术监督,2009（9）：6-13.

[16] 关乔,等. 国内外缺陷汽车产品召回制度比较与研究[J]. 世界标准信息,2008(2)：28-33.

[17] 关于《缺陷汽车产品召回管理规定（征求意见稿）》的有关说明[J]. 世界标准信息,2002（11）：8-10.

[18] 郭禾. 浅议缺陷产品管理制度[J]. 中国质量技术监督,2001（5）：10-11.

[19] 豪彦. 缺陷车辆的报告及回收制度[J]. 汽车与配件,1998（20）：22-23.

[20] 何树林. 谈机动车假牌假证违法行为的查处与治理[J]. 政法学刊,2011（1）:115-119.

[21] 贺光辉. 论我国缺陷产品召回制度的具体构建[J]. 社会科学辑刊,2007（1）:132-135.

[22] 黄培东. 缺陷产品召回机制在行政监管中的应用[J]. 中国质量技术监督,2012(08)：52-54.

[23] 姜肇财,等. 缺陷产品召回制度国内外对比研究[J]. 标准科学,2019（4）：6-11.

[24] 李大圣,等. 关于加强产品质量安全监管工作的研究与探讨[J]. 中国公共安全(学术版),2011（3）：33-36.

[25] 李艰. 轿车与卡车并重合作与自主并行———加入WTO后一汽集团的发展之路[J]. 经济视角, 2002 (3): 13-17.

[26] 李明刚. 欧洲经济共同体产品责任指令[J]. 技术监督实用技术, 1999 (2): 16.

[27] 李荣花, 等. 世界主要国家缺陷汽车产品召回管理制度分析[J]. 汽车运用, 2005 (4): 9-11.

[28] 李相禛, 等. 中美欧缺陷产品召回制度对比分析[J]. 中国标准化, 2021 (15): 202-207.

[29] 李振成. 流通领域商品质量监督管理研究[J]. 工商行政管理, 2004 (3): 33-35.

[30] 刘平, 等. 建立缺陷产品监管制度的探讨[J]. 华中科技大学学报(社会科学版), 2001 (4): 21-23.

[31] 刘祥, 等. 我国缺陷汽车产品召回管理制度有效性浅析[J]. 世界标准信息, 2008 (2): 16-23.

[32] 陆正方. 中国汽车企业应该正视汽车召回[J]. 消费经济, 2004 (3): 31-33.

[33] 路琨, 等. 企业缺陷产品的召回管理机制[J]. 经济管理, 2004 (23): 22-26.

[34] 企业质量信用监管制度问答[J]. 监督与选择, 2008 (3): 68-69.

[35] 任向英. 我国产品召回保险的发展现状及前景探析[J]. 江西财经大学学报, 2005 (2): 44-46.

[36] 沈明, 等. 基于欧美召回数据的汽车缺陷特点研究[J]. 汽车工程, 2008 (11): 1023-1027.

[37] 施京京. 聚焦《缺陷汽车产品召回管理规定》实施[J]. 中国质量技术监督, 2004 (11): 44-46.

[38] 施京京. 我国进一步完善缺陷汽车召回管理《缺陷汽车产品召回管理条例》明年起施行[J]. 中国质量技术监督, 2012 (11): 18-19.

[39] 石慧荣. 产品缺陷研究[J]. 现代法学, 1996 (2): 84-85.

[40] 石梦菊, 等. 劳工标准与企业生存能力的关系研究[J]. 中南财经政法大学学报, 2014 (3): 150-156.

[41] 宋华琳. 当代中国技术标准法律制度的确立与演进[J]. 学习与探索, 2009(5): 15-19.

[42] 宋艳波. 国内汽车产业应积极应对 WTO 冲击波[J]. 中国政府采购, 2006 (4): 14-16.

[43] 隋志勇. 世界汽车法规及技术标准体系解析[J]. 检验检疫科学, 2007 (6): 62-64.

[44] 孙波. 汽车召回制度实施 3 周年工作报告[J]. 世界标准信息, 2007 (12): 10-15.

[45] 孙惠. 借鉴国外经验我国应建立缺陷车辆回收制度[J]. 天津汽车, 1998 (2): 5-9.

[46] 佟波. 欧共体的产品责任指令[J]. 国际经济合作, 1993 (10): 57-58.

[47] 汪立昕. 建立缺陷产品管理制度应注意的几个问题[J]. 监督与选择, 2001(7): 18-19.

[48] 汪立昕. 缺陷产品管理制度与公共管理和公共财政[J]. 世界标准信息, 2004(5): 13-15.

[49] 汪立昕. 新视野新挑战新思路———从缺陷产品召回看产品安全监管体系的制度创新[J]. 监督与选择, 2009 (5): 44-52.

[50] 汪立昕. 政府管制中有关缺陷产品管理制度的问题研究[J]. 世界标准信息, 2004 (6): 6-14.

[51] 王贺洋. 产品召回保险若干问题研究[J]. 西南农业大学学报(社会科学版), 2007 (1): 14-17.

[52] 王辉. 汽车召回[J]. 中国品牌, 2009 (2): 146-148.

[53] 王军. 欧盟产品质量安全政策总览[J]. 中国质量技术监督, 2006 (2): 54-55.

[54] 王立志. 缺陷汽车产品召回制度研究[J]. 当代经济管理, 2007 (5): 33-35.

[55] 王平. 标准化近代史的人和事[J]. 标准生活, 2010 (10): 52-61.

[56] 王卫锋. 汽车产业结构的优化[J]. 北京汽车, 2003 (1): 6-9.

[57] 王琰, 等. 汽车召回现状及缺陷模式研究[J]. 汽车工程, 2008 (11): 1018-1022, 1027.

[58] 王琰. 我国汽车召回现状和模式分析[J]. 世界标准信息, 2008 (2): 24-30.

[59] 王营. 区别对待源于制度之殇———丰田踏板门在华无赔偿[J]. 家用汽车, 2013(2): 154.

[60] 王勇. 产品召回制度比较研究[J]. 河南司法警官职业学院学报, 2010 (3): 68-71.

[61] 王赟松, 等. 浅析日本汽车召回制度的相关措施[J]. 汽车工业研究, 2008(9): 44-48.

[62] 王赟松, 等. 缺陷产品召回管理之思考[J]. 标准科学, 2010 (1): 47-49.

[63] 亚阿库里. 产品安全管制[J]. 张微, 等, 译. 研究生法学, 2007 (1): 140-150.

[64] 杨代雄, 等. 论产品缺陷的认定标准[J]. 当代法学, 2000 (5): 67-68.

[65] 杨志花, 等. 欧美玩具召回制度解析[J]. 中国标准化, 2009 (5): 29-31.

[66] 余冠峰. 实施汽车召回[J]. 中国质量技术监督, 2005 (9): 11.

[67] 张成福, 等. 论政府管制以及良好政府管制的原则[J]. 北京行政学院学报, 2003(6): 1-7.

[68] 张海燕. 国外产品缺陷的法律规定[J]. 监督与选择, 2000 (10): 47.

[69] 张佳, 等. 中国缺陷汽车召回对汽车销量的影响[J]. 企业经济, 2020 (4): 99-107.

[70] 张静. 汽车召回进入强势时代[J]. 汽车观察, 2013 (4): 112-113.

[71] 张云, 等. 缺陷产品召回制度解析[J]. 中国质量技术监督, 2004(8): 30-32.

[72] 张志强, 等. 西方企业社会责任的演化及其体系[J]. 宏观经济研究, 2005(9): 19-24.

[73] 赵宏春. 缺陷产品管理: 产品安全管理制度的核心[J]. 世界标准信息, 2007(5): 1, 12-21.

[74] 赵宏春. 政府监管: 产品安全管理的有效的途径[J]. 世界标准信息, 2007(7): 19-27.

[75] 赵涛, 等. 国外缺陷产品召回管理研究[J]. 天津大学学报（社会科学版）, 2005 (6): 435-439.

[76] 赵艳丽. 我国自然垄断行业的改革思路[J]. 商业研究, 2004 (24): 92-94.

[77] 赵银翠. 缺陷产品监管程序研究[J]. 世界标准信息, 2008 (4): 53-57.

[78] 郑国辉. 缺陷汽车产品召回制度中有关概念的辨析[J]. 上海汽车, 2005 (2): 11-13.

[79] 郑国辉. 召回缺陷汽车产品的法律制度探析[J]. 商场现代化, 2008 (9): 284-285.

[80] 郑卫华, 等. 《缺陷汽车产品召回管理规定》应稳步推进[J]. 汽车工业研究, 2007 (6): 28-31.

[81] 质量建设大事记 (1949—2009)[J]. 中国质量万里行, 2009 (10): 6-11.

[82] 中共国家质检总局党组. 党领导中国质检事业不断发展壮大[J]. 中国质量技术监督, 2011 (7): 6-11.

[83] 中国质量万里行投诉部. 江淮同悦"生锈门"引发车主集体投诉[J]. 中国质量万里行, 2011 (12): 26-28.

[84] 周国兵. "汽车召回"有实质性进展[J]. 中国质量技术监督, 2002 (4): 8-9.

[85] 朱毅. 各国汽车产品召回制度介绍[J]. 汽车与配件, 2003 (23): 38-40.

[86] AKERLOF G A. The markets for "Lemons": quality uncertainty and the market mechanism[J]. The quarterly journal of economics, 1970(8): 488-500.

[87] BAE Y K, HUGO B S. Do vehicle recalls reduce the number of accidents? The case of the U. S. car market[J]. Journal of policy analysis and management, 2011(4): 821-862.

[88] CRAFTON S M, REILLY R J, HOFFER G E. Testing the impact of recallson the demand for automotives[J]. Economic inquiry, 1981, 19(4): 694-703.

[89] EPSTEIN R. Modern products liability law[M]. Westport: Greenwood Press, 1980: 68-69.

[90] FALVEY R E. Trade, quality reputations and commercial policy[J]. International economic review, 1989: 607-622.

[91] HOFFER G E, PRUITT S W, REILLY R J. When recalls matter: factors affecting owner response to automotive recalls[J]. The journal of consumer affairs, 1994, 28(1): 96-106.

[92] HOFFER G E, PRUITT, REILLY R J. Automotive recalls and informational inefficiency[J]. Financial review, 1987(22): 433-442.

[93] JARRELL G, PELTZMAN. The impact of product recalls on the wealth of sellers[J]. Journal of political economy, 1985: (93): 512-536.

[94] JORDAN, WILLIAM A. Producer protection, prior market structure and the effects of government regulation[J]. Jounal of law and economics, 1972(1): 151-176.

[95] LELAND H E. Quacks, lemons, and licensing: a theory of minimum quality standards[J]. The journal of political economy, 1979(6): 1328-1346.

[96] MASLOW A H. A theory of human motivation[J]. Psychological review, 1943(4): 50.

[97] MCDONALD K M. Do auto recalls benefit the public?[J]. Product safety, 2009, summer: 12-17.

[98] RAMP D L. The impact of recall campaigns on products liability[J]. Insurance counsel journal, 1977, 44(1): 83-96.

[99] REILLY R J, HOFFER G E. Will retarding the information flow on automotive recalls affect consumer demand?[J]. Economic inquiry, 1983(21): 444-447.

[100] RUPP N G, TAYLOR C R. Who initiates a recall and who cares? Evidence from the automotive industry[J]. Journal of industrial economics, 2002, 50(2): 123-149.

[101] RUPP N G. The attributes of a costly recall. Evidence from the automotive industry[J]. Review of industrial organization, 2004, 25(1): 21-44.

[102] SHAPIRO C. Premiums for high quality products as returns to reputations[J]. The quarterly journal of economics, 1983(4): 659-680.

[103] WELLING. Theory of voluntary recalls and product liability[J]. Southern economic journal, 1991(4): 1092-1111.

三、学位论文类

[1] 王连芬. 中国汽车产业竞争力研究[D]. 长春：吉林大学，2005：80-83.

[2] 杨福星. 中国质量技术监督管理体制改革研究[D]. 哈尔滨：东北林业大学，2004：61-62.

四、报纸类

[1] 韩乐悟. 缺陷产品召回立法：欲树汽车召回"标杆"[N]. 法制日报，2010-07-19 (6).

[2] 韩乐悟. 缺陷汽车召回规定昨日出台[N]. 法制日报，2004-03-16 (2).

[3] 田倩. 国际车市召回启示录[N]. 中国商报，2012-03-15 (3).

[4] 夏文俊. 缺陷汽车产品召回管理规定出台[N]. 中国质量报，2004-03-16 (1).

[5] 许进. 完善个人信用促进社会和谐[N]. 经济参考报，2008-01-04 (4).

[6] 张利华. 《缺陷汽车产品召回管理条例》解读———消费者篇[N]. 中国标准导报，2013-03-15 (3).

[7] 朱祝何. 质检部门第一时间开展执法检查[N]. 中国质量报，2013-03-18 (1).

四、电子文献类

[1] 2014年国民经济和社会发展统计公报[EB/OL]. (2015-02-26)[2022-04-22]. http://www.stats.gov.cn/tjsj/zxfb/201502/t20150226_685799.html.

[2] 2021年全国机动车保有量达3.95亿新能源汽车同比增59.25%[EB/OL]. (2022-01-12)[2022-04-22]. http://www.gov.cn/xinwen/2022-01/12/content_5667715.htm.

[3] AUTOPEDIA. State-by-state Lemon Law directories[EB/OL]. (2020-01-22)[2022-04-22]. http://www.autopedia.com.

[4] 丰田公布2012年度中国市场销售业绩快报及2013年度销售目标[EB/OL]. (2013-01-07)[2022-04-22]. http://www.toyota.com.cn/mediacenter/show.php?newsid=4732.

[5] 丰田章男社长发言稿[EB/OL].(2010-03-01)[2022-04-22].http://www.toyota.com.cn/mediacenter/show.php?newsid=450.

[6] 王辉.两大自主车企出口遭遇"石棉门",中国质量新闻网[EB/OL].(2012-08-21)[2022-04-22].https://www.cqn.com.cn/auto/content/2012-08/21/content_301160.htm.

[7] 江淮汽车:召回费用计入2012年报业绩将受冲击[EB/OL].(2013-03-21)[2022-04-22].http://finance.sina.com.cn/stock/s/20130321/045914901717.shtml.

[8] 大众汽车销量再创新高 2009年销售629万辆车[EB/OL].(2010-01-13)[2022-04-22].http://auto.sina.com.cn/news/2010-01-13/1841558723.shtml.

[9] 质量发展局.市场监管总局关于2021年全国汽车和消费品召回情况的通告[EB/OL].(2022-03-11)[2022-04-22].https://www.samr.gov.cn/zw/zh/202203/t20220311_340340.html.

[10] 中国网.用普通钢板代替镀锌板 汽车车身不断生锈[EB/OL].(2013-03-16)[2022-04-22].http://jiangsu.china.com.cn/html/2013/bgt_0316/92664.html.

[11] 中消协:2014年全国消协组织受理汽车产品投诉情况分析[EB/OL].(2015-03-19)[2022-04-22].http://m.cca.cn/zxsd/detail/24967.html.

附录

附录1　2009—2012年丰田汽车在中国召回情况

2009—2012年丰田汽车在中国召回情况

制造商	召回时间	涉及数量/辆	车型	缺陷总成或原因
四川一汽丰田	2012-12-01	16 237	柯斯达	转向系
丰田（Toyota）	2012-12-13	42	普锐斯	电器设备
丰田（Toyota）	2012-12-13	96	花冠、普锐斯	转向系
一汽丰越	2012-12-13	3 737	普锐斯	转向系、电器设备
广汽丰田	2012-11-01	706 816	凯美瑞、雅力士、汉兰达	电动车窗
丰田（Toyota）	2012-11-01	25 830	RAV4、汉兰达	电动车窗
天津一汽丰田	2012-11-01	663 150	威驰、卡罗拉、RAV4	电动车窗
丰田（Toyota）	2012-09-03	13 474	RAV4	转向系
天津一汽丰田	2012-09-03	147 310	RAV4	转向系
丰田（Toyota）	2011-12-01	426	雷克萨斯RX300	发动机
天津一汽丰田	2011-08-16	33 809	花冠EX	发动机
丰田（Toyota）	2011-03-23	5 202	雷克萨斯RX300/350	脚垫卡住油门踏板
丰田（Toyota）	2010-11-15	5 439	HIACE（海艾士）	传动系
丰田（Toyota）	2010-11-15	2 555	雷克萨斯GS300/RX300	制动系
天津一汽丰田	2010-11-15	57 418	皇冠、锐志	制动系

续表

制造商	召回时间	涉及数量/辆	车型	缺陷总成或原因
天津一汽丰田	2010-10-15	134 234	皇冠、锐志	制动系
丰田（Toyota）	2010-08-27	1 123	雷克萨斯 LX470	转向系
丰田（Toyota）	2010-07-19	5 791	雷克萨斯 LS460/ LS460L/ LS600hL	发动机
丰田（Toyota）	2010-06-21	818	雷克萨斯 LS460L/600hL	转向系
天津一汽丰田	2010-02-28	75 552	RAV4	油门踏板故障
丰田（Toyota）	2009-12-30	43 023	雷克萨斯 ES350/RX350、汉兰达、普瑞维亚	发动机
广汽丰田	2009-08-25	407 503	凯美瑞、雅力士	电动车窗
天津一汽丰田	2009-08-25	280 811	威驰、卡罗拉	电动车窗
一汽丰越	2009-06-11	57	兰德酷路泽	电器设备
广汽丰田	2009-04-24	259 119	凯美瑞	制动系
总计	2009—2012	2 889 572		

资料来源：综合缺陷产品管理中心官方网站(https:∥www.dpac.org.cn)和丰田汽车官方网站(http:∥www.toyota.com.cn)相关公告、数据而得。

注："丰田（Toyota）"指丰田汽车（中国）投资有限公司，召回的是丰田进口汽车。

附录2 丰田汽车在中美召回对比

丰田汽车在中国的召回情况

时间	数量/辆	车型	召回原因
2011-11-09	426	雷克萨斯 RX300	皮带轮空转，导致异音，充电警告灯点亮
2011-02-25	5 202	雷克萨斯 RX300/RX350	地毯可能造成加速踏板无法回位
2010-10-21	2 555	雷克萨斯 GS300/RX300	制动总泵后端的橡胶密封圈因为润滑不足而变形
2010-07-29	1 123	雷克萨斯 LX470	转向装置的转向轴连接部构造不合理
2010-07-06	5 791	雷克萨斯 LS460/LS460L/LS600hL	由于发动机进/排气门弹簧的材料中混入微小的异物，使弹簧的强度降低，可能造成折损

丰田汽车在美国的召回情况

时间	数量/万辆	车型	召回原因
2012-06-29	15	雷克萨斯 RX350/RX450H	脚垫干扰油门踏板
2011-02-24	217	雷克萨斯/汉兰达/RAV4/4RUNNER	油门加速踏板
2010-02-09	15	普锐斯/雷克萨斯 HS250H	刹车失灵
2010-01-27	120	汉兰达/卡罗拉/威飒/Matrix/庞蒂亚克 Vibe	脚垫过长，有可能卡在油门踏板
2010-01-21	223	亚洲龙/凯美瑞/卡罗拉/红杉/RAV4/坦途/汉兰达	油门踏板故障隐患

续表

丰田汽车在中国的召回情况					丰田汽车在美国的召回情况			
时间	数量/辆	车型	召回原因		时间	数量/万辆	车型	召回原因
2010-05-22	818	雷克萨斯 LS460L/LS600hL	可变齿轮比转向系统的控制程序不良，可能短时造成方向盘正中位置的偏离角偏大		2009-11-25	427	凯美瑞/亚洲龙/普锐斯/雷克萨斯 ES350	脚垫滑动卡住油门
2010-01-28	75 552	RAV4	油门踏板故障隐患		2009-10-05	380	凯美瑞/亚洲龙/普锐斯/塔库马/坦途/雷克萨斯 ES350/IS	脚垫存安全隐患
2009-12-24	43 023	雷克萨斯 ES350/RX350/汉兰达/普瑞维亚	VVT-i 机油软管内壁破裂，机油软管漏油		2009-08-26	11	卡罗拉/Matrix/ScionXD/庞蒂亚克 Vibe	刹车底盘问题导致刹车失灵
中国总计	134 490	雷克萨斯和 RAV4 为主	因油门踏板故障只召回两次，其余召回均是其他原因		美国总计	1 408	涉及丰田在美多款主要车型	脚垫引起油门踏板卡住

资料来源：综合缺陷产品管理中心官方网站（https://www.dpac.org.cn）和美国高速公路交通安全管理局官方网站（https://www.nhtsa.gov/recalls）相关公告、数据而得。

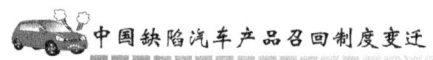

附录3　江淮汽车召回公告

安徽江淮汽车股份有限公司召回部分同悦轿车

中国汽车召回网　2013-03-19

制造商	江淮汽车				
召回时间	2013-03-30至2015-03-31				
涉及数量	117 072辆				
车型	型号	年款		VIP范围	VIP搜索
同悦	同悦	2008—2011		见详单	详细
缺陷情况	由于车身模具涂装工艺孔设置不合理,导致部分车辆的车身侧围外板内腔表面涂装质量未达到工艺标准要求				
可能后果	如果长期在潮湿环境下行驶,部分车辆的车身侧围外板处可能会出现锈蚀				
维修措施	江淮汽车股份有限公司将对召回范围内所有车辆进行免费检查,对检查中发现已锈蚀的车辆,采取更换改进后的车身覆盖件的办法给予解决,对锈蚀严重的车辆,将免费更换改进后的车身。未锈蚀的车辆,采取在车身门槛内腔注入防护蜡的方式给予防锈保护。				

资料来源:安徽江淮汽车股份有限公司召回部分同悦轿车[EB/OL].(2013-03-19)[2015-04-04].http://www.qiche365.org.cn/recall/20130319/recall_536EF1_488.html.

附录

附录 4　汽车产品生产企业实施缺陷汽车产品召回信誉考核记分标准

汽车产品生产企业实施缺陷汽车产品召回信誉考核记分标准

考核项目		分值/分	评分标准
安全事故	安全事故出现频率	10	未发生因产品缺陷导致的安全事故，不扣分；发生因产品缺陷导致的安全事故，扣5分/次
	安全事故伤亡人数	30	如发生因产品缺陷导致的安全事故，造成人员受伤的，扣5分/起
			如发生因产品缺陷导致的安全事故，造成人员死亡的，扣10分/起
缺陷情况	汽车产品安全预防措施	5	不符合产品安全保护措施和控制排放设施等要求的，扣5分
	强制产品安全标准	10	不符合强制安全标准的扣10分
	汽车产品缺陷投诉	15	监管部门收到的汽车产品缺陷投诉，如情况属实，扣5分/车型
召回监管	召回效果用户满意度调查	20	用户满意度从100%起，每降低5%，扣1分
	未召回被媒体曝光		被媒体曝光，经查实存在严重缺陷，有损行业信誉的，扣10分/次
	受缺陷调查影响的召回		隐瞒产品缺陷，经监管部门调查后存在缺陷才实施召回的，扣20分
企业管理	建立质量信誉档案	5	未建立质量信誉档案，扣5分；虽建立了质量信誉档案，但不健全的，每缺一项，扣1分
	设立缺陷产品召回部门	5	已设立缺陷产品调查及召回部门，不扣分；未设立的，扣5分

续表

	考核项目	分值/分	评分标准
加分项目	对尾气排放超标缺陷汽车产品实施召回	2	为保护环境，因尾气排放等缺陷问题而主动实施召回，加2分
	对缺陷汽车产品召回项目的科技研发费用投入	3	产品缺陷调查的研发投入，加1分；缺陷产品召回的经费投入，加1分；企业为缺陷汽车产品召回技术机构提供经费支持的，加1分
	购买缺陷产品召回保险	5	购买缺陷汽车召回保险，加5分
附加项	违反缺陷产品召回法律法规	40	如企业不存在违法行为，不扣分也不加分；如存在违反缺陷汽车产品召回制度相关法律法规的行为直接扣40分，列入失信企业黑名单

注：所有项目的考核分，不记负分，扣完本项目规定分数为止。

后记

时光荏苒,我从北京师范大学毕业已数年,回想起在校园里撰写博士论文的那段岁月,仍历历在目——每日起早贪黑,三点一线地穿梭于图书馆、食堂、宿舍之间,当时感觉无比煎熬,可如今这段回忆已成为我人生中最宝贵的财富。论文写作的确辛苦,好似一种历练与修行,唯有在专业领域潜心钻研,方能修成正果。记得读博时,一位同窗曾说,"博士论文就如同自己的孩子,这孕育过程着实不容易"。这比喻真的非常形象。毕业后,本以为脱离了苦海,就把博士论文抛于脑后,现在又重拾笔墨,终于要将博士论文出版成书了,我的内心有些许欣慰,也不枉博士四年的寒窗苦读,也算是给自己一个交代。

博士论文的创作与出版,离不开那些曾经给予过我支持和帮助的师长与亲朋,没有他们的支持与帮助,也不会我有今天的收获。首先,由衷地感谢给予过我教诲和指导的老师们,尤其是我的导师朱光明教授,我从读硕士起就跟随朱老师学习,导师对我的悉心指导和谆谆教诲让我获益匪浅、终生难忘;此外,还要感谢张汝立教授、游祥斌教授、尹栾玉教授等北京师范大学的老师们,在我博士论文写作中给予我的帮助;特别感谢中国标准化研究院缺陷产品管理中心的陈玉忠主任,给我提供了博士论文相关课题的实习机会,并为我的论文资料搜集给予大力支持;非常感谢中国社会科学院的周少来研究员,多次拨冗审阅我的博士论文,提出了诸多宝贵建议。其次,要感谢我的同窗好友,尤其是410寝室的张欣亮、马振涛、倪超，三位室友陪我度过了读博期间最后的校园时光；特别感谢房小捷博士，在论文创作最煎熬的阶段，我们一起并肩作战、共渡难关，房博士在我论文送审前为我校稿，给予了我很大支持；感谢罗植博士、柴谦博士、韩自强博士，为我完成博士论文提供了很多帮助。最后，要特别感谢我的家人：我的父亲一直是我人生的楷模，教我如何成为一个独立和坚毅的人，鞭策着我勇往直前；我的母亲无时无刻不牵挂着我，无论是学习中还是生活中，都给予了我最大的支持；我的叔叔陈永奎教授不仅在学术上给予我指点，还在个人发展上给我提供了很多建议；在博士论文修改出版之际，我经常加班改稿，很感谢我的妻子徐巧妍对我的理解和支持。

  本书是在我的博士论文基础上修改而成。本书能够顺利出版，还要得益于北京开放大学对青年教师的关爱，特此向北京开放大学的领导们表示我崇高的敬意和诚挚的谢意。

  从我完成博士论文至今，中国缺陷汽车产品召回制度的核心——《缺陷汽车产品召回管理条例》这一行政法规并没有更新过，其从2012年出台至今仅在2019年进行过一次修订，而这次修订还是因为负责召回工作的主管部门发生了变化。因为《缺陷汽车产品召回管理条例》中涉及的一些部门在2018年机构调整后已不存在或者职责发生了变化，所以新修订的《缺陷汽车产品召回管理条例》对相关内容进行了删减，具体而言只是在原文的基础上删除了十几个字，并没有对《缺陷汽车产品召回管理条例》涉及缺陷召回等实质性的内容进行任何修改。不过随着中国缺陷汽车产品召回制度的发展，今后势必要对制度进一步完善。2021年已出台的《机动车排放召回管理规定》正式把汽车排放超标问题列入缺陷范围，作为对排放污染问题召回缺失的补充。希望中国缺陷汽车产品召回制度的适用范围继续扩大，最好能够涵盖所有汽车零部件，并适用于所有机动车类型，使这一制度更加完备。随后，可以在借鉴汽车召回制度成熟经验的基础上，尽快出台电动自行车等类似产品的召回法规。

  中国缺陷汽车产品召回制度历经近二十载，这一制度的实施为促进中国汽车产业的有序发展，维护消费者的权益，保障社会公共安全，推动中国产品安全水平的有效提升都发挥了至关重要的作用，期待这一制度朝着更加完善的方向变迁，发挥出更大的效力。我将持续关注这一领域，期望我的研究能为推动这项制度的发展尽一份绵薄之力。

陈炜

2023 年 4 月 22 日